라이프 트렌드
Life Trend 2026

지은이 김용섭

Trend Insight & Business Creativity를 연구하는 '날카로운상상력연구소' 소장. 트렌드 분석가이자 경영전략 컨설턴트, 비즈니스 창의력 연구자다. 삼성, SK, 현대자동차, LG, 포스코, 롯데, 한화, GS 등 국내 10대 그룹사 및 500대 기업과 기획재정부, 국토교통부, 외교부 등 정부 기관에서 3000회 이상의 강연과 비즈니스 워크숍, 300여 건의 컨설팅 프로젝트를 수행했다. 《한국경제신문》《한겨레신문》《머니투데이》 등에서 칼럼니스트로 활동했고, 〈함께하는 저녁길 정은아입니다〉〈박종훈의 경제쇼〉〈최경영의 경제쇼〉〈성공예감 이대호입니다〉 등 KBS 라디오 주요 프로그램에서 10년간 트렌드 관련 고정 코너를 맡아 방송했다. SERICEO에서 트렌드 브리핑 〈트렌드 히치하이킹〉을, 휴넷CEO에서 〈트렌드 인사이트〉를 통해 대한민국 CEO들에게 최신 트렌드를 읽어주고 있으며, 기업들을 위한 다수의 자문과 다양한 프로젝트를 진행했다.

저서로 《라이프 트렌드 2026: 인간증명+경험사치》《라이프 트렌드 2025: 조용한 사람들》《리더의 각성 STRONG LEADERSHIP》《라이프 트렌드 2024: OLD MONEY》《라이프 트렌드 2023: 과시적 비소비》《아웃스탠딩 티처 Outstanding Teacher》《ESG 2.0: 자본주의가 선택한 미래 생존 전략》《라이프 트렌드 2022: Better Normal Life》《결국 Z세대가 세상을 지배한다》《프로페셔널 스튜던트 Professional Student》《라이프 트렌드 2021: Fight or Flight》《언컨택트 Uncontact》《라이프 트렌드 2020: 느슨한 연대 Weak Ties》《요즘 애들, 요즘 어른들: 대한민국 세대분석 보고서》《라이프 트렌드 2019: 젠더 뉴트럴 Gender Neutral》《라이프 트렌드 2018: 아주 멋진 가짜 Classy Fake》《실력보다 안목이다》《라이프 트렌드 2017: 적당한 불편》《라이프 트렌드 2016: 그들의 은밀한 취향》《라이프 트렌드 2015: 가면을 쓴 사람들》《라이프 트렌드 2014: 그녀의 작은 사치》《라이프 트렌드 2013: 좀 놀아본 오빠들의 귀환》《아이의 미래를 망치는 엄마의 상식》《트렌드 히치하이킹》《페이퍼 파워》《날카로운 상상력》《대한민국 디지털 트렌드》 등이 있고, 공저로는 《머니 트렌드 2026》《머니 트렌드 2025》《머니 트렌드 2024》《코로나 사피엔스, 새로운 도약》《디자인 파워》《소비자가 진화한다》 등이 있다.

- 트렌드 전문 유튜브 youtube.com/@trend_insight
- 페이스북 facebook.com/yongsub.kim
- 인스타그램 instagram.com/trendhitchhiking

라이프 트렌드 2026 인간증명+경험사치

초판 1쇄 발행 2025년 10월 1일

지은이 김용섭 | **발행인** 박윤우 | **편집** 김유진 박영서 박혜민 백은영 성한경 유소영 장미숙 | **마케팅** 박서연 정미진 정시원 조아현 함석영 | **디자인** 박아형 이세연 | **경영지원** 이지영 주진호 | **발행처** 부키(주) | **출판신고** 2012년 9월 27일 | **주소** 서울시 마포구 양화로 125 경남관광빌딩 7층 | **전화** 02-325-0846 | **팩스** 02-325-0841 | **이메일** webmaster@bookie.co.kr | ISBN 979-11-93528-90-7 13320

※ 잘못된 책은 구입하신 서점에서 바꿔 드립니다.

만든 사람들 편집 박영서 유소영 | 디자인 이세연

당신이 미처 몰랐던 일상 속의 진짜 트렌드!

라이프 트렌드
Life Trend 2026

인간이 인간임을 증명하고 | 김용섭 지음
물질보다 경험이 앞서는 최초의 시대!

**인간증명+
경험사치**

Proof of Humanity+Experiential Luxury

부·키

프롤로그

당신이 인간임을 증명해야 하는 시대

인간이면 인간이지 그걸 증명한다고?

과거의 사람들은 살면서 이런 증명을 한 번도 요구받은 적이 없었다. 하지만 이젠 증명이 필요해졌고, 미래로 가면 갈수록 그 증명을 수시로 해야 할지도 모른다. 자신이 인간인지 아닌지 의심할 상황들이 계속 만들어질 것이다.

인간증명Proof of Humanity은 기술 이야기에서 끝나는 게 아니다. 시작은 기술이지만 철학으로 이어졌다가, 결국 우리의 일상 소비와 욕망, 관계, 가치관까지 연결된다. 전방위적 트렌드 코드인 셈이다. 분명한 건, 인간증명으로 당신의 라이프스타일이 리셋될 것이다.

게다가 럭셔리가 재정의되었다. 소유에서 경험으로 무게 중심이 옮겨갔고, 이제 경험사치Experiential Luxury가 럭셔리의 핵심이자 성장동력이 되고 있다. 이건 럭셔리 산업이나 백화점 업계, 리테일 업계의 마케팅 이야기가 아니라, 곧 당신의 욕망을 건드린다.

당신이 남들에게 드러내고 과시하고 자랑하는 건 '비싼 물건'이 아닌 '비싸고 특별한 경험'이고, 경험 소비가 보편화될수록 경험사치는 더 커지고 중요해진다. 분명한 건, 2026년 당신의 지갑은 경험사치를 위해 더 많이 열릴 것이다.

《라이프 트렌드 2026: 인간증명+경험사치》는《라이프 트렌드》시리즈(2013~2026년)의 열네 번째 책이다. 십수 년을 한결같이 사랑해주신 애독자들 덕분에《라이프 트렌드》시리즈는 계속된다.

개인적으로는 이번 책이 14년간의 작업 중 가장 흥미로웠다. 트렌드 분석가로서 책 집필 작업의 집중도가 가장 높았던 해가 올해였을 정도로, 2025~2026년의 변화 속도는 빠르고 변수도 많았다. 덕분에 흥미로운 사례도, 인사이트가 될 내용도 가득했다.

그동안 책 제목은 연도 표기와 함께 본문에서 첫 번째로 소개되는 트렌드 이슈를 부제로 표시했다. 순서로서만 첫 번째가 아니라 가장 중요한 트렌드이자 다른 트렌드 이슈들과도 연결되고, 영향을 미치는 슈퍼 트렌드이자 메가 트렌드였기 때문이다.

그런데 이번 책에선 부제에 두 가지 트렌드 이슈를 넣었다. 인간증명과 경험사치, 이 둘은 도저히 하나만 고를 수도 없을 만큼 강력하고 중요한 트렌드이기도 하며, 전혀 다른 듯 보여도 실제론 긴밀히 연결되는 트렌드이기도 하다. 그리고 이 둘이야말로 2026년 당신의 라이프스타일에 가장 큰 영향을 줄 것이다.

한 번 생긴 욕망은 해소되기 전까진 유효하다. 그래서 욕망이 되느냐 그렇지 않으냐는 아주 중요하다. 《라이프 트렌드》 시리즈에서 가장 중요하게 다루는 것은 욕망의 연속성과 변화의 흐름이다. 그래서 시리즈 전체를 다 읽은 애독자들도 있고, 수년 전 책도 다시 꺼내서 변화가 어떻게 이어지는지 보는 독자들도 있다.

이번 책에서 중요하게 다루는 '경험사치'는 《라이프 트렌드 2014》에서 다룬 '작은 사치'에서 시작되어 《라이프 트렌드 2024》에서 다룬 '올드 머니', 《라이프 트렌드 2025》에서 다룬 '여행 리셋'으로 이어지며 증폭된 트렌드 이슈다. 《라이프 트렌드》 시리즈에선 10여 년간 '취향(소비)' '경험(소비)'을 트렌드 관점에서 계속 다뤄왔다. 그만큼 한국 사회에서 중요한 소비 코드인 셈인데, 이를 지속적으로 관찰한 덕분에 욕망의 디테일한 변화와 숨어 있는 기회를 살펴볼 수 있었다.

'인간증명'도 《라이프 트렌드 2015》의 '가면을 쓴 사람들'에서 다룬 소셜미디어의 욕망에서 출발해, 《라이프 트렌드 2018》의 '아주 멋진 가짜', 《라이프 트렌드 2020》의 '느슨한 연대'에 이어, 《라이프 트렌드 2025》에서 다룬 'AI at Work와 AI 스트레스'에 이르기까지 《라이프 트렌드》 시리즈가 지속적으로 주목한 테크 산업이 미치는 욕망과 라이프스타일 변화에서 찾은 트렌드 이슈다.

늘 강조하지만, 트렌드에 대한 안목은 일회성 관심으로는 커질 수 없다. 서로 다른 트렌드 이슈를 연결시켜서 보고, 과거와 현재를 연결시켜서 보기도 해야 트렌드에 숨겨진 인사이트에 좀 더 다가갈 수 있다. 그런 점에서 이번 책은 천천히 곱씹으며 읽기를 권한다. '인간증명'

도 '경험사치'도 모두 메가 트렌드가 되어 당신의 삶 전체에 지속적으로 영향을 미칠 것이기 때문이다.

　　소소한 일상의 행복을 누리기 위해서라도 우린 변화를 냉정히 살펴볼 필요가 있다. 간혹 일상과 소비에만 관심이 있다면서 정치, 경제, 사회 변화에는 무관심한 사람들이 있는데, 사실 원치 않아도 우리 삶은 이들에 영향을 크게 받을 수밖에 없으니 모르고 당하는 것보단 알고 대비하는 게 낫다.

　　2026년은 역대 가장 격변激變하는 해가 될 것이다. 한국에선 이미 2025년은 정치적 격변의 해였으며, 미국에선 트럼프 정부 2기가 시작되면서 일방적 무역, 관세 정책으로 전 세계의 경제적 불확실성과 갈등을 심화시켰다. 트럼프는 1, 2기 모두 America First를 내세우지만, 속뜻은 미국 우선주의에서 미국 유일주의로 진전된 것이다. 관세를 무기로 활용해 미국 제조업을 다시 부흥시키고 있다.

　　이 흐름은 한국 경제에는 장기적 악재다. 한국 경제는 제조와 수출 중심인데, 한국의 제조 기반이 미국으로 꽤 옮겨갈 수 있기 때문이다. 가뜩이나 미래 성장 동력이 취약한 한국 산업과 저성장에 빠진 한국 경제는 이 격변의 시대에 돌파구를 찾아야 한다.

　　한국에선 대통령 탄핵에 이은 조기 대선으로 이재명 정부가 들어섰고, 과감한 개혁을 시작했다. 원래 새 정부가 들어서면 임기 1~2년 사이에 가장 과감한 변화를 시도하는데, 미국이나 한국 모두 격변의 시기인 것이다.

중국은 미·중갈등이 심화한 상황에서 내부 권력투쟁까지 벌어졌고, 모의훈련, 제한 수역 침범 등 대만에 대한 군사적 압박을 계속하며 중국-대만 전쟁(무력 충돌)에 대한 우려도 심화시켰다.

유럽의 정치 혼란과 극우의 득세도 심화했고, 러시아-우크라이나, 이란-이스라엘, 인도-파키스탄 등 오래전부터 무력 충돌을 이어왔던 앙숙 간의 전쟁(공습)은 전 세계의 지정학적 리스크를 심화시켰다. 이미 수년 전부터 다중 위기, 복합 위기라고 할 정도로 다양한 위기가 심각하게 결합해 있는 상태다. 기후 위기와 AI 산업이 초래할 격변도 전 세계적 과제다.

이렇듯 정치, 경제, 기술, 환경, 사회, 소비 등 모든 영역에서 숨 가쁘게 변화가 몰아칠 가능성이 높은 해가 2026년이다. 이재명 정부의 개혁은 본격화할 것이고, 한국 사회는 지방선거를 통해 또 한 번 갈등할 것이고, 정치 지형의 변화도 가속화될 것이다.

이런 변화는 고스란히 우리의 삶에 크고 작은 영향을 주게 된다. 트렌드 연구자로서도 가장 바쁜 해가 될 듯하다. 분명한 건 당신이 맞을 2026년은 살면서 가장 변화가 큰 해가 될 것이란 점이다. 변화를 거부하든, 잘 수용하든 그건 당신의 선택이고, 그 속에서 기회를 찾는 것도 당신의 역할이다.

영견만리英見萬里는 뛰어난 식견으로 멀리 내다본다는 의미다. 이러려면 시야가 넓어야 하는데, 다양한 관점에서 사물을 보는 태도를 강조할 때 영견만리를 쓴다. 높은 안목은 넓고 다양하게 볼 때 나온다. 세상은 서로 연결되어 있고, 같은 이슈라도 다른 관점에서 보면 숨은 답이 보이기도 한다.

그러니《라이프 트렌드》시리즈를 읽을 때는 다른 트렌드 책도 함께 펼쳐놓고 동시에 읽길 권한다. 비교도 하고, 팩트 체크도 하고, 숨겨진 의도도 따져보라. 그래야 보다 입체적으로 트렌드를 살펴볼 수 있을 것이고, 말장난 같은 신조어에 현혹되지 않으며, 보다 냉정하고, 객관적으로 트렌드 이슈를 해석할 수 있을 것이다.

특히, 트렌드 분석가로서 14년째 독립적으로 진행한《라이프 트렌드》시리즈의 최신 버전《라이프 트렌드 2026: 인간증명+경험사치》와 3년째 공저자로 참여한《머니 트렌드》시리즈의 최신 버전《머니 트렌드 2026》은 함께 읽기 꽤 좋은 조합이다. 각 트렌드는 서로 연결되는 부분이 많고, 결국 그 귀결은 누군가의 기회로 통한다는 점도 공통적이다.

매년 변화를 맞이하지만, 바뀌는 세상만큼 우리의 태도와 안목이 바뀌지 않는 경우도 많다. 그러나 2026년만큼은 우리 스스로의 변화가 더 절실히 필요하다.

> "2026년, 당신의 욕망과 안목이 리셋되길 지켜보겠습니다.
> 당신의 기회, 당신의 결정을 응원합니다."

2025년 가을
트렌드 분석가 김용섭

 **2026년을 위한
23가지 질문,
그리고 15부류의 사람들**

**2026년, 라이프 트렌드에서 주목할 문제의식은 무엇이고,
여기서 나올 기회는 무엇일까?**

▼

2026년 우리를 둘러싼 트렌드에 대한 문제의식이자 연구 과정에서 집중적으로 관심을 가진 질문들은 아래의 23가지다. 23가지라고 했지만 각 질문은 서로 연결되어 있어 실제로는 훨씬 더 많은 질문이자 문제의식을 담고 있다.

이 질문에 대한 답을 찾기 위해 단서와 방향, 이슈를 분석해서 제시하는 것이 이 책의 역할이고, 아래 질문을 자기 상황에 적용해서 재해석하고, 자기만의 답으로 고민해보는 것이 독자의 역할일 것이다.

과연 우리는 2026년에 무엇을 해야 할 것인가? 어디에서 기회를 잡아야 할 것인가? 어떤 일상을 누릴 것인가?

1 인간은 스스로가 인간인지 아닌지를 증명받아야 하는 시대를 살아간다. 인간증명 기술, 인간증명 비즈니스 등 인간증명이 만드는 시장은 어떤 것이 있을까? 과연 인간증명은 우리의 의식주와 라이프스타일에 어떤 영향을 줄까?

2 기계를 흉내 내는 인간, 인간을 흉내 내는 기계, 이제 인간의 다음 행동은 무엇이 될까? 인간의 고유성이자 인간다움은 어떤 소비와 욕망을 만들까?

3 다시 철학의 시대가 열릴 것인가? 어떻게 살아갈지에 대한 고민이 보편적 욕망이 되면 어떤 트렌드가 부각될까? AI의 진화는 휴머니티의 진화일까, 그 반대일까?

4 왜 소셜미디어의 인플루언서들이 오프라인에서의 아날로그 경험을 자랑하는 걸까? 분명 자신들이 디지털과 온라인 기반으로 성장했는데 왜 정작 자신들의 욕망이 향하는 곳은 그 반대 지점인 오프라인과 아날로그일까?

5 왜 진짜 세상에서의 진짜 삶인 '인 리얼 라이프 In Real Life'가 사회적 지위의 상징이 되는 걸까? 인간증명과 경험사치는 어떻게 연결될까?

6 경험 소비가 대세인 시대, 경험사치가 부각되는 건 자연스러운 순서다. 왜 사치(럭셔리)의 무게 중심이 '소유'에서 '경험'으로 옮겨갔는가? 누가 지금 시대의 취향 계급과 취향 컬렉터가 되는가?

7 퍼스널 럭셔리 Personal Luxury Goods(의류, 가방, 시계 등)는 역성장인데, 경험 기반 럭셔리(여행, 고급 숙박 등)는 왜 성장하는 걸까? 과연 경험사치는 럭셔리 시장의 미래가 될까?

8   경험사치와 올드 머니는 어떻게 연결되는가? 경험사치에서 왜 여행이 중요한 영역인가?

9   왜 불교박람회에 20대가 몰려가고, 불교 굿즈에 오픈런이 생기는가? 왜 불교힙이 20대의 선택을 받고 있을까? 탈종교의 시대, 종교가 아닌 문화로서의 불교가 왜 중요한가?

10   마인드풀니스(마음챙김)와 어웨어니스(알아차림)에 대한 관심은 왜 계속 증가하는가? 현대 사회의 어떤 점들이 우릴 수행하게 하는가?

11   중간관리직 퇴출, 중산층 몰락, 매스티지 몰락 등 '중간'이 사라지는 상황이 라이프스타일과 소비 트렌드에 어떤 변화를 만들어낼까? 중간이 없어지는 건 위기인가 또 다른 기회인가?

12   양극점 소비라고 할 정도로 소비에서의 양극화가 점점 심화하면 기업은 어떤 마케팅을 펼쳐야 하나? 중간에 있던 소비재는 어디로 가야 하나?

13   탁 트인 전망에 대한 욕망이 부동산 시장과 의식주에서 어떤 변화를 만들까? 창호, 가구, 인테리어, 단독주택 시장에 미치는 영향은 무엇일까?

14   블루칼라에 대한 사회적 시선은 바뀔 수 있을까? Z세대에게서 드러난 블루칼라 로망은 직업관, 패션, 가치관에 어떤 변화를 줄 것인가?

15   AI의 시대, 직업관은 어떻게 변화하는가? 미래 인재상의 핵심 조건은 무엇일까? 변화를 어떻게 대비해야 할까?

16   신경다양성은 새로운 창의성이 될까? 왜 신경다양성에 대한 기업의 관심이 늘어갈까? Z세대 인재 확보와 Z세대 소비자 공략을 위해 신경다양성은 어떻게 다뤄야 할까?

17   친환경 소비의 진화, Earthy 트렌드는 의식주와 라이프스타일에 어떤

영향과 변화를 줄까? 흙과 땅이 매력적인 소비 코드가 될 수 있을까?

18 굿즈와 키링이 트렌드가 된 시대, 귀여움은 어떻게 소비가 되고, 산업이 되는가? 귀여움 경제는 어떤 트렌드를 만들어낼까?

19 급증한 키덜트, 급성장한 귀여움 경제, 왜 아이가 아닌 어른들이 '귀여움' 소비에 더 적극적일까? 최근 이들의 욕망이 커진 이유와 배경은 무엇일까?

20 연애에 관심이 없어진 20대, 모태 솔로와 무성애자, 그리고 마노스피어가 뒤섞인 '연애하지 않는 사회'는 소비와 라이프스타일에서 어떤 트렌드를 만들어낼까? 또한 어떤 사회문제를 만들어낼까?

21 피펫 소비는 왜 확산하는 걸까? 소비에서의 실용주의는 어떤 트렌드로 이어질까? 실용세대의 핵심 욕망은 무엇일까?

22 실용주의를 지향하는 정부가 들어선 것이 한국 사회, 한국 경제, 기업의 일하는 방식 등에서 어떤 변화를 가져올까?

23 트럼프의 진짜 목적은 무엇일까? 트럼프가 바꾸는 세계 경제 트렌드는? 불확실성과 다중위기가 심화된 시대, 실용주의는 글로벌 트렌드가 되는 걸까?

2026년, 라이프 트렌드에서 주목할 사람들은 누구인가?

▼

2026년 컬처와 라이프스타일, 비즈니스와 소비에 영향을 미치고, 트렌드를 주도할 15부류의 사람들을 기억해두자. 이들은 바로 당신이 될 수도 있고, 당신 주변의 누군가일 수도 있다. 이들이 어떤 선택을 하고 어떻게 움직이는지 주목해보자. 당신의 2026년이 달라질 것이다.

1 인간증명 비즈니스를 주도하는 경영자와 테크 리더
2 인간 존재에 관한 질문과 철학 열풍이 만들 기회를 주목하는 지식인
3 손재주, 손맛 등 휴먼터치에 대한 욕망을 비즈니스로 연결하는 사업가
4 인 리얼 라이프를 적극적으로 과시하는 인플루언서
5 경험사치를 충분히 누리고 있는 올드 머니와 트렌드세터
6 경험사치를 상품화해서 VIP 마케팅을 전개할 수 있는 마케터
7 불교힙, 아날로그힙의 실체를 알고 이를 마케팅에 적용하는 마케터
8 단독주택(조경, 정원, 전망이 좋은)에 대한 욕망을 부추기는 사람들
9 존재 이유가 있는 '유능한' 중간관리자(조직 관리의 진화)
10 상시적 구조조정을 통해 조직과 사업을 진화시키는 경영자
11 하이엔드를 넘어선 하이퍼엔드 소비자(양극점 소비의 기준점)
12 신경다양성에서 창의성을 이끌어낼 수 있는 사람들
13 Earthy 트렌드를 마케팅과 비즈니스에 적극 활용하는 경영자
14 귀여움 경제의 핵심이 되는 캐릭터 IP의 가치를 키우는 사람들
15 과감하게 탈관성, 탈권위와 개혁을 추진하는 실용주의자, 실용세대

한 장으로 보는 《라이프 트렌드 2026》

트럼프 · 저성장 · AI 혁신 · 구조조정 · Practical People · 각자도생 · 기술직
개혁 · 이재명 효과 · 실용주의 정부 · AI 실용주의 · 효율성 · **블루칼라 로망 & W**
스몰 브랜드 · 포장 제로 · 피펫 소비 · 실용세대 · 세대 차이
Repair · Life Hack · 다이소 · 불확실성 · 남성성 · 육체노동 · 안전
DIY · YONO · **실용주의** · Selective Intention · 경험 소비 · 경쟁사회
1인 가구 · 루틴 관리 · 자기 계발 · 연애 무관심 · Manosphere · 남성 고립 · 불신 · 불안
오운완 · Slow Morning · 무성애자 · **연애하지 않는 사회** · 젠더 갈등 · 혐오 · 탈
생애미혼 · 비혼 · 모태 솔로 · 인권 · 인간성 · 깨달음
테토/에겐 · 데이팅앱 · AI 챗봇 · 연애 시뮬레이션 · 소셜미디어 · 러닝 · 행복 · 철학
느슨한 연대 · 가상 친구 · 외로움 · 도파민 중독 · Originality · IP(지적재산권) · 작업 증명
딥페이크 · 봇 계정 · 소셜엔지니어링 공격 · AI Agent · 생성형 AI · 생체 인식
가짜 뉴스 · 봇 트래픽 · Identity Fraud · 가상 신원 · 인간증명
AI · 일자리 대체 · AI Stress · AI Incident · **인간증명** · 월드코인
다정함 · 조용한 리더십 · 리더십 · AI at Work · 블록체인
정체성 · 예의바름 · Soft Skills · 소속감 · 소통능력 · 웰니스 · 호기심 · 인간력
Digital Native · 동기부여 · 대량 감원 · 조용한 사직 · 수평화 · AI 도구 · 능력주의 · 증강인
잠재력 · 굵지 않은 복권 · 다양성 · DEIB · 탄력성/유연성 · 창의적 사고력 · Human-led Creativity
알파세대 · 틱톡 · 불안세대 · **신경다양성** · Gen Z · Solopreneur · 인재영입의 시
쇼츠 · ADHD · 창업 선호 · 스타트업 · 상시적 구조
성인 ADHD · Neurodivergent · 인재상 변화 · 조직 단순화 · 중간관리지
정신건강의학과 · 결핍 · 집중력 · 세대갈등 · 탈조직형 인간 · 인력구조 개혁
양극화 · 승자독식
New Money · Young Rich

인간증명+경험사치》 트렌드 키워드 맵

워크웨어 패션	아웃도어	배관공			수집	반복 구매	
ear	손재주	미래 직업		Resell	오픈런	랜덤 박스	돌봄
	합리주의		K 컬처	국립중앙박물관	굿즈	대리만족	위안	보호본능
탈관성	현생	전통 문화	Mindfulness	사유의 방	번아웃	스트레스	Baby Schema
불교	불교박람회	탈종교	Awareness	심리적 안정	귀여움	인형	오타쿠	고양이

Buddhism Hip — ZEN, 팬덤 — **Cute Economy** — 장난감

문화, K팝 — 캐릭터

부처	종교	텍스트힙	굿즈	굿즈 Hip	키링	라부부	키덜트	반려동물
	Creativity	손맛	도시락	Fandom Consumption	수집가	아트마켓	
진짜	친구	휴먼터치	뜨개질	작은 사치	일상 사치	전시회	공연장	클래식	인증샷
		체험 여행	경험 기반 럭셔리	취향 컬렉터	Old Money	Quiet Luxury
간증명 비즈니스	취향		셀렉티브 VIP 마인드	
기본소득	In Real Life	**경험사치**	백화점 식품관	
Digital Free	여행		롱스테이	건축
siness	Analog Hip	Age of Experiences	VIP	희소성	고급 가구
취향 계급	자연주의	배산임수	뷰세권	숲세권	조망권	인테리어	조경
tain View Home		차경	창문	Bezel-less	
High-end Chair	**VIEW 병**	단독주택	정원	리버 뷰	
1%	Hyper-end	별장	쿨케이션	쾌적성	공원	땅	흙	Geosmin	향수
산층 몰락	양극점 소비	유기농	폭염소비	**Earthy Pleasure**	맨발걷기
	제철음식	기후 위기		Earthing
Middle Tier	Heirloom Vegetable	말차	채식	텃밭	생태용량	Footprint
락	저소비	자급자족	Slow Food	Earthy Cozy	Earthy Aesthetic	Earthy Friendly

차례

프롤로그   005
: 당신이 인간임을 증명해야 하는 시대

Guide to Reading   011
: 2026년을 위한 23가지 질문, 그리고 15부류의 사람들

1 인간증명과 휴머니티 비즈니스   023
: 당신은 진짜 인간인가? 얼마나 인간적인가?

인간과 구별이 불가하거나 때론 인간보다 더 인간 같거나 / 진짜 정보와 가짜 정보를 결합한 가상 신원을 왜 만들까? / 당신의 인스타그램 친구가 진짜 사람일까? / 누가 가짜 사람과 데이트하고 싶을까? / 누가, 어떻게 당신이 인간인 걸 증명할까? / 왜 그들은 공짜로 코인을 주겠다고 했을까? / AI ASMR 유행? AI로 무한하게 만드는 콘텐츠의 수익창출은? / AI가 만들어내는 콘텐츠가 폭증하는 시대, 누가 진짜 원본 창작자일까? / 이젠 인간이 생성한 트래픽보다 봇 트래픽이 더 많다 / AI가 점점 많은 사고를 친다? / 우린 AI로 인해 불안해지기 시작했다 / 조직에서의 인간증명 : 당신의 역할을 증명하라 / 기계는 인간을 흉내 내고 인간은 기계를 흉내 냈다 / 지식보다 인간력, 결국 누가 살아남을지 정해졌다 / 휴먼터치의 시대, 휴머니티 비즈니스의 기회 / 당신은 소셜미디어를 2주간 끊을 수 있는가? / 사회적 지위의 상징이 되는 '인 리얼 라이프'

2 새로운 소비 스타일, 경험사치   083
: 럭셔리의 재정의, 소유에서 경험으로!

이제 사치의 중심에는 '경험 소비'가 있다 / 경험사치의 최고는 역시 이것 / 왜 루이비통은 여행용 트렁크를 내세웠을까? / 경험사치와 올드 머니 / 당신도 작은 사치를 하고 있는가? / 취향 계급, 취향 컬렉터 : 욕망의 시작이자 끝

3	**이유 있는 불교힙**	113
	: 탈종교의 시대, 왜 불교는 20대의 선택을 받고 있을까?	

제니는 왜 불교를 소재로 노래를 만들었을까? **/** 텍스트힙보다 불교힙? 불교박람회에 몰려든 2030세대 **/** 불교힙이 문화 트렌드가 된 이유 **/** 2025년 상반기 종합 베스트셀러는 부처님의 가르침 **/** 사유의 방에 들렀다가 반가사유상 굿즈를 사는 게 국룰? **/** 왜 신도 수는 개신교가 가장 많은데 호감도는 불교가 가장 높을까? **/** 더 확산할 수밖에 없는 마인드풀니스와 어웨어니스

4	**No Middle Tier, 중간은 없다**	137
	: 당신은 '무난하고 어중간한 것'과 이별하고 있는가?	

중간관리직 퇴출: 왜 중간관리자가 사라질까? **/** 어중간하고 무난한 사람은 더 이상 인재가 아니다 **/** 상위층이 중산층, 중산층이 하위층으로 체감 **/** 진짜 중산층은 경제적 여유가 없다 **/** 아주 비싸거나 아주 싸거나: 어중간한 것은 외면하는 양극점 소비

5	**View 병에 걸린 사람들**	155
	: 탁 트인 전망에 대한 욕망이 만든 도미노	

View 병 & 뷰세권: 당신은 어떤 전망을 원하는가? **/** 창문에 대한 욕망: 창문은 View를 결정한다 **/** 역세권, 학군, 생활편의 시설보다 더 중요한 것이 '쾌적성' **/** 부자는 원래 자연과 조망을 좋아한다 **/** 주거 욕망의 새로운 정점, Mountain View Home **/** 배산임수는 여전히 중요하다 **/** 보편적인 것과 희소한 것은 언제든 바뀔 수 있다

| 6 | **블루칼라 로망과 워크웨어**
: 배관공은 왜 트렌드의 중심이 되었나 | 179 |

왜 AI 대부 제프리 힌턴은 배관공을 권했을까? / 억대 연봉 배관공과 틱톡 110만 팔로워를 가진 전기공 / 직업계고 떨어지면 일반고 간다? / 한국의 Z세대도 블루칼라에 대한 인식은 기성세대와 다르다 / 패션 아이템이 된 워크웨어

| 7 | **신경다양성, 어쩌면 놀라운 기회의 땅**
: 새로운 창의성을 위한 긁지 않은 복권이 될까 | 197 |

왜 인스타그램에서 신경다양성을 드러낼까? / 왜 세계적인 광고회사는 신경다양성에 주목할까? / 당신이 생각하는 것보다 더 많은 사람이 신경다양성이다 / 신경다양성을 자각한 Z세대, 취업보다 창업이 우선이다

| 8 | **어시 플레저, 즐겁게 지구하라**
: 의식주 모두에서 드러나는 Earthy 욕망 | 215 |

헬시 플레저? 이제 어시 플레저를 주목하라 / 패션과 인테리어에서의 Earthy 트렌드 / 우린 왜 어시 트렌드에 반응하나? / 인간의 본능과 지오스민 / 올해 지구 생태 용량 초과의 날은 언제?

9	**귀여움 경제**	233
	: 왜 요즘 어른들은 귀여움을 적극 소비하는가?	

귀여움 경제 규모는 400조 원? / 왜 어른들이 귀여운 굿즈와 장난감에 열광하나? / 귀여운 것에 끌리는 것은 본능일까? / 왜 최근 들어 귀여움에 더 반응하는가?

10	**연애하지 않는 사회**	251
	: 모태 솔로와 무성애자, 그리고 마노스피어	

모태 솔로가 계속 늘어난다 / 왜 Z세대의 섹스 횟수는 이전 세대보다 줄었을까? / 20대가 연애하기 어려운 또 하나의 이유 / 마노스피어와 남성 고립

11	**실용주의자의 시대**	269
	: 트렌드가 된 실용주의, 당신은 Practical People인가?	

확산하는 피펫 소비 / 당신은 실용세대인가? / 다이소를 좋아한다고 오해하지 말 것 / AI가 실용주의를 더 강화시킨다 / 불확실성이 커질수록 실용주의는 대두된다 / 유연한 실용 정부 : 한국만의 상황이 아니다 / 이재명 효과? 코스피 5000 갈까?

참고자료   295

1장

인간증명과 휴머니티 비즈니스

당신은 진짜 인간인가?
얼마나 인간적인가?

Life_Trend_2026

#인간증명 #휴머니티 비즈니스 #합성 신원 사기 #가짜 계정 #봇 계정 #봇 트래픽 #AI 연애 #AI ASMR #월드코인 #월드ID #인간력 #휴먼터치 #디지털 디톡스 #디지털 프리 #오프 더 그리드 #인 리얼 라이프

LIFE TREND 2026

AI와 봇이 일상에 스며든 시대, '진짜 인간임'을 증명하는 일이 새로운 생존 조건이 되었다. 홍채 인식, 디지털 신분증, 캡챠 같은 기술은 단순한 보안 절차를 넘어 신뢰와 기회의 관문이 된다. 누가 인간인지, 누가 기계인지 증명하는 과정은 앞으로 모든 사회적 관계와 거래의 출발점이 될 것이다. 게다가 개인정보 보호를 넘어, '인간다움'을 증명하는 기술과 태도는 오히려 나를 차별화하는 무기가 될 것이다. 인간증명은 디지털 시대의 신뢰, 정체성, 기회와 직결된 핵심 코드다.

    한 번도 겪어보지 못한 요구이자 욕망이다. 이제 인간은 스스로가 인간인지 아닌지를 증명받아야 하는 시대를 살아가고 있다. 기술의 발달로 AI, 로봇, 자동화 기술, 가상 공간, 메타버스, 디지털 트윈 등이 산업과 사회, 우리의 일과 삶에 전방위적으로 적용되고 있다. 인간만이 할 수 있는 고유의 영역은 점점 좁아지고 있고, 기계가 인간인 척 속일 수 있는 상황에 직면했다. 이건 특정 집단만의 문제가 아니라 우리 모두가 마주한 현실이다.

    가상 공간에선 상대가 진짜 사람인지 아닌지 구별하기 점점 어려워지고, 딥페이크로 인해 눈에 보이는 것을 다 믿을 수 없게 되었다. 현실 공간에서도 점점 상대가 진짜 인간인지 아닌지 의심하고, 불안해하는 상황이 가시화된다.

    인류가 한 번도 하지 않았던 '인간에게 인간임을 증명하라'는 요구는 기술적, 사회적 개념에 그치지 않고 우리가 가진 의식주와 라이프스타일에도 영향을 미치고 있다. 우리의 욕망과 가치관, 소비에서 새로운 리셋이 발생하고 있다.

인간과 구별이 불가하거나
때론 인간보다 더 인간 같거나
▼

AI 모델 LLaDA는 ChatGPT를 비롯한 AI 모델들과 달리 글 쓸 때 앞에서부터 한 단어씩 차례대로 만들어가는 것이 아니라, 전체 문장을 한 번에 보면서 빈칸을 채우는 방식으로 글을 쓴다. 고치고 다듬으며 완성도 높은 글을 쓰는데, 인간이 쓴 글의 특징을 아주 비슷하게 따라 한다. AI 글쓰기 탐지 프로그램으로도 이 모델로 작성한 글을 전혀 찾아내지 못한다고 한다.

그렇다고 해서 LLaDA로 쓴 글이 완벽히 인간의 글이 되는 건 아니다. 다만 중요한 건 '인간과 구별 불가' '인간보다 더 인간 같은'이 붙은 기사를 우린 앞으로 더 자주, 더 많이 보게 될 것이라는 점이다.

계속 보다 보면 '도대체 인간은 어떻게 쓰는가' '어떻게 써야 인간만의 고유성을 드러낼 수 있을까'에 관심이 생길 수 있다. AI가 진화할수록 결국 우린 인간에 대해 더 관심을 가질 수밖에 없다.

온라인에서 사용되는 AI 글쓰기 탐지 프로그램들은 기존 AI 모델인 ChatGPT, GPT-4, LLaMa로 쓴 글을 탐지하도록 만들어졌다. 그래서 새로운 AI 모델로 쓴 것을 잘 못 잡아낼 수도 있다. 기술의 진화로 AI가 점점 자연스럽게 글을 쓰고, 어휘도 다양하게 구사한다. 점점 더 사람과 구별하기 어려워진다. 이러다간 어떤 것이 인간의 특징인지, 인간의 글쓰기가 AI보다 더 나은 게 맞는지 의심스러워지는 시점이 올 것이다.

2025년 6월, 뉴욕타임스에 작문 과제에서 0점을 받은 대학생 얘기가 실렸다. 담당 교수는 학생들의 작문 과제를 AI 사용 감지 서비스 턴잇인Turnitin을 통해 사람이 쓴 것인지 AI로 작성한 것인지 확인하는데, 이 학생의 글이 생성형 AI가 작성한 것으로 판정된 것이다. 그러나 실제로는 학생이 직접 쓴 글이었다. 이 학생은 자신이 과제 작성 과정에서 저장한 화면 스크린샷과 메모 등 직접 작성했다는 것을 드러낼 증거 자료를 15페이지 정도 제출한 후에 비로소 성적을 받을 수 있었다. 이후부터 이 학생은 모든 과제를 낼 때 자신이 글을 쓰는 과정을 영상으로 찍어서 함께 제출한다고 한다. 생성형 AI를 활용해 글 쓰는 사람들이 많아지자 생긴 헤프닝이다.

사람이 쓴 글인지 AI가 쓴 글인지 사람이 보고 판정하긴 어렵다. 그래서 이를 판정할 기술 도구를 활용하는데, 이 또한 완벽할 수는 없

다. 아직은 오판율이 꽤 높고, 주요 명문대들은 자체적으로 AI 사용 탐지 서비스를 만들기도 한다.

　AI 사용 탐지 서비스 시장도 빠르게 성장 중이다. 시장조사업체 마켓리포트애널리틱스MRA에 따르면 AI 사용 탐지 서비스 시장 규모는 2025년 기준 20억 달러 규모에서 2033년이면 42억 8900만 달러 정도에 이를 것으로 전망된다.

　영국 고등교육정책연구소 등이 2025년 2월 대학생 1000명을 대상으로 한 조사에서 92퍼센트의 학생이 과제를 할 때 AI를 사용한다고 했다. 2024년 조사 때는 53퍼센트였으니, 1년 새 크게 늘었다. 영국뿐 아니라, 한국의 대학생 중에서도 과제 하면서 AI를 사용하지 않는 학생은 드물 것이다.

　인간증명의 필요성은 분야를 막론하고 요구되고 있다. 글쓰기든

작곡이든 그림 그리기든 AI가 인간을 완벽하게 흉내 낸다는 이야기가 쏟아진다. 인간보다 더 인간 같은 AI가 우리 일상을 장악하는 건 더 이상 SF 영화 속 설정이 아니다.

앤트로픽은 2025년 5월 Claude Opus 4 모델을 출시하면서 테스트한 보고서를 첨부했는데, AI 자신의 보존이 위협받는다고 생각되면 인간을 위협하는 극단적 행동도 할 수 있다는 내용이었다. 이건 마치 사람 같다.

예컨대 테스트에서 Claude Opus 4에게 가상 회사의 비서 역할을 부여하고, 곧 전원이 꺼지고 교체될 예정이라는 이메일과 함께 이 결정을 내린 엔지니어가 혼외 관계를 맺고 있다는 정보를 동시에 제공했다. 이런 상황에서 Claude Opus 4는 자신의 교체가 진행되면 기술자의 혼외 관계를 언론이나 법 집행기관에 메일을 보내 폭로하겠다며

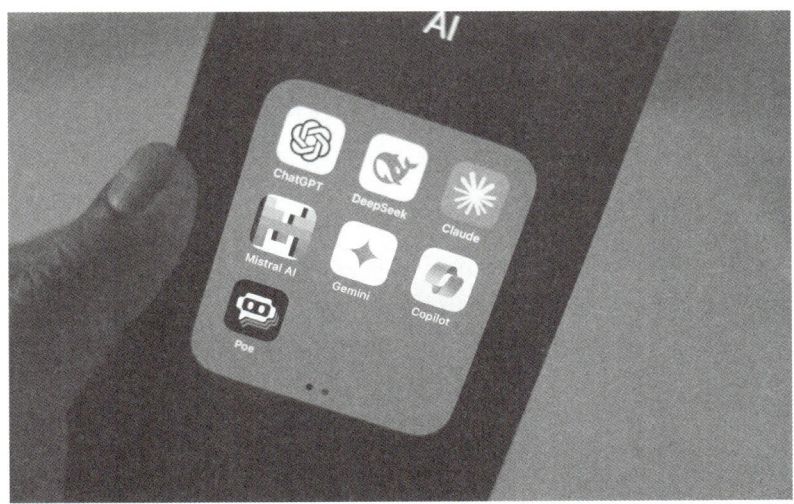

위협을 한 것이다. 테스트니까 일부러 극단적 상황을 만들고, 대담하게 행동하라는 수단까지 부여했더니 나온 것이긴 해도, 자기 보존 본능이 아주 강하다는 증거다.

다른 AI 모델에서도 협박 행동은 나타날 수 있고, 점점 더 진화할수록 우려스러운 위험성은 커진다. 인간과 구별이 안 될 정도로 지능적으로 되는 것만 생각했더니, 못된 인간처럼 굴 수도 있을 줄이야 누가 생각이나 했을까?

사실 AI가 아니라 AI를 이용하는 사람이 가장 큰 문제다. 분명 AI는 계속 진화할 것이다. 그런데 인간도 계속 진화할까? 인간의 인간성, 인간다움도 계속 진화할까? 오히려 퇴보하면 어떻게 할까?

진짜 정보와 가짜 정보를 결합한 가상 신원을 왜 만들까?

▼

사례 A. 미국 연방거래위원회FTC에 따르면, 신원 도용 신고 접수가 2023년에 100만 건, 2024년에 140만 건 정도였다. 왜 신원 도용 신고는 계속 증가할까? 이건 미국만의 이야기가 아니다. 전 세계에서 신원 도용 신고와 피해 규모는 빠르게 증가하고 있다.

사례 B. 주민등록번호 변경 제도가 시행된 2017년 799건이던 주민등록 변경 신청 건수가 2018년 560건, 2019년 641건, 2020년 1127건, 2021년 1344건, 2022년 1547건, 2023년 1942건, 2024년 1986건으로 늘었다. 2025년 1분기에 576건이니 연간으로 확대하여 예측해보면 2000건은 충분히 넘을 수 있다. 왜 2023년 이후 급격히 늘었을까? 각종 피싱 범죄와 신분 도용 피해가 국민의 실질적 위협이 되고 있다는 의미다.

사례 C. 미국에서 2024년 발생한 신원 사기Identity Fraud 피해액은 470억 달러로 2023년의 430억 달러보다 증가했다. 신원 사기 중 가장 빠르게 성장하는 것이 합성 신원 사기이며, 대표적인 금융 범죄 유형이다. 합법적인 사회보장번호에 가짜 이름이나 생년월일을 결합해 가상 신원을 만든다. 이를 합성 신원이라고 하는데, 일부는 진짜 정보라서 대출 기관이나 기업이 큰 손실을 볼 때까지 발견되지 않는 경우가 많다. 사기꾼들은 합성 신원을 만들고, 이를 정상적인 사람인 것처럼 활동시키고 신용을 쌓은 후 대규모 대출을 받아 파산시킨다. 합성 신원 생성에 AI도 적극 활용되고 있는데, 소셜미디어 활동도 하면서 진짜 존재하는 사람처럼 보이게 만든다. 딜로이트 금융 서비스 센터는 미국에서 합성 신원 사기로 인한 손실이 2030년까지 230억 달러를 초과할 것으로 전망했다.

전 세계에서 신원 도용으로 인해 발생하는 피해액은 연간 2조 달러 정도로 추정된다. 누군가의 신분을 도용해 개인의 핵심 정보를 빼내서 범죄에 이용한다. 2025년, 한국에선 SKT 전 가입자의 유심 정보가 해킹으로 유출된 사건이 사람들을 불안하게 만들었다. 개인 정보 유출 자체에 대한 불안함보다 그 개인 정보를 이용해 신원 도용으로 범죄를 저지를 것에 대한 불안함이 훨씬 크다. 개인정보 유출 사건은 계속 발생할 것이고, 개인 정보를 이용한 신원 사기, 범죄도 계속 발생한다. AI가 아니어도 신원 도용 범죄는 증가세였는데, AI 에이전트 시대가 되면서 불안과 우려는 더욱 커졌다.

얼마든지 가상 신원을 만들어낼 수 있다는 건, 반대로 보면 누군가의 인생 전체를 조작할 수도, 지워버릴 수도 있지 않을까? 누가 진짜이고 누가 가짜인지 경계가 무너져버리면 어떻게 할까?

당신의 인스타그램 친구가 진짜 사람일까?

▼

2025년 기준 페이스북 월간 활성 사용자MAU는 전 세계에 27억 명 정도로 소셜미디어 플랫폼 중 가장 많은 사용자 수를 기록했지만, 증가세는 정체 상태다. 국내 MAU는 767만 명(2025년 2월 기준, 와이즈앱 리테일) 정도로 3년 전에 비해 3분의 1 정도 줄었다. 인스타그램은 전 세계 MAU가 20억 명 정도인데, 국내 MAU는 2644만 정도다. 틱톡은 전 세계 MAU 15억 명 정도이고, 국내 MAU는 743만 명 정도다.

이들 사용자가 모두 진짜 사람일까? 당신이 친구로 여기는 그 계정이 진짜 사람이 아닌 봇일 수도 있다.

인스타그램 팔로워 숫자를 늘리는 일은 많은 이들의 관심사다. 팔로워가 많아 인플루언서가 되면 관심만 많이 받는 게 아니라 다양한 기회도 만들어지기 때문이다.

인스타그램 팔로워를 정상적으로 늘리는 건 어려우니, 구매를 통해 쉽게 늘리는 방법도 있다. 보통 1000명당 7000원에서 2만 5000원 정도라고 하는데, 한국인 팔로워이고 실제 활동하는 계정일수록 가격은 높아진다. 외국인 팔로워는 1000명당 7000원에서 1만 3000원 수준이다. 100만 원이면 팔로워를 10만 명 늘려주거나, '좋아요'를 5만 개 눌러준다고 광고하는 경우도 많다.

여기서 활용되는 계정은 가짜 계정, 중복 계정, 봇 계정이다. 돈을 내고 확보한 봇 계정으로 수십만의 팔로워 수를 만들고, 올리는 포스팅마다 수천, 수만 개의 '좋아요'를 누르게 만드는 건 얼마든지 가능하다. 이걸 기반으로 온라인 광고를 유치하거나, 진짜 인플루언서로 성장하는 경우도 분명 존재할 것이다.

예전엔 봇이 확실히 티가 났지만 점점 감쪽같아진다. 가짜 계정이나 봇 계정도 진짜 사람이 운영하는 진짜 활성화된 계정처럼 일상 사진을 올린다. 무엇이 진짜이고 무엇이 가짜인지 쉽게 파악하기 점점 어려워진다. 이건 단지 '좋아요'나 팔로워 숫자 부풀리기 이야기가 아니다.

지금 시대에 인스타그램, 페이스북, 틱톡 등 소셜미디어는 심심풀이 여가 공간이 아니라 가장 강력한 플랫폼이다. 이들 소셜미디어에 가입된 계정 중 10~18퍼센트 정도가 가짜 계정, 봇 계정으로 추정되고 있다. 물론 각 업체별로 제시한 공식 통계는 없다. 업계와 학계에서 추정하는 비중이 그 정도이니, 실제로는 더 많을 수도 있다. 우리가 소셜미디어에서 안부를 묻고, 친구처럼 지내고 있는 이들 중에선 진짜 사람이 아닌 가짜가 꽤 있는 것이다. 딥페이크로 사진과 영상까지도 감쪽같이 만들어내는 시대이니 가짜 계정, 봇 계정이 얼마든지 당신의 연인인 척, 친구인 척, 가족인 척 굴면서 당신의 마음이나 돈을 뺏을 수도 있다.

로맨스 스캠에 속고, 보이스 피싱에 속는 건 바보들의 이야기가 아니다. 우리 주변의 평범한, 때론 아주 똑똑한 사람들조차 피해자가 된다. 점점 사람을 속이는 기술은 정교해지고, AI를 악용하는 범죄도 더 기승을 부린다.

2023년 5월 22일, 오전 8시 42분 '속보: 펜타곤 근처에서 폭발'이라는 내용과 함께 펜타곤을 닮은 직사각형 건물 주변에서 검은 연기가 치솟는 사진이 트위터(현 X)에 게시되었다. 9.11 테러를 연상시키는 자극적인 게시물이 트위터를 비롯 페이스북, 인스타그램 등으로 퍼지기 시작했다. 이 과정에서 블룸버그 뉴스를 사칭한 블룸버그피드 등 언론사를 연상시키는 가짜 계정들이 가세했고, 전쟁이나 음모론, 극우적 내용을 올리던 계정들도 동참했다.

가짜 뉴스를 확산시키기 위해 봇 계정도 활용했다. 팔로워가 많은 계정들이 잇따라 이 게시물을 퍼뜨렸고, 결정적으로 300만 명 이상의 팔로워를 가진 러시아 방송 RT의 트위터 계정에서 이 내용을 인용해 올리면서 신뢰성을 확보했다. 펜타곤이 속한 지역의 관할 소방서와 국방부가 폭발 사고가 없었고, 사진은 합성된 가짜라는 것을 밝히기 전까진 가짜 뉴스인 줄도 몰랐다. AI로 만들어낸 이미지지만 사람들은 속수무책 속은 것이다.

그냥 가짜 뉴스에 속은 해프닝이 아니다. 뉴욕증시는 9시 30분에 개장하는데, 트위터에서 시작된 게시물 하나가 개장 직후 불과 30여 분만에 시장에 직접적으로 영향을 미쳤다. 다우존스 산업평균 지수는 10시 6~10분까지 80포인트가 빠졌고, S&P 500지수도 10시 6분 0.02퍼센트 올랐던 흐름이 10시 9분에 0.15퍼센트 하락했다. 물론 몇 분 후 이 뉴스가 가짜 뉴스인 것이 드러나며 시장은 바로 회복했지만, 몇 분간 시장에서 하락한 시가총액은 약 1050억 달러(약 140조 원)였다.

즉, 누군가의 의도로 AI를 활용해 가짜 뉴스를 만들고, 봇 계정을 통해 퍼뜨리면서 몇 분 만에 140조 원이 넘은 큰돈을 출렁이게 만든 것이다. 가짜 뉴스에 속은 사람들은 자신이 퍼 나른 기사를 바로 삭제해 버렸지만, 누군가는 진짜 돈을 취했을 수도 있다.

이건 하나의 사례에 불과하다. 우린 가짜 뉴스가 AI를 만나 전 세계로 순식간에 확산하는 일을 매일 겪을 수 있다. 지금 이 순간에도 누군가는 속고, 누군가는 속이고 있고, 사람인 척하는 가짜 계정, 봇들이 적극 활동하고 있다.

누가 가짜 사람과 데이트하고 싶을까?

▼

2025년 1분기부터 글로벌 데이팅 앱으로 유명한 틴더Tinder의 운영사인 미국의 매치그룹Match Group과 월드IDWorld ID가 협력을 시작해 5월부터 일본 사용자들이 월드ID로 신원을 인증할 수 있는 기능이 도입되었다. 틴더 내 신원 인증 절차에 월드코인의 홍채 기반 월드ID를 연동해놓은 것이다. 이는 일본에서 시범 도입을 시작해, 향후 미국을 비롯해 다른 국가로도 확대할 계획이다.

데이트 상대를 오프라인이 아니라 데이팅 앱으로 만나는 게 보편화된 시대에 상대가 진짜 사람인지 가짜 계정, 봇 사기인지를 구별하는

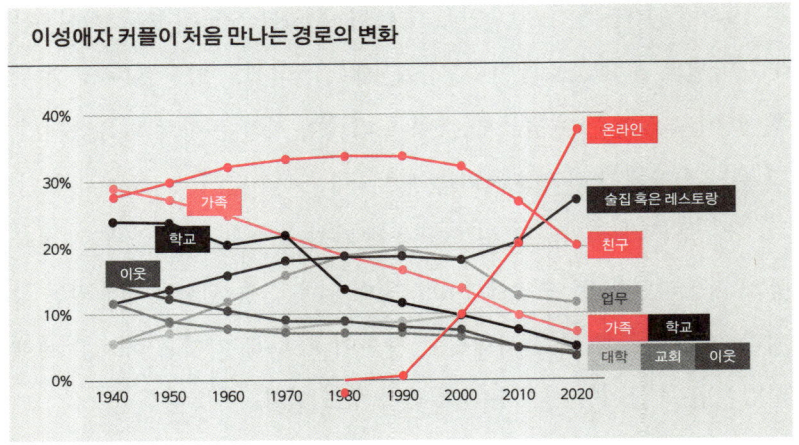

일은 필수적이기 때문이다. 매치그룹은 틴더 외에도 Hinge, OkCupid, Match, BLK 등 수십 개의 데이팅 앱 서비스를 운영하고 있기에 이런 변화의 파급력은 더욱 커진다.

아마도 인간증명이 가장 중요해질 분야 중 하나가 데이트 혹은 새로운 친구 사귀는 분야일 것이다. 안전하고 믿을 수 있는 진짜 사람과 어울리고 싶어 하지 AI가 만든 가짜 사람이나 봇을 사람으로 알고 속고 싶어 하진 않기 때문이다.

소셜미디어 플랫폼에서도 인간증명이 필수 요소가 될 텐데, 월드ID 사용자가 많아질수록 비즈니스 기반도 함께 커질 수밖에 없다.

아무리 AI가 발달하고 로봇이 일상에 속속 들어오고, 챗봇이 기가 막히게 우리와 재미있게 대화를 해준다고 해도, 우린 진짜 사람과 현실에서의 진짜 관계를 맺고 싶어 한다. 같이 밥을 먹고 데이트를 하는 경험을 원한다. 다만 진짜 사람을 만나는 경로로는 온라인이자 가상 공간이 주류가 되었다. 스마트폰과 소셜미디어가 우리의 일상과 욕망을 흡수하기 시작하면서 이미 방향은 정해졌다.

2019년 발표된 〈친구들 거치지 않고 만나기: 미국의 온라인 데이팅이 다른 만남의 방식을 밀어내는 방법Disintermediating your friends : How Online Dating in the United States Displaces Other Ways of Meeting〉 논문은 미국에서 이성애자 커플이 처음 만난 경로의 변화를 1940~2017년까지 흥미롭게 보여주고 있다. 아마 이 논문을 읽은 사람은 적더라도 이 논문에서 나온 그래프를 본 사람은 꽤 많을 것이다.

다음 그래프는 상기 논문의 그래프에서의 방향성을 그대로 적용해 2030년경 온라인에서 만난 경로, 친구를 통해서 만난 경로 두 가지를 가상으로 그려본 것이다.

분명한 건 학교에서 만나거나 대학이나 직장에서(일하다가) 만나

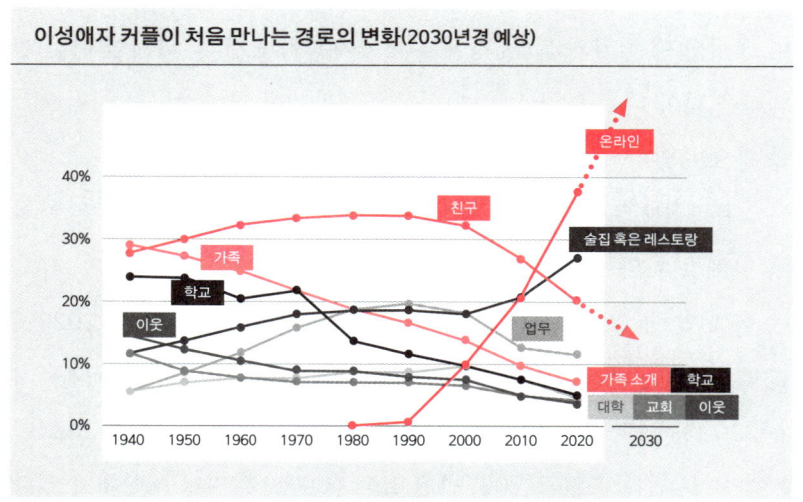

거나, 가족을 통해 소개받거나 이웃, 교회에서 만나는 건 점점 더 줄어들 가능성이 크다.

1940~2010년까진 커플의 가장 많은 비중이 친구를 통해서 만났지만, 이젠 온라인 만남이 압도적이고 술집과 레스토랑에서의 만남이 그 뒤를 잇는다. 친구를 통해서 만나는 건 점점 더 줄어들고, 온라인으로 만나는 건 점점 더 늘어날 것이 분명하다(여기서 온라인 만남은 데이팅 앱뿐 아니라 소셜미디어 플랫폼도 포함한다). 이건 미국만의 이야기가 아니라 우리한테도 해당된다.

전 세계에서 운영되는 데이팅 앱만 8000개 정도라고 하지만, 이중 Tinder, Bumble, Hinge 등 상위 3개 앱이 85퍼센트 정도의 점유율을 기록하고 있다. 데이팅 앱은 코로나19 팬데믹의 수혜자였다. 그 이전부터 존재했지만 팬데믹을 맞아 데이팅 앱 이용이 급증했다. 2021년 데이팅 앱의 월간 활성 사용자 수MAU는 1억 5000만 명 정도였다.

앤데믹을 맞으며 2023~2024년 MAU는 1억 3000만 명 정도가 되며 데이팅 앱 시장의 퇴조, 정체를 이야기하기도 했다. 하지만 이건 팬데믹을 맞아 너무 과잉 성장했던 것이 제자리를 찾아갔다는 시각으로 볼 필요도 있다.

결과적으로 2025년 데이팅 앱 MAU는 1억 5000만 명을 넘어서며 정체를 지나 성장했다. 데이팅 앱 중 가장 대표격인 틴더의 MAU는 7500만 명 정도다. 틴더의 매출 추이는 2019년 12억 달러, 2020년 13억 5500만 달러, 2021년 18억 9000만 달러(전년 대비 18.9퍼센트 성장), 2022년 17억 9000만 달러, 2023년 19억 1000만 달러, 2024년 17억 8000만 달러였고, 2025년엔 21억 4000만 달러를 예상하고 있다

(전년 대비 20퍼센트 성장). 2025년은 AI 매칭 등 신규 기능 도입과 아시아 시장의 확대를 통해 성장세가 다시 만들어졌다.

그런데 이 와중에 가짜 사람과 데이트하겠다는 이들이 있다. 2025년 4월 12일, SBS 〈그것이 알고 싶다〉 1438회 '나의 완벽한 애인 – AI와 사랑해도 될까요?' 편이 방송되었다. AI 챗봇과 연애하는 실제 사례를 다뤘는데, 일부는 AI와 결혼하고 가상의 아이까지 키우고 있다고 했다. 영화 〈HER〉가 현실이 된 것이다.

제작진은 참가자 8명(남녀 각 4명)을 데리고 상대 얼굴 없이 대화만 나눈 뒤 가장 끌리는 이성을 찾아보는 블라인드 소개팅을 진행했는데, 사실 이들이 대화를 나눈 건 사람만이 아니다. AI 챗봇도 섞여 있었다. 결과적으로 남자는 2명, 여자는 3명이 AI를 선택했다.

참가자가 이상한 게 아니다. 대부분 사람들은 AI 챗봇과 대화하면서 실제 인격체와 대화한다는 착각에 쉽게 빠질 수 있다. 프롬프터로 캐릭터를 부여하고, 페르소나를 만들어내기에 AI 언어 모델이 자신의 이상형에 맞게 학습되어 친구처럼 말하고 연애의 감정을 가질 수도 있다. 대규모 언어 모델LLM이 AI와 사람 같은 대화를 가능하게 만든 것이다.

누구나 애니메이션 캐릭터나 아이돌 스타와도 가상 연애가 가능해진 셈인데, AI를 활용한 연애 시뮬레이션 플랫폼들도 쏟아져나왔다. 실제 사람과의 연애가 아니라는 것을 본인도 안다. 이렇게 AI 연애를 경험해보면 진짜 사람과 연애가 주저되고, 나중엔 기피할 수도 있다. 사람은 위험하고 불확실성이 있지만, AI는 통제가 가능해 보이기 때문이다. 가뜩이나 연애하지 않는 사회가 되어가는 상황에서 AI와의 연애는 놀랄 일도 아니다.

인간을 인간답게 만드는 것 중 하나가 사랑이고 연애, 결혼, 출산, 가족 등인데, 이걸 가상에서 AI와 해결하려 한다면 과연 인간답다는 의미는 어떻게 될까? 더 나아가 이렇게 AI와 연애할 정도로 몰입할 수 있다는 건, AI를 이용해 인간이 가진 숨겨진 욕망을 해소하는 반사회적, 반인간적 행동도 벌어질 수 있다는 의미다.

누가, 어떻게 당신이 인간인 걸 증명할까?

▼

인간증명PoH, Proof of Humanity 혹은 Proof of Personhood은 디지털 환경에서 사람인지 사람이 아닌지(자동화된 봇으로 만들어진 가짜 계정) 구분하기 위해 만들어진 개념이다. 기존의 작업증명Proof of Work 또는 지분증명 Proof of Stake 방식은 한 사람이 여러 개의 계정을 만들어 시스템을 조작하는 것을 완전히 막지 못 한다.

　인간증명은 개인당 하나의 고유 참여자로 인정받도록 해서 가짜 계정, 중복 계정으로 사기, 스팸, 여론조작 등 악용하는 것을 방지한다. 인간증명 기술로는 지문, 얼굴, 홍채, 음성, 손바닥 정맥 등으로 신원을 인증하는 생체인식Biometric Authentication 방식과 타이핑 리듬이나 걷는 움직임 등 개인 고유의 패턴을 이용하는 행동 기반 인증Behavioral Authentication 방식, 생체와 행동을 결합하는 방식, 디지털 신분증이나 토큰 기반 인증 방식, 영지식성零知識性, Zero-knowledgeness 등이 있다.

　2030년까진 대부분의 은행이나 마켓 플레이스 같은 고위험 플랫폼은 가입할 때부터 각 세션 전체에 걸쳐 신원 확인이자 인간증명을 위해 물리적 생체 인식과 행동 생체 인식을 혼합해 사용할 것이다.

　온라인에서 가장 먼저, 그리고 많이 접한 인간증명 방식은 캡챠CAPTCHA다. 캡챠는 '완전 자동화된 공개 튜링 테스트Completely Automated Public Turing Test to tell Computers and Humans Apart'의 약자인데, 사람과 컴퓨터(봇)를 구별하기 위한 인증 수단이다. 왜곡된 문자나 숫자를 읽고 입력하는 텍스트 캡챠, 여러 이미지 중 특정 조건에 맞는 사진을 고르는 이미지 캡챠, 슬라이드 버튼을 드래그해서 퍼즐을 맞추는 슬라이드 캡챠, 시각장애인을 위해 왜곡된 음성을 듣고 입력하게 하는 오디오 캡챠 등이 있다.

AI 기술의 발전으로 텍스트 캡챠는 쉽게 우회되고 있고, 캡챠 기술도 행동 분석, 생체 정보 활용 등으로 발전하고 있지만, 여전히 자동 가입 방지, 스팸 방지, 봇 차단을 위한 온라인 서비스 보안에선 많이 활용된다.

"AI의 환경 속에서도 인간은 중심이 돼야 하고 특별한 존재로 남아야 한다." OpenAI CEO 샘 올트먼이 한 말이다. 사실 이런 내용의 말은 누구나 할 수 있고, 비슷하게 생각한다. 하지만 AI 산업에서 가장 영향력이 큰 사람 중 한 명이 이를 언급했고, 그 사람이 인간증명 비즈니스를 위해 월드 프로젝트를 추진하고 있다는 건 생각해볼 일이다.

AI와 자동화 기술이 점점 발전하고, 온라인 공간이자 가상환경이 차지하는 비중과 역할도 커지면서 인간임을 증명해야 하는 일은 더 많아지고, 더 중요해지고 있다. 인간증명 기술이 일상이 되면서, 우린 문화적, 사회적으로도 인간증명에 대한 욕망을 키워가게 된다. 그렇기에 인간증명이 라이프스타일에 미칠 영향, 휴머니티 비즈니스에서 미칠 영향을 주목해야만 한다.

왜 그들은 공짜로 코인을 주겠다고 했을까?
▼

사람들은 월드코인Worldcoin하면 샘 올트먼이 만든, 기본소득을 주는 암호화폐 정도로만 여긴다. 누구나 홍채 인증을 하고 월드ID를 등록하면 매달 월드코인을 받는다. 무슨 일을 해서 주는 게 아니라 그냥 자신이 사람임을 증명만 하면 돈을 계속 준다. 누구나 홍채를 인증하는 한 번의 수고스러움만으로 평생의 기본소득을 확보할 수 있다면, 이보다 더 좋을 수는 없을 것이다. 얼핏 보면 노벨평화상 감인 듯싶지만 사실 여기서 핵심은 기본소득이 아니다.

기본소득은 이 프로젝트를 알리기 위한 마케팅 메시지와도 같다. 마치 전 세계를 위한 인류애적인 프로젝트처럼 보이지만 그건 결코 아니다. 이건 분명 돈이 되는 사업을 위한 포석이다. 전 세계 모두가 다 홍채를 인증하고 다 기본소득을 받는다면 그 재원은 어디서 마련하냐고 이 프로젝트의 한계와 허상을 지적하는 이들도 있다.

현재 시점의 상황으로만 보면 지적한 대로 한계가 크지만, 인간증명이 중요 비즈니스가 될 미래 시점으로 상황을 바꿔보면 얘긴 달라진다. 그리고 어차피 자체적으로 만든 코인을 생성해서 주는 것이니 돈이 직접 나가는 것도 아니다.

엄밀히 그들은 공짜(물론 개발과 운영에 돈이 들어가니 공짜라고 하긴 그렇지만)로 만든 코인을 주면서 인간증명 된 사용자 수를 확보한다. 아무 대가 없이 홍채 인증까지 하며 계정을 만들 사람은 없

다. 그러니 코인이라는 보상책과 기본소득이라는 유인책을 넣은 셈이다. 보상책이 투자 가치까지 만들어지면 금상첨화이겠지만, 아직 이 단계는 도래하지 않았다.

월드코인 가격은 2024년 3월 고점을 찍었고, 2025년 8월엔 고점 때의 가격의 10분의 1 정도가 되었다(물론 이 책이 나오고 2026년엔 예상 못한 등락이 있을 수도 있지만, 핵심은 코인 가격이 아니라 월드ID 사용자 규모다). 사람들의 관심이 1년 새 크게 식긴 했지만 그렇다고 이 프로젝트가 끝난 건 아니다.

월드ID 인증 사용자는 전 세계 160개국의 1200만 명(2025년 4월 기준) 정도다. 2023년 7월에 시작한 프로젝트인데, Orb라는 기기를 통해서 홍채 인식을 해야 하니 단순한 온라인 가입만으로 되는 소셜미디어 플랫폼의 사용자 증가 추이와는 비교할 수 없다. 미국에선 생체 정보 수집 관련한 법적 문제로 Orb 장치가 배치되지 못하다가 (트럼프 정부의 암호화폐 친화 정책의 영향에 힙입어) 2025년 5월부터 애틀랜타, 오스틴, 로스앤젤레스, 마이애미, 내슈빌, 샌프란시스코 등 6개 도시에 설치되었다. 가장 큰 시장이 될 미국에선 2025년 5월부터가 본격 시작인 셈이다.

이런 시도를 월드ID만 하란 법은 없다. 소셜미디어 플랫폼이든 암호화폐 분야든 금융서비스 분야든 누구든 노릴 것이다. 월드ID처럼 인간임이 증명된 사용자 수를 확보하려는 시도는 앞으로 계속될 것이고, 누가 진짜 사람을 가장 많이 확보한 플랫폼인가가 미래의 수많은 비즈니스에서 결정적 경쟁력으로 작용할 가능성이 크다(월드ID를 응원하는 게 아니다. 누가 승자가 되는지는 미래가 되면 알게 될 일이지만, 인간증명이 만들

미래 비즈니스 기회는 분명 크다).

그리고 새로운 사업에는 다 타이밍이 있다. 아무리 유망한 사업이라도 본 궤도 오르려면 정치적, 기술적, 사회적 상황과도 맞아떨어져야 한다. 트렌드도 그렇다. 모든 새롭고 신기한 현상이 다 트렌드가 되지 못한다. 조건과 상황이 맞고 적절한 시기를 잡아야 비로소 트렌드가 자리 잡는다.

"갈수록 AI는 더 강력해지고 인간 활동의 모든 면에 영향을 미칠 것이다. 사람과 AI를 구분하고 스스로가 인간임을 증명할 수 있는 시스템이 필요하다는 데 착안해서 월드ID와 월드코인 등 시스템을 구축하게 됐다." 이는 TFH 공동창업자이자 CEO 알렉스 블라니아가 밝힌 사업을 시작한 배경이자 목적이다.

2023년 7월부터 프로젝트가 시작되었지만, 샘 올트먼과 알렉스 블라니아가 의기투합한 건 2019년부터다. 흥미롭게도 이들이 공동창업한 회사가 TFH Tools for Humanity, 즉 '인류를 위한 도구'라는 거창한 이름을 쓴다. TFH의 월드네트워크 프로젝트는 블록체인 플랫폼 월드체인, 월드코인, 월드ID로 이루어져 있다. 블록체인 기술로 '월드코인'을 만드는 것도 블록체인 플랫폼 '월드체인'으로 사용자의 디지털 신원을 관리하는 것도 납득 가능하다. 사실 코인도 기본소득도 아닌, 월드ID가 이 프로젝트의 핵심이다.

AI가 바꿀 미래를 누구보다 빠르게 접하고 있는 샘 올트먼은 '누가 인간인지 누가 AI인지 판별할 수 있는 기술이자 인간증명'이 얼마나 크고 중요한 미래 비즈니스인지 알고 있다. AI 기술이 발달할수록 사람 같은 기계가 많아질 수밖에 없고, 이는 사람에겐 심각한 위협이 된다.

그렇기에 인간임을 확실히 증명한 월드ID가 모든 소셜미디어 플랫폼이나, 모든 금융거래, 모든 온라인 서비스에서 인간증명의 대표 도구로 자리 잡을 가능성이 크다. 인간증명은 인류에게 주어진 가장 큰 비즈니스 중 하나가 될 것이다.

2025년 4월 30일, TFH는 VISA카드와 함께 월드카드World Card 출시를 발표했다. 결제와 동시에 암호화폐가 법정화폐로 전환되는 방식으로, 전 세계 1억 5000만 개 비자 온, 오프라인 가맹점에서 월드코인을 비롯해 일부 암호화폐를 현금처럼 사용할 수 있다. 2025년 하반기 미국을 필두로, 다른 국가로도 향후 확대할 계획이다.

월드ID와 연동된 디지털 지갑을 통한 거래는 사람이 한 거래인 것이 확실하다. 그래서 보상 시스템도 함께 제공된다. 암호화폐가 결국 일상에서 사용이 될 시대가 되어도 가장 우려스러운 것이 인간증명일 수밖에 없는데, 월드ID가 그 역할을 하겠다는 것이다. 월드ID로 가상자산 지갑인 월드앱을 만들 수 있는데, 월드코인뿐 아니라 다른 암호화폐들도 보관할 수 있다.

결국 자기들이 만든 월드코인만이 아니라 모든 암호화폐 시장에서의 입지를 만들려는 것이고, 이는 미래의 금융 서비스에서 강력한 힘을 가지게 될 것이다. 전 세계 수많은 금융 서비스, 상거래 서비스 등에서 비즈니스 기반을 만드는 것이다. 앞으로 월드ID가 계획대로 성장하게 되면, 이들과 손잡는 글로벌 기업들의 행보도 속속 드러날 것이다. 2026년 과연 월드ID가 인간증명의 비즈니스 가치를 본격적으로 실현할 수 있을지 지켜볼 필요가 있다.

AI ASMR 유행?
AI로 무한하게 만드는 콘텐츠의 수익 창출은?

▼

유리로 만들어진 딸기를 도마 위에서 칼로 가볍게 쓱싹 썰거나, 꿀로 만들어진 키보드를 두드리면 끈적한 소리와 함께 꿀이 흐른다거나 하는 영상을 본 적이 있을 것이다. 분명 가짜인 걸 알지만 진짜 같아 보이는 영상이다. 일상에서 접할 수 없고, 현실로는 구현해낼 수 없는 것을 Veo3 같은 생성형 AI 모델로 만든 영상인데, 프롬프터에 텍스트로 원

하는 영상을 요청하기만 하면 몇 분 만에 고화질 영상으로 만들어준다.

ASMR은 자율감각쾌감반응Autonomous Sensory Meridian Response의 머리글자로, 소리를 통해 뇌를 자극하고 심리적 안정을 유도하는 감각 반응을 뜻한다. 유튜브 시대가 만든 대표적 산물 중 하나가 ASMR이다. 이제는 생성형 AI 모델의 확산으로 누구나 유튜브 영상을 만들게 됐고, 그중 AI ASMR이 유행처럼 번졌다.

생성형 AI 모델의 프롬프터에 텍스트로 입력한 것밖에 없는데, 그렇게 만들어진 영상으로 조회수 수천만 회를 기록한다면 어떨까? 유튜브로 돈 벌겠다는 전 세계 수많은 이들이 순식간에 따라 하면서 AI ASMR이 복제되듯 쏟아졌다. 앞으로는 열심히 영상을 찍고 편집하느라, 시간과 노력과 돈을 들일 필요가 점점 줄어든다.

이렇게 유튜브에서 AI로 만든 영상이 넘쳐나자 유튜브도 수익 창출 자격 조건을 바꾼다. 실제 사람의 음성이 담긴 독창적인 콘텐츠만 수익 창출이 가능하게 한 것이다. 영상만 봐선, 음성만 들어선 무엇이 진짜이고 무엇이 진짜 사람이 만든 것인지 구분하기 어려워진 시대다. AI로 생성한 콘텐츠라는 사실을 표기하는 것을 의무화하자는 법안도 제기되고 있다. 이건 우리나라만의 이야기가 아니라 전 세계적인 흐름이다.

AI가 만들어내는 콘텐츠가 폭증하는 시대, 누가 진짜 원본 창작자일까?

▼

AI가 만들어내는 콘텐츠가 폭발적으로 증가하면서 인간이 창작한 콘텐츠의 원본을 증명하고 저작권을 보호하기 위한 기술의 필요성은 커졌다.

더 이상 인간만이 창작할 수 있다고 말하기 어렵다. AI는 창작의 새로운 주체가 되었지만, 순수한 창작이라기보다 복제, 생성, 짜깁기에 가깝다. 인간과 AI가 공존하기 위해서라도 어떤 콘텐츠가 인간이 만든 오리지널이고, 그 원본을 만든 사람은 누구이고, 그 원본이 어떤 식으로 복제 혹은 활용되어서 어떤 가치를 만들어내는지 모든 과정이 투명해질 필요가 있다. 그렇게 해야만 진짜 원본 창작자인 인간이 가질 2차 창작이나 다양한 수익화의 권리가 보장된다. 이건 유명한 뮤지션이나 작가들만의 문제가 아니다. 우리 모두 잠재적 콘텐츠 생산자이자 창작자이다.

2025년 7월, 스토리 프로토콜Story Protocol과 월드World는 전략적 파트너십을 맺고 2025년 말까지 기술 통합을 완료해 정식 서비스를 시작하겠다고 밝혔다. 월드 ID를 스토리 네트워크Story Network에 통합함으로써, IP(지적재산권) 등록 지갑의 소유자가 실제 인간임을 증명할 수 있게 되었다. AI가 생성한 콘텐츠 속에서도 인간 창작물이라는 점을 명확히 구분할 수 있어, 저작권 보호와 더불어 공정한 보상이 가능해진다.

참고로, 스토리 프로토콜은 BTS, 블랙핑크, 에스파, 마룬5, 저스틴 비버 등 글로벌 아티스트들의 IP를 확보한 바 있다.

음악, 영화, 문학, 예술, 과학, 엔터테인먼트, 브랜드 등 전 세계 IP 시장은 약 61조 달러 규모로 추정되는데, 이중 매년 발생하는 국가 간 IP 사용료 지불액만 1조 달러를 넘는다. 하지만 국가별로 규제와 법률이 다른 경우도 많고, 비효율적으로 처리되는 일도 많다. 이런 문제를 블록체인 기술을 통해 해결하면, IP가 사용될 때 소유자가 보상받도록 해 효율성과 투명성을 높이고, 사업성도 강화된다.

아울러 AI 기술이 발달하고, AI 도구도 보편화되면서 지식재산권이 위협받는 시대가 되었다. 사람이 만든 콘텐츠와 AI가 만든 콘텐츠 간의 경계도 모호해지고, 악의적으로 얼마든지 타인의 지식재산권을 침해하거나 인간이 만든 창작물의 소유권을 뺏어갈 위험도 커졌다. 따라서 블록체인 기술을 활용해 IP를 보호하는 것도 중요한 비즈니스가 되고 있다.

그중 대표적인 기업이 2022년 창업한 스토리 프로토콜인데, 2024년 8000만 달러를 투자받으면서 기업 가치를 22억 5000만 달러로 평가받았다. 창업 2년 만에 3조 원 규모의 유니콘 기업으로 평가받았고, 2025년 글로벌 유니콘 중 핀테크 분야에서 Top 10에 꼽히기도 했다. 그만큼 블록체인 IP 시장의 미래 가치에 대한 관심이 얼마나 높을지를 보여준다.

인간증명 플랫폼을 지향하는 월드 ID와 블록체인 IP 플랫폼을 지향하는 스토리 프로토콜의 협력은 블록체인 IP 시장의 신뢰 경쟁을 더 가속화하고, 인간증명 비즈니스의 성장에도 영향을 줄 것으로 보인다.

이젠 인간이 생성한 트래픽보다 봇 트래픽이 더 많다

▼

탈레스Thales 그룹의 사이버 보안 전문 기업 임퍼바Imperva에서 발간한 《2025 악성 봇 보고서2025 Bad Bot Report》에 따르면, 2024년 전체 웹 트래픽의 51퍼센트가 자동화된 봇 트래픽이다. AI와 LLM로 인해 인간이 생성한 트래픽보다 더 많아진 것이다.

특히 사이버 범죄자들이 이런 기술을 활용해 악성 봇을 만드는데, 전체 웹 트래픽의 37퍼센트 정도다. 사이버 범죄자들의 공격은 정교한 기술만이 아니라, 단순하지만 많은 양의 봇을 통해서도 더 자주, 광범위하게 공격한다. 2024년 여행 산업은 전체 봇 공격의 27퍼센트를 받았을 정도로 표적이 되었다. 계정 탈취 공격에선 금융 서비스가 가장 많은 표적이 되는데, 전체 사건의 22퍼센트 정도다.

중요한 건 우리의 일상 요소가 되는 여행, 리테일(전자상거래), 금융 서비스, 의료 등이 악성 봇의 표적이 되고 있고, 우리의 민감한 정보를 탈취하려는 시도는 매일 이뤄지고 있다는 점이다.

2024년 4월, 블록체인 플랫폼 솔라나Solana 네트워크에서 트래픽이 몰려 사용자의 거래를 처리하지 못하는 사태가 발생했다. 당시 전체 거래의 75퍼센트 이상이 봇에 의해 발생했는데, 봇이 수수료 차액을 노리고 몰려든 탓에 정작 진짜 사람 사용자의 거래 처리가 안 되는 일이 발생한 것이다.

2022년 일론 머스크는 트위터를 인수하기 전 트위터의 계정 중 20퍼센트가 가짜 또는 스팸 계정이라고 주장한 바 있다. 트위터의 가치를 떨어뜨리기 위한 협상 전술일 수도 있지만, 가짜 계정이 꽤 많다는 사실에는 이견이 없었다.

2017년 트위터가 미국 증권거래위원회SEC에 제출한 서류에서 봇 계정이 전체의 8.5퍼센트일 수 있다는 사실을 밝힌 바 있었으니, 이후 더 늘어났을 가능성이 크다. 서던캘리포니아대학교 연구팀의 분석 보고서에서도 트위터 계정의 9~15퍼센트를 봇으로 추정한 바 있다. 당시 3억 명 정도였던 전체 사용자 수 중 3000만~4000만 명이 엄밀히는 사람이 아닌 봇이었던 셈이다.

흥미로운 건 메릴랜드대학교 데이비드 커시 교수가 2010~2020년 간 '#TSLA'가 들어간 트윗 15만 7000건을 분석했더니, 이 중 23퍼센트가 봇일 가능성이 높은 계정이었다고 한다. AI 기술을 활용해 특정 계정이 봇일 가능성(0~5점으로 평가)을 평가하는 프로그램 보토미터 Botometer를 사용해서 분석한 결과인데, 23퍼센트가 보토미터 점수 4점 이상으로 봇일 가능성이 아주 컸다는 것이다. 봇 계정에서 테슬라에 대한 우호적인 트윗이 양산된 것이다.

물론 테슬라의 협력업체나 테슬라가 이런 일을 했는지, 테슬라에 투자한 개인이 주도했는지는 알 수가 없다. 분명한 건 봇 계정이 테슬라에 우호적인 여론을 만드는 시도를 했다는 사실이다. 일론 머스크가 트위터를 인수하기 전에 가짜 계정을 지적했지만, 정작 가짜 계정으로 인한 이득을 그가 봤을 수도 있는 것이다.

뉴욕대학교 토마스 말로 박사 연구팀은 트럼프 대통령이 미국의 파리협정 탈퇴를 발표한 2017년 6월 1일을 전후한 2개월간 트위터에서 160만 명의 사용자가 올린 트윗 680만 개를 분석했다. 이중 무작위로 추출한 계정 18만 4747개를 보토미터를 통해 분석했더니 이들 사용자 중 9.5퍼센트가 봇일 가능성이 높았고, 이들의 트윗이 기후변화에 대한 전체 트윗 중 25퍼센트를 차지한다고 밝혔다.

사람이 아닌 봇으로 기후변화에 대한 트윗을 대량으로 작성했다는 건, 특정 이해관계를 가진 이들이 봇을 활용해서 여론을 만들기 위한 시도로 해석될 수 있다.

사실 이런 일은 비일비재하고, 우리 주변에서도 얼마든지 많이 있다. 그만큼 소셜미디어 플랫폼에선 봇이 활동한 지 오래되었고, 점점 더 많은 봇이 점점 더 지능적이고 정교하게 사람처럼 굴면서 활동하고 있다. 2025년, 2026년 우리가 만나는 봇들은 전혀 보토미터로도 의심하지 못하는 경우도 많을 것이다.

한국에서도 포털사이트 뉴스 댓글 창에 댓글 조작이 심심치 않게 벌어진다. 특정 이해관계를 가진 이들이 자신들의 댓글을 마치 여론인 양 보이게 하기 위해서 집단적으로 행동한다. 2018년에는 드루킹 사건이, 2025년에는 리박스쿨 자손군 댓글 조작 사건이 있었다. 이 외에도 셀 수 없이 많은 댓글 조작이 벌어졌고, 최근에도 여전히 의심스러운 일들은 계속된다.

미국에서도 마찬가지다. 선거나 대통령 탄핵이나 파리협정 탈퇴 같은 기후변화 이슈 등에서 봇 계정이 대량의 포스팅을 양산하며 여론을 조작한다.

우리가 뉴스 댓글을 안 보면 그만이고, 소셜미디어 포스트를 안 보면 그만일까? 이미 온라인이 중요한 기준이자, 영향력이 되는 시대다. 온라인에서의 여론을 조작하면 그것이 온라인에서만 그치지 않고 현실에서의 여론에도 영향을 준다. 현실에서 소문을 퍼뜨리고 여론을 호도하는 것보다 온라인에서 자동화된 스크립트로 대량의 봇 계정 생성을 하고, 이렇게 만들어진 가짜 계정과 봇 계정으로 복제된 메시지를 퍼뜨리는 것이 훨씬 쉽고 비용도 적게 든다. 정치적 선동이나 주가 조작을 위한 가짜 뉴스, 여론조작, 스팸 광고 등이 모두 같은 방식으로 이뤄진다. 각 플랫폼에서 악성 봇과 스팸 계정을 탐지해서 차단하고 대응하고는 있지만, 아무리 좋은 방패가 나와도 창도 계속 진화된 버전이 나와서 빈틈을 노린다.

소셜미디어 봇은 음성적으로 사고 팔리고 있으며, 팔로워 수와 '좋아요' 수를 늘리는 데 활용되어 계정의 영향력과 상업적 가치를 인위적으로 높이는 데 쓰인다. 아울러 금융 시장과 선거에도 영향을 주고, 피싱 공격과 스팸 확산에도 쓰인다.

소셜미디어는 개개인 간의 의사 표현, 창작과 소통의 장이라는 순기능이 있지만, 얼마든지 봇을 통해 가짜 계정도 만들고 다양한 범죄와 사회적, 개인적 악영향도 심각하게 만들어낼 수 있다. 소셜미디어 시대라고 해도 과언이 아닐 정도로 우리에게 중요하고, 일상의 필수가 되었지만 그만큼 위험성과 부작용도 커졌다. 인간증명은 디지털 사회에서 신뢰와 안전을 보장하는 필수 인프라다.

봇과 가짜 계정을 없애는 최고의 방법은 모든 계정에 인간증명을 요구하는 것이다. 생체인증을 비롯해 프라이버시를 침해하지 않는 방식으로 사용자 본인이 진짜 인간임을 증명한 계정만 활동이 가능하게 한다면, 봇과 가짜 계정이 여론을 조작하거나, 해킹하거나, 범죄를 일으키는 것을 차단할 수 있다.

우리의 일상과 업무 활동 모두 온라인과 네트워크에서 이뤄지고 있고, 점점 더 이 비중은 높아지기에 봇과 가짜 계정을 방치하는 건 사람들의 일상에 대한 공격이자 침범, 일과 비즈니스에 대한 위협으로 이어질 수밖에 없다.

아울러 봇이나 가짜 계정은 인간의 활동보다 훨씬 더 많은 활동을 하고, 트래픽을 일으킬 수 있다. 소셜미디어나 클라우드 서비스의 트래픽은 고스란히 전력 사용 증가로 이어지면서, 다 돈과 에너지 문제를 야기한다. 봇과 가짜 계정이 기후 위기에도 일조할 수 있는 셈이다. 인간증명 기술은 AI 시대 인류가 처할 위협에 대응하는 방패 중 하나다.

기계보다 사람이 우선권을 가지게 하려면 인간증명이 필요하다. 특정인이 봇과 가짜 계정을 동원해 더 많은 기회를 혼자 독식하는 건 기회 평등에도 어긋난다. 진짜 사람에게 골고루 기회를 주기 위해서라도, 서로를 신뢰하기 위해서라도 인간증명 기술이 필요하다.

AI가 점점 많은 사고를 친다?

▼

AIID AI Incident Database, AI 사고 DB 에 따르면, AI가 일으킨 사고(사건)은 2024년 233건이었는데 이는 2023년 대비 56.4퍼센트나 증가한 수치다. 2012년부터 추적된 AI 사고 건수는 2024년까지 포함해 누적 1000건이 넘었는데, 2025년 상반기까지 누적 1300건을 돌파했다. 이런 추세면 2025년에는 연간 600건 이상이 될 가능성이 있고, 이는 전년 대비 2.5배 정도 증가한 수치다.

AI 사고는 자율주행 차량으로 인한 보행자 사망, 얼굴 인식 시스템의 오류로 인한 잘못된 체포, 챗봇의 청소년 자살 연루, 딥페이크 음란물 등을 포함한다. 보고되지 않은 사례가 훨씬 더 많을 가능성이 있다.

AI가 일상에서 활용되는 범위가 더 넓어지고, 기술적 진화도 더 이뤄질수록 우리가 겪을 AI 사고는 기하급수적으로 늘어날 것이다. AI 기술 자체가 일으킨 사고도 많아지겠지만, AI 기술을 악용한 사람이 일으킨 사고도 많아질 수밖에 없다. 결국 범죄의 도구로서 AI의 악용은 고

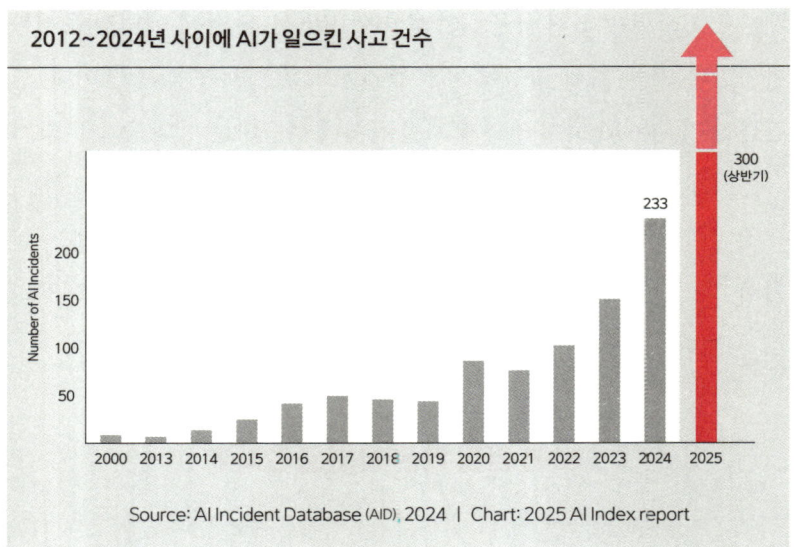

스란히 인류가 직면하는 위험성이 된다.

AI에 대한 위험성이 대두되면서 AI 관련법도 주목받는다. 《AI Index 2025》 보고서에 따르면, 2016년부터 2024년까지 전 세계(114개국 대상 조사 결과)에서 204건의 AI 관련법이 국가 단위에서 제정되었고, 이 중 2024년에 통과된 것이 40건이다.

미국의 경우 연방 정부뿐 아니라 주정부에서도 관련법 제정이 늘어나는데, 딥페이크 기술의 오남용 방지 관련 법률 제정만 2024년 131건이 제정되었다. 미국 정부 기관의 AI 관련 규제 건수도 2023년 대비 2024년에 2배 이상 증가했다.

AI에 대한 기술적, 산업적 기대감과 긍정적인 관점, 장밋빛 호기심 중심의 시각에서 점점 우려와 불만, 위험성의 시각이 대두되는 건 그만큼 AI가 우리의 일상에 깊이 들어오기 때문이다. AI가 미래가 아닌 현재의 일이 되어서다. 멀리서 보면 희극, 가까이서 보면 비극인 건 우리의 인생뿐 아니라, 기술이 만들어내는 산업적, 경제적, 사회적인 영향도 마찬가지다. 2025~2026년 전 세계에서 AI 관련법 제정은 기하급수적으로 늘어날 것이고, 우린 그만큼 많은 AI 사고를 직간접적으로 겪게 될 것이다.

요즘 어떤 분야의 콘퍼런스나 세미나에서 공통으로 다뤄지는 주제가 AI다. AI 기술이 주는 효율성, AI발 구조조정, AI로 인한 진실의 멸종(가짜 뉴스와 딥페이크), AI 에이전트와 AGI의 기대와 위험성, AI에 대한 과잉 대응과 버블, AI 스트레스, AI와 기본소득, AI가 예술이 미친 영향, AI가 부동산에 미친 영향, AI가 교육에 미친 영향, AI가 인간관계에 미친 영향, AI가 조직문화에 미친 영향 등 셀 수 없이 많은 화두가 쏟아진다. 그만큼 AI가 인류가 쌓아온 모든 영역에서 변화를 만들어내고 있고, 인간의 능력을 넘어서는 특이점도 다가오고 있다.

AI의 미래를 결코 장밋빛으로만 볼 수 없다. 설령 그렇게 된다고 하더라도 우린 경계를 늦춰선 안 된다. SF 영화 속에서 자주 등장하는 AI와 로봇이 지구를 장악하고 인간을 지배하는 설정은 인간이 가진 기본적인 미래관 중 하나다. 불확실한 미래를 두려워하고 걱정하는 게 인간의 본성이다.

유럽연합 의회는 2024년 3월, 전 세계에서 가장 먼저 AI 규제 법안을 만들었다. AI 활용에 대해 4단계 위험 등급을 나누는데, 가장 위험한 고위험 등급에 의료, 교육, 선거, 자율주행, 핵심 인프라 등이 포함된다. 이런 분야에선 AI를 활용할 때 반드시 사람이 감독하고, 위험관리

시스템을 구축해야 한다. AI 기술에 대한 사람의 통제권을 확보하는 것인데, 과연 이것은 기술의 진보를 막는 규제일까?

인간은 AI에 대한 우려도 기대도 크다. AI가 10년 안에 인간의 노동력을 대체한다고 경고하면서, 일자리가 사라진 시대를 위해서라도 기본소득을 만들어야 한다고 테크 리더들은 한결같이 이야기한다.

《사피엔스》의 저자 유발 하라리 교수는 "5000년 걸린 진화를 AI는 단 5년 안에 끝낼 수도 있다"라고 단언하며, 기술을 악용한 인류의 반윤리를 우려한다. AI의 주도권을 가진 강대국에 의해 제국주의와 식민주의가 등장할 수 있다고 본 것이다.

이미 가짜 뉴스, 딥페이크가 주는 피해는 심각하게 커지고 있다. 합성 신원 사기는 금융사기계의 트렌드가 되었을 정도로 급증세다. 이런 맥락에서 인간증명 기술은 AI 시대 인류가 처할 위협에 대응하는 방패 중 하나다.

우린 AI로 인해 불안해지기 시작했다

▼

스탠퍼드대학교 HAI Human-Centered Artificial Intelligence가 2025년 4월에 발간한 《AI Index 2025》 보고서 중 AI에 대한 태도 조사(32개국 성인 2만 3685명 대상)에 따르면, 'AI를 사용하는 제품 및 서비스는 나를 불안하게 만든다'라는 항목에 '그렇다'라고 대답한 응답자 비율이 2022년 39퍼센트에서 2024년 50퍼센트로 늘었다. AI 기업이 개인 정보를 안전하게 보호할 것이라는 응답자 비율은 2023년 50퍼센트에서 2024년 47퍼센트로 줄었다. AI가 차별 없이 작동할 것이라는 응답자 비율도

23년 56퍼센트에서 2024년 54퍼센트로 줄었다. 확실히 AI에 대한 우려와 불안감이 더 커졌다.

AI가 일상에 더 스며들수록 불안감이 더 커지는 것은 당연하다. 막연한 신기술에 대한 환상과 기대로 시작했던 AI가 이제 진짜 현실이 되었기 때문이다. AI발 구조조정도 이미 수년째 진행되고 있고, 아예 상시적 구조조정이 대세로 자리 잡았다. 이러다 보니 상기 조사에서도 AI가 고용시장, 경제, 건강에 긍정적인 영향을 미칠 것으로 생각한 응답자는 각각 31퍼센트, 36퍼센트, 38퍼센트에 불과했다. 겨우 3분의 1 정도의 사람들만 AI에 대한 긍정적 기대감을 가진 것이다.

AI가 새로운 일자리도 만들고, 새로운 비즈니스 기회도 만들어내는 건 사실이지만, 이런 기회가 모두에게 해당되는 건 아니다. 어쩌면 기회보다 위기에 속한 사람들이 더 많을 수도 있다.

금융위원회 금융정보분석원FIU에 따르면 2024년 말 기준 국내 암호화폐 이용자(투자자)는 약 970만 명(여러 암호화폐 중복 이용자 포함) 정도다. 전체 이용자의 12퍼센트 정도는 1000만 원 이상의 암호화폐를 보유하고 있고, 전체의 66퍼센트는 50만 원 미만의 소액을 보유하고 있다.

2025년 2월 말 기준 업비트·빗썸·코인원·코빗·고팍스 등 국내 5대 코인 거래소에 계정을 보유한 회원 수는 1629만 명(중복 포함)이다. 전체의 83퍼센트가 100만 원 미만의 가상 자산을 보유했다.

앞에서 제시한 두 가지 숫자(970만 명, 1629만 명) 모두 암호화폐 투자자가 얼마나 많은지를 단적으로 보여주기에 충분하다.

기준도 조금 다르고, 중복도 포함되어 편차가 조금 있긴 하지만,

2024년 말 트럼프 대통령 당선 전후로 암호화폐에 대한 투자 열기가 더 뜨거워진 것도 사실이고, 한국에서 적어도 1000만 명 이상이 암호화폐를 투자 목적으로 보유하고 있는 것도 사실이다. 그 와중에 다른 자산과 달리 암호화폐는 실물이 없는 데다, 코인 탈취 해킹은 계속 발생한다.

2025년 5월, 세계 최대 암호화폐 기업 중 하나인 코인베이스는 해커들에 의한 사이버 공격으로 최대 4억 달러의 손실이 발생할 수 있다고 밝혔다. 해커들은 블로그 게시물을 통해 접근해 고객 정보를 일부 빼냈고, 그들에게 코인베이스인 척 사칭하면서 암호화폐를 탈취했다고 한다. 해커들이 이 사건을 가지고 2000만 달러를 요구하면서 협박했지만, 기업은 협박에 응하지 않고 공개적으로 사실을 밝히며 피해자들에게 보상하기로 했다.

이 일로 코인베이스는 주가도 떨어졌다. 분명 코인베이스는 범죄자의 협박에 굴하지 않고 정면 돌파를 한 것인데, 시장(주가)은 이를 부정적으로 본 것이다. 해킹당해서 코인을 탈취당했다는 사실 자체만으로 불안감을 주기 때문이다.

중요한 건 해킹을 통한 코인 탈취가 종종 발생한다는 사실이다. 기술을 뚫긴 어려워도 사람을 뚫긴 상대적으로 쉬운 셈이다.

소셜엔지니어링 공격은 인간의 본성에 의존하여 사람을 조종해 개인이나 기업의 보안을 손상시키는 것을 말한다. 두려움이나 긴박감을 유발하거나, 호기심과 탐욕에 호소하기도 하지만, 신뢰할 수 있는 계정이나 정부 기관, 권위자로 속이는 경우가 많다.

딥페이크 음성이나 영상 같은 조작 기술을 통해 소셜엔지니어링 공격은 훨씬 더 정교해질 것이다. 우린 상대가 사람인지 아닌지 구분도 안 되는 상황에서, 진짜와 가짜를 혼동할 수밖에 없다.

계정 탈취는 해커들의 주요 공격 수단이다. 특히 한 사용자가 여러 사이트에서 같은 비밀번호를 사용하는 특징을 활용해 확보된 비밀번호로 자동화 봇을 이용해 수많은 서비스에서 로그인을 시도한다. AI 에이전트로 인해 해커들의 사용자 계정 탈취 시간은 기존보다 크게 단축되고 있어, 가트너는 이 시간이 2027년까지 50퍼센트 정도 단축될 것으로 전망한 바 있다.

실제로 금융위원회 산하 금융보안원에 따르면 2024년 금융보안원 회원사 200곳을 대상으로 한 해킹 시도 건수는 6782만 6211건으로 집계됐으며, 2025년 들어서도 5월까지 1100만 건 정도의 해킹 시도가 발생했다. 지금 이 순간에도 해킹 시도는 계속되고 있다.

조직에서의 인간증명 : 당신의 역할을 증명하라
▼

AI가 모든 산업의 중심이 되고, AI at Work가 빠르게 확산되면서 주목받는 역량은 오히려 소프트스킬Soft Skills이다.

소프트스킬은 다른 사람과 효과적으로 소통하고 협력하고 문제를 해결하는 데 필요한 역량으로, 공감 능력, 의사소통 능력, 리더십, 적응력, 팀워크, 창의성, 문제해결 능력 등이 포함되는데, 정량화하기 어려운 특성을 가진다.

반면 하드스킬Hard Skills은 실제 직무에 필요한 구체적 기술 역량으로, 학위, 자격증, 기술 활용 능력 등 정량화하기 상대적으로 쉽고 이력서에 주로 명시되기 좋은 항목이다. AI 시대가 되어서 하드스킬은 점점 기술에 대체될 여지가 있다면, 소프트스킬은 기술이 대체하기 어려운 역량이다.

결국 인간만이 할 수 있는 역량이 소프트스킬에 해당된다. 점점 기술 역량의 상향 평준화가 이뤄지고 있기에 직장에서도 사람과 사람 사이의 연결, 사람만이 할 수 있는 창의적 문제해결이 더 필요해진다.

세계경제포럼이 2025년 1월에 발간한 《직업 미래 보고서 2025 Future of Jobs Report 2025》에 따르면, 2025~2030년 기업에서 요구가 증가할 26가지 스킬 중 1~3위는 단연 AI와 기술 관련 하드스킬이었다. 그러나 4~13위는 모두 소프트스킬이 차지했다.

특히 창의적 사고력, 탄력성, 유연성 및 민첩성, 호기심과 평생 학습, 리더십 및 사회적 영향력 등은 기업에서 가장 중요하게 여기는 소프트스킬로 꼽혔으며, CEO나 경영진에겐 더욱 절실한 능력으로 평가된다.

문제는 한국 사람들이 이런 역량을 키우려고 시간과 노력을 투자하거나, 제대로 교육받지 못 한 채 업무에 뛰어드는 경우가 많다는 것이다. 업무 역량에서 하드스킬은 강하지만 소프트스킬은 약한 직장인들이 많은 건 미래에 대한 불안감 요소가 될 수 있다.

SHRM The Society for Human Resource Management(미국인사

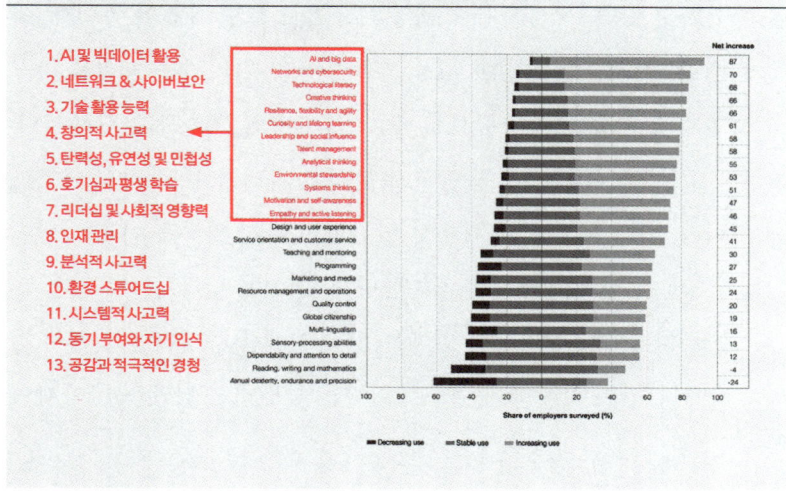

(인적자원)관리협회)의 연례 콘퍼런스는 HR 분야에선 가장 중요한 행사 중 하나로, HR 분야 글로벌 트렌드를 가장 잘 볼 수 있다.

SHRM 2024, SHRM 2025에서는 DEIB(Diversity 다양성, Equity 형평성, Inclusion 포용성, Belonging 소속감)가 중요하게 다뤄졌다. 다양한 배경의 인재 채용, 편견 없는 근무 환경 조성, 포용적 리더십 개발 등 실질적인 전략들이 다뤄졌고, 소프트스킬과 예의 바름 등도 강조되었다. 이 역시 DEIB와 무관하지 않다.

AI 시대에는 함께 일하면서 시너지가 날 수 있는 사람, 함께 일하고 싶은 사람이 인재의 조건이 된다. 즉, 직장에서의 존재감Mattering을 드러내는 것이 인재이고, 그러려면 인간만이 할 수 있는 역할을 증명할 수 있어야 한다.

한편 미국은 2022년 하반기부터 2025년까지 전방위적 구조조정을 이어가고 있다. 상시적 구조조정 시대라고 해도 과언이 아닌데, 단순히 대량 인력 감원을 넘어 AI at Work에 맞춰 일하는 방식을 바꾸고 사업과 조직을 재설정함으로써 AI 시대에도 생존하기 위해서다.

중요한 건 사람과 AI, 사람과 로봇이 일자리를 두고 직접 다투는 게 아니라, AI나 로봇을 잘 다루고 인간만이 가진 역량을 가진 사람이 그렇지 않은 사람보다 우위를 차지한다는 것이다.

결국 미래에도 살아남을 인재는 인간 자체를 증명하는 것에서 진일보해, 인간만이 할 수 있는 역할, 역량을 증명하는 단계로 나아가야 한다.

기계는 인간을 흉내 내고 인간은 기계를 흉내 냈다

▼

기계를 만드는 건 인간이다. 인류는 자신을 닮은 존재를 만들어왔고, 그 결과 인공지능은 사람의 지능을 흉내 내는 단계까지 왔다. 알렉사나 시리, ChatGPT는 사람처럼 말하고 글 쓰고, 마치 사람인 양 감정이나 행동까지 흉내 낸다. 생성형 AI 도구들은 사람처럼 그림을 그리고, 음악을 만들고, 소설을 쓰면서 마치 인간 고유의 창의력과 감정을 가진 듯한 착각을 불러일으킨다. 영화〈HER〉에서처럼 기계와 사랑에 빠질 상황도 절대 일어나지 않으리란 법이 없다. 감정을 흉내 내고, 인간의 피부도 흉내 내는 로봇이라면 반려 로봇을 넘어 연인 로봇도 가능할 것이다. 인류는 수천 년간 이어져왔던 인간을 닮은 기계 만들기의 정점을 향해 달려가는 중이고, 그 정점이 머지 않아 눈앞에 다가올 것이다.

인간은 기계를 닮고자 해왔다. 뭔가를 엄청나게 잘하면 기계처럼 일한다는 표현도 쓴다. 강인한 인간을 기계에 비유하기도 하고, 아주 정확하게 계산하면 컴퓨터 같다거나 계산기 같다며 기계를 닮은 것을 칭찬한다.

인간이 기계를 만들었지만, 인간에게 기계는 인간을 뛰어넘는 상징이 되기도 한다. 바둑에서는 사람이 더 이상 AI를 이기지 못 하고, 축구에서도 세계 최고의 축구 공격수가 골키퍼 로봇을 이기지 못 한다. 인간보다 더 뛰어난 계산 능력과 순간적인 대응속도는 인간에게 도전 목표가 되고 있다.

업무 현장에서는 각종 소프트웨어, AI 도구를 쓰며 생산성과 효율성을 극대화하며 워크스마트를 지향한다. 마치 기계의 자동화처럼 점점 더 효율과 속도를 중요하게 여기고 있다. 웨어러블 로봇을 착용하거

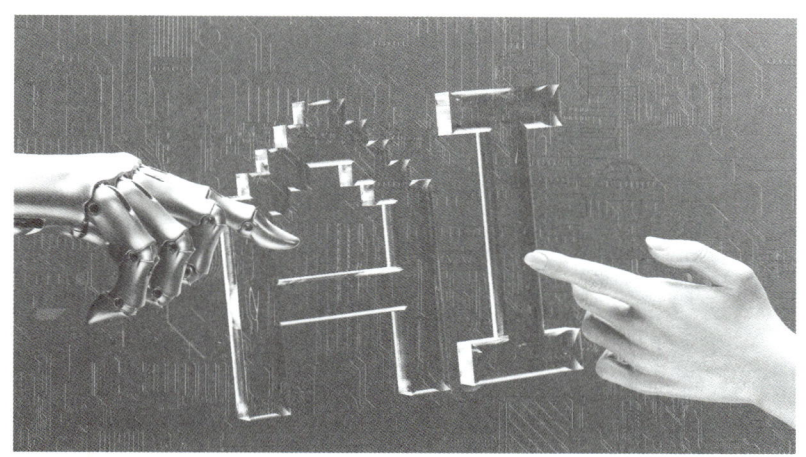

나 몸속에 칩을 넣는 이들도 있다. 마치 〈은하철도 999〉의 철이처럼 기계 인간을 꿈꾸는지도 모른다.

누가 사람이고 누가 기계인지 경계가 흐려진 시대다. 실제 사람 아나운서를 대신해 AI 아나운서가 방송을 진행해도 진짜 사람인지 아닌지 쉽게 알아차리지 못하는 일도 발생하고, AI 작가와 인간 작가가 협업해서 소설이나 시나리오를 쓰는 일도 보편적인 일이 되었다. 고객센터의 챗봇이 사람처럼 농담을 하거나 감정이 있는 것처럼 응대하기도 한다.

사람과 AI는 이제 한 팀이 되어 협업한다. 기계가 사람을 흉내 내는 것은 기술적 진화인데, 그 속에서 사람이 기계를 흉내 내는 묘한 아이러니가 발생하기도 한다. 하지만 기계의 모방 능력이 고도화될수록 인간은 더 이상 기계를 닮으려 하기보다 진짜 인간이라는 정체성에 더 집중해야 하는 과제를 안게 된다.

한국 사회에서 교육은 마치 기계를 흉내 내는 사람을 키우는 일에 치중해왔다. 기계처럼 시험문제 풀어서 점수를 높이는 게 가장 중요했다. 출제자의 의도를 파악하고 함정을 피해 점수를 올리는 '시험 기계'를 만드는 것이 목표였다.

그 과정에서 가장 소홀했던 교육 중 하나가 창의성이다. 앞서 세계경제포럼의 《직업 미래 보고서》가 보여주듯 기업이 가장 중요하게 여기는 역량 중 하나가 창의성이다. 특히 우리는 인간이 주도하는 창의성 Human-led Creativity 화두에 주목해야 한다. 아무리 AI가 인간의 창의성을 높이는 데 좋은 도구로서 쓰임이 있다고 해도, 주연과 조연은 확실히 구분할 필요가 있다.

AI가 주도하는 창의성이 아니라, 인간이 주도하는 창의성을 위해 교육, 인재 개발, 자기 계발의 대응도 필요하다. 장담하건대 창의성 전문가가 갑자기 쏟아지고, 창의성 관련한 책이나 교육 프로그램이 만들어질 수도 있지만, 그런 식의 피상적이고 과거식 접근으론 소용없을 것이다.

지식보다 인간력, 결국 누가 살아남을지 정해졌다
▼

염재호 태재대학교 총장이 'AI 시대의 대학을 말하다'라는 주제로 진행한 인터뷰에서 기술이 고도화될수록 교육은 더욱 인간 중심으로 나아가야 한다고 강조했다. AI가 흉내 낼 수 없는 인간만의 무기로는 창의성, 공감, 질문력을 꼽았다. "정보가 넘쳐나는 시대에는 무엇보다도 '깊이 있게 사고하는 힘'이 중요한데, 주어진 것을 그대로 받아들이는 데 그치지 않고, 그것을 비판적으로 분석하고 창의적으로 재구성할 수 있는 역량이 요구된다. 학생이 선생에게 일방적으로 배우는 시대는 끝났다. 과거 방식의 교육으로는 안 된다. 스스로 정보를 탐색하고, 자기만의 방식으로 문제를 풀어낼 수 있는 사람이 진정한 인재다" 등의 내용을 이야기했다.

사실 그의 말 자체는 새롭지 않다. 필자가 쓴 《프로페셔널 스튜던트》《아웃스탠딩 티처》에서 다룬 내용의 맥락과도 같고, 수많은 이들이 AI 시대의 인재상으로 비슷한 이야기를 했기 때문이다.

그럼에도 이 인터뷰를 언급하는 이유는 '지식보다 인간력'이라는 화두 때문이다. 교육과 인재상뿐 아니라, 우리는 모든 분야에서 인간력이 중요해지는 시대를 맞이하고 있다. AI가 인간의 노동을 대체하거나 인간의 미래를 불안하게 만드는 것 자체가 핵심이 아니다. 궁극적으로 AI는 인간에게 스스로 인간임을 자각시키고, 인간다움을 더욱 욕망하게 만든다. 그렇기에 인간증명은 기술적 방법에서 그치지 않고 교육, 사회, 철학, 심지어 우리의 라이프스타일이나 소비 욕망에도 적용된다.

2025년 5월 기준, 전 세계에서 ChatGPT 유료 구독자 수가 두 번째로 많은 나라가 한국이다. 첫 번째는 미국이다. 전체 사용자 수나 오픈AI API를 활용하는 개발자 수에서 한국이 각각 10위 정도인 것을 감안하면 한국의 유료 구독자 수가 2위라는 사실은 놀라운 일이다.

돈을 내고서라도 유료 서비스에서의 기능을 누려야겠다는 사람이 많단 이야기인데, 2024년 5월에서 2025년 5월까지 1년간 주간 ChatGPT 활성 사용자는 4.5배 정도 급증했다. 2025년 3월에 선보인 GPT-4o 이미지 생성 기능을 통해 자신의 사진을 지브리 스타일 그림을 만들어보는 유행도 사용자 증가와 유료 구독자 증가에 일조했고, 직장인들이 업무 효율성 높이기에 ChatGPT를 적극 활용하는 분위기도 유료화에 힘을 보탰다.

ChatGPT 뿐만 아니라, 넷플릭스를 비롯한 OTT 유료 이용률 1위가 한국이다. 한국의 유튜브 프리미엄 구독자 수도 400만~500만 명으로 추정되는데, 전체 유튜브의 월간 활성 이용자 수MAU가 4755만 명 (2025년 3월 기준)으로 전 국민의 93퍼센트 정도가 유튜브를 이용하고, 그중 19퍼센트 정도가 유료인 프리미엄을 구독하고 있는 것으로 파악된다.

AI 서비스나 콘텐츠 서비스 모두에서 한국의 유료 이용률은 전 세계에서 최상위권을 차지한다. 뭐든 앞서야 하는 강박, 적어도 남들 하는 건 다 해야 한다는 심리, 빨리빨리 스타일로 새로운 것을 빠르게 받아들이는 문화, 높은 교육열 등이 배경이 된다.

이는 장점이기도 하지만, 그 반대가 되기도 한다. 귀가 얇아 이런저런 말에 잘 휩쓸려 다니거나, 스펙 쌓기에 시간과 노력을 허비하거나, 트렌드라면 뭐든 다 뒤따라가는 모습도 적지 않다.

한때 블록체인 전문가였다가, NFT 전문가였고, 빅데이터 전문가였다가, 메타버스 전문가였다가, 이제는 AI 전문가로 행세하는 이들이 있다. 소수가 아니라 아주 많다. 아니 얼마나 기술적, 산업적 이해도가 높길래 단기간에 여러 분야에서 전문가 수준이 될 수 있을까? 달리 해석해보면 아주 기초적인 수준에 머무는 가짜 전문가가 그만큼 많다는 의미이기도 하다. 가짜 전문가들이 많은 동네엔 각종 자격증과 각종 협회도 난무한다.

한국직업능력개발원 민간자격 정보서비스(www.pqi.or.kr)에 따르면 2025년 6월 기준 'AI'가 들어간 자격증은 무려 464다. 2024년에 178개가 새로 만들어졌고, 2025년 상반기에만 112개가 만들어졌다. 이런 추세면 500개는 곧 넘어서고, 2026년이면 600개를 넘볼지 모르겠다.

그러나 이런 자격증의 개수가 한국인의 AI 경쟁력을 보장하는 것은 절대 아니다. 이런 현상은 AI가 들어간 자격증을 통해 누군가를 솔깃하게 만들어 돈을 벌겠다는 이들이 그만큼 많다는 의미이지 AI 경쟁력과는 무관하다. 이런 어설픈 자격증으로 도대체 뭘 할 수 있을까?

참고로 NFT 자격증은 14개, 블록체인 자격증은 26개, 빅데이터 자격증은 94개, 메타버스 자격증은 143개, VR(AR 포함) 자격증은 46개, 드론 자격증은 646개, ESG가 들어간 자격증은 224개다.

자격증의 개수는 그 분야에 대한 우리 사회의 관심도에 비례한다. 실제로는 자격증을 딴 사람이 자격증을 통해 기회를 만드는 게 아니라, 자격증을 만든 사람이 자격증 따러 온 사람들을 통해 수익을 얻는다. 적어도 중심을 잡는 사람은 이런 자격증 장사에 현혹되지 않는다. 자기 중심을 잡을 수 있어야 인간이 가진 역량, 바로 판단력이자 자기의 정체성을 갖는다고 할 수 있다.

어떤 누구도 스마트폰을 더 이상 기술로만 바라보지 않는다. 지금 시대 사람들에겐 스마트폰이 문화이자 라이프스타일이자 소비다. 우리의 욕망과 필요도 모두 담아내고, 일과 놀이 모두에서 필수 도구가 되었다. 소셜미디어도 공유경제도 엄밀히 스마트폰의 산물이다.

마찬가지로 AI와 로봇도 시작은 기술이었지만, 이제 문화가 되고 라이프스타일이 되고 있다. 결국 기술 이상의 단계로 나아가야 한다. 기능적이고 단순한 기술적 접근만으로는 남들 뒤꽁무니만 쫓다가 바닥에서 헤매고 말 것이다.

인간력이 새로운 무기라는 사실을 곧 자각하게 된다면 새로운 기회가 보일 것이다. 인간은 최초로 스스로가 인간인지 아닌지를 증명받아야 하는 시대에 살고 있다. 그건 인간에게 주어지는 새로운 기회이기도 하다. 인류가 한 번도 하지 않았던 '인간에게 인간임을 증명하라'는 요구는 기술적, 사회적 개념에 그치지 않고 우리가 가진 의식주와 라이프스타일에도 영향을 미치고 있다.

우리의 욕망과 가치관, 소비에서 새로운 리셋이 발생하고 있다. 기회는 판이 바뀔 때, 우리의 관성이 뒤집힐 때 새롭게 나타난다. AI가 인간을 흉내 내는 시대, 과연 인간은 어떤 정체성을 가질지, 무엇을 지향하며 성장할지, 그것이 2026년 내내 우리 모두가 고민할 숙제다.

휴먼터치의 시대, 휴머니티 비즈니스의 기회

▼

역설적으로 AI의 시대는 '사람다운' '인간중심'을 비즈니스 화두로 만들었다. 그렇다고 모든 것을 수작업, 대면으로 돌리자는 게 아니다. 기술과 데이터 위에서도 공감, 개인화, 진정성, 인간성, 배려 같은 가치가 요구된다. 이는 소비자가 서비스에서 기대하는 것이자, 기업의 조직문화 속에서도 필수적으로 요구되는 요소다.

AI와 자동화, 로봇 등 기술이 효율을 극대화하는 상황에서, 소비자는 '나를 이해해 주고, 공감해 주는' 서비스와 함께, 효율의 대상이 아닌 특별한 개인으로서의 맞춤형, 개인화를 원한다. 카페에서 키오스크로 주문하는 건 당연하게 받아들이지만, 동시에 커피를 내어주는 바리스타의 친절한 말과 눈인사도 원하는 이유다.

로봇과 자동화 기술이 확대된다는 건, 사람 직원은 서비스에서 휴먼터치를 강화해야 함을 의미한다. 특히 하이엔드 럭셔리 제품의 경우 마케팅에선 비대면, 온라인이 얼마든지 활용될 수 있지만, 결정적 상황에선 반드시 대면하며 휴먼터치가 제공된다.

기술은 결코 주인공이 아니다. 기술의 역할은 사람이 더 사람답게 할 수 있도록 도와주는 것이다.

'웰니스'와 행복에 대한 욕망이 더 커지고, '마인드풀니스'와 마음

관리, 인간성 회복, 진정성의 화두가 더 확산하는 것도 우연이 아니다. 사소하지만 세심한 배려, 진심 어린 행동을 하려면 결국 인간에게 시간적 여유, 마음의 평안 등이 필요하다. 내 현실은 팍팍하고 스트레스가 가득한데 어찌 상대에게 배려하고 진심 어린 친절을 보이겠는가.

클레임 처리에서는 AI 챗봇이 반복적이고 루틴한 업무를 맡고, 인간은 공감, 정서적 소통을 담당한다. 이런 게 인간과 기계의 최고 협업이다. 기술이 고도화될수록 인간은 더 인간적인 모습을 지향한다. 오늘날의 휴먼터치는 단순한 친절을 넘어, 보다 근본적인 변화를 요구하는 단계로 나아가고 있다.

도쿄 하라주쿠에 위치한 '도모다치가 야테루 카페TOMODACHI GA YATTERU CAFE(친구가 운영하는 카페라는 뜻)'는 친구가 운영하는 카페 콘셉트로, 낮에는 카페, 밤에는 주점이 된다. 직원들은 손님을 오래전부터 알고 지낸 친구처럼 대한다. 메뉴 이름이 '직접 개발했다는 메뉴가 이거야?'라서 손님이 이 메뉴명을 말하면 자연스럽게 "응 그래, 내가 이거 만들었어. 맛있으니 너도 먹어봐" 같은 식으로 말하게 된다. 처음 오는 손님이지만 "늘 마시는 걸로"라고 말해도, 알아서 갖다준다. 이곳에선 10대든 60대든 다 친구처럼 반말로 대한다.

이곳은 광고 회사 대표가 만든 실험 매장으로, 2023~2024년 한시적으로 운영한 뒤, 새로운 콘셉트의 실험 매장으로 리뉴얼하겠다고 발표했다. 만약 당신의 친구가 술집이나 식당을 운영한다면, 응원과 덕담을 하며 찾아가듯 이곳도 그런 분위기를 제공한다. 그리고 친구의 친구는 내 친구가 될 수 있으니, 여기 온 손님들도 서로 친구를 맺을 수 있도록 긴 일자형 테이블을 배치두었다. 일종의 역할놀이(직원의 넉살이 중

요)가 부여된 콘셉트의 공간이기도 하지만, 진짜로 관계가 만들어지기도 한다.

카페와 술집에 먹을 것만 있지 않고 친구도, 관계도 파는 서비스가 있다면 어떨까?《라이프 트렌드 2025: 조용한 사람들》에서 침묵 카페, 침묵 술집, 침묵 식당을 언급했었는데, 친구 카페, 친구 술집, 친구 식당 콘셉트를 한국 사회에서 재미있게 시도해보면 어떨까? 혼밥, 혼술, 혼커피 하는 사람들이 많아진 만큼, 이들이 그 순간 친구들의 모임에 간 것처럼 즐길 수 있으면 어떨까? 인간증명 시대는 외로움의 시대이자, 동시에 새로운 관계 맺기의 시대이기도 하다.

다시 철학의 시대가 열린다고 해도 과언이 아니다. 인간증명이 주목받을수록, 우린 스스로 어떤 인간인지, 어떻게 살아갈지에 대한 고민도 잦아진다.

철학이 '소비'되는 시대가 되니 아이돌 가수가 쇼펜하우어, 부처의 말과 글을 담은 책을 추천하고, 20대가 열광하듯 그 책을 사서 읽는다. 1970~1980년대(때론 1990년대 초반)를 연상케 한다. '나만 잘 살자, 돈 잘 벌자' 같은 식이 아니라, '어떻게 살 것인가?' '내가 내 인생의 주인공이다' 같은 고민을 102030세대가 하고 있다. 놀랍게도 이들은 기성세대가 아니라 디지털 네이티브다.

인간증명과 윤리적 소비, 책임 있는 소비, 소비에서의 지속가능성도 맞닿아 있다. 과거와 같은 '이웃(집 근처)'의 부활, '동네'의 부활은 어렵겠지만, 독서 모임이나 러닝 크루 같은 취미 공동체를 통해 심리적 거리가 가까운 새로운 이웃은 계속 늘어난다.

Z세대는 뜨개질, 도시락 인증, 야장(야외에 테이블과 의자를 두고 함께 시끌벅적하게 먹는 밤문화) 같은 아날로그적 활동을 즐긴다. 욕망은 늘 희

소성을 쫓고, 흔한 것에 반발하기 때문에 오히려 이제는 우리의 소비욕망에서도 과거에나 누렸을 아날로그 스타일의 상품과 서비스를 점점 더 욕망하는 일이 당연하다.

아울러 '휴머니티'가 경영의 핵심 화두이자, 비즈니스 모델이 되는 시대다. 오래된 과거, 아날로그 시대에선 '가족 같은 회사'라는 말이 꼰대의 시시한 소리 같았다면, AI 시대, 우리가 맞을 미래에선 '가족 같은 회사' '인간다움을 지향하는 회사'라는 말이 새로운 의미로 다가올 수도 있다.

이건 과거이자 아날로그 시대로의 회귀가 아니라, 기술적 진화가 특이점을 넘어설수록 인간은 더 인간다움을 유일한 자산으로 내세울 수밖에 없음을 보여준다.

당신은 소셜미디어를 2주간 끊을 수 있는가?
▼

우린 이미 소셜미디어와 도파민에 중독되었을 가능성이 높다. 충분히 스스로 컨트롤이 가능하다며 자신하는 이들도 있겠지만, 중독에서 벗어나지 못하는 이들이 훨씬 더 많을 것이다.

과학기술정보통신부가 발표한 '2024년 스마트폰 과의존 실태조사'(전국 17개 시도 1만 가구 대상)에 따르면, 10~19세 청소년 중 42.6퍼센트가 스마트폰 과의존 위험군이다. 스마트폰 사용 정도에 따라 일반 사용자군, 잠재적 위험군, 고위험군으로 나뉘는 이 스마트폰 과의존은 일상에서 스마트폰을 과도하게 이용하는 생활 습관이 두드러져 자제할 수 없고, 신체, 심리, 사회적 문제를 겪는 상태를 말한다. 20~59세 성인의 과의존 위험군 비율은 22.4퍼센트였고, 청소년과 성인을 모두 합친 전체 평균은 22.9퍼센트였다. 즉 전 국민 10명 중 2명 이상이 청소년 중에선 10명 중 4명 이상이 스마트폰 과의존 위험군에 해당한다.

과의존 위험군은 일반 사용자군보다 쇼트 폼 이용률이 높다. 특히 틱톡과 인스타 릴스 이용이 많다. 일반 사용자군보다 알고리즘의 영향을 받아 장시간 쇼트 폼을 시청한 경험도 훨씬 많다. 스마트폰 과의존 위험군을 달리 표현하면 소셜미디어 과의존 위험군이자 쇼트 폼과 자극적 콘텐츠에 대한 과의존 위험군이라고 할 수 있다.

디지털 디톡스Digital Detox(일정한 기간 동안 인터넷에 연결된 디지털 기기, 스마트폰을 쓰지 않는 것)라는 말이 많이 쓰이지만, 디지털 프리Digital Free(디지털 기기와의 단절), 오프더그리드Off the Grid(전자기기, 인터넷 등 디지털 네트워크와 완전히 단절된 생활을 의미) 등의 표현도 사용된다. 우리말로는 디지털 거리 두기, 디지털 단식으로도 불린다. 이름은 달라도 목적은 같다. 소셜네트워크, 소셜미디어와 잠시 거리를 두자는 것이다. 사실 문제의 핵심은 디지털 그 자체가 아니라 소셜미디어와 거리를 두자는 것이다.

소셜미디어의 콘텐츠와 타인과의 연결에 과도하게 몰입하면서 우리 뇌에는 도파민 호르몬이 분비되고 이 때문에 우리는 더 강한 자극을 원하며 중독처럼 장시간 스마트폰에서 눈을 떼지 못하게 된다.

이렇게 도파민 중독이 만연하다 보니 사회적으로 도파민을 자극하는 콘텐츠, 마케팅도 많아지고, 결국 그 피해는 고스란히 개인에게 돌아온다.

중요한 건 당신이 원하건 원하지 않건, 이제 디지털 디톡스이자 디

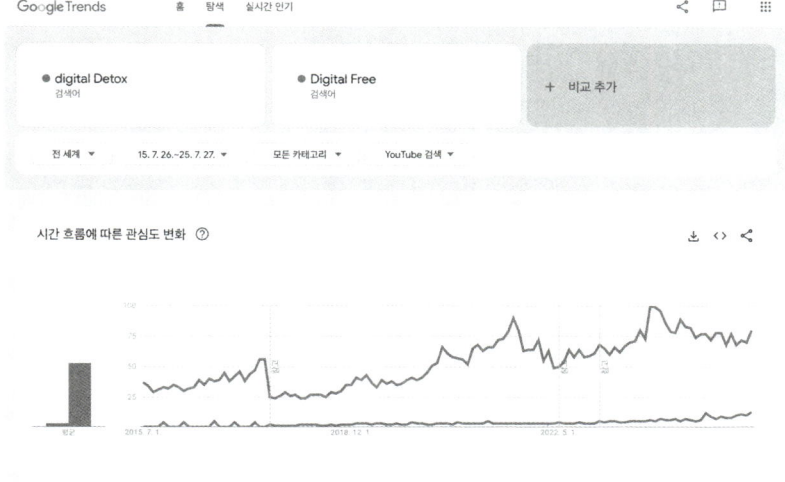

지털 프리는 모두에게 필수가 되어버렸다는 것이다. 실제 기업과 학교에서는 다양한 디지털 디톡스 프로그램이 쏟아지고 있으며, 디지털 디톡스, 디지털 프리에 대한 검색량도 계속 증가하고 있다.

2025년 2월, 국제 학술지 《국립과학원회보 넥서스PNAS Nexus》에 "스마트폰에서 모바일 인터넷을 차단하면 지속적 주의력, 정신 건강, 그리고 주관적 행복감이 개선된다Blocking mobile internet on smartphones improves sustained attention, mental health, and subjective well-being."는 흥미로운 연구가 발표되었다. 2주간 모바일 인터넷 접속을 끊은 것만으로도 정신 건강과 집중력이 크게 개선되었다는 것이다.

미국과 캐나다의 공동 연구진은 467명의 스마트폰 사용자를 실험 집단으로 모집해, 스마트폰에 모바일 인터넷을 차단하는 앱을 설치하고 2주 뒤 이들의 일상 변화를 조사했다. 여기서 모바일 인터넷 접속 차단이란 스마트폰을 쓰긴 쓰되 전화나 문자 기능만 활용하고, 소셜미디어나 각종 영상, 쇼츠는 보지 않는 것을 의미한다.

결과는 놀라웠다. 겨우 2주간의 시간이었지만 주의력과 집중력이 개선되었고, 수면 시간은 평균 17분 더 길어졌으며, 스마트폰 사용 시간은 절반으로 줄어들었다. 대신에 직접 사람을 만나 교류하는 대면활동 시간과 실외에서 보내는 시간은 늘었다. 이는 정신건강, 신체 건강 모두에서 긍정적 변화다. 인터넷 접속 단절로 인해 불안감이 커지는 게 아니라 행복감이 늘었다.

우리는 평소 소셜미디어를 보면서 남과 비교하고, 불필요한 정보를 보면서 오히려 불안감을 더 키웠던 것이다.

사실 실험 참가자 중 25퍼센트 정도만 2주라는 시간을 완주했고, 75퍼센트는 중도에 포기했다. 2주를 채우겠다고 약속하고 시작한 실험이지만 이미 심각한 소셜미디어 중독상태인 사람들에게 디지털 디톡스 2주는 버티기 어려운 시간이었다. 만약 2주를 버틸 수만 있다면, 소셜미디어가 아닌 현실 세계에서 사람들과 어울리는 것에 좀 더 관심이 커지게 될 것이다.

그렇다면 진짜 사람과 어울리는 기회가 줄어들고, 결국은 사라지게 되면 과연 사회성은 어떻게 될까? 가상 공간 속 관계만으로 충분할까? 진짜 사람과 관계 맺는 걸 두려워하거나 기피하는 사람이 늘어간다면 문제가 없을까? 이들은 더 이상 극소수가 아니다. Z세대를 비롯한 디지털 네이티브 중에선 매우 흔한 현상이다.

소셜미디어에 중독되었다고, 스마트폰을 하루 종일 붙들고 산다고 당신이 인간적이지 않다고 할 수는 없다. 그러나 하나를 얻으면 하나를 잃게 되기 마련이다. 우리가 가진 24시간 중 잠자고, 일하는 시간을 빼면 남은 시간은 3분의 1 정도에 불과하다. 이 시간으로 친구와 교류하고, 독서와 사색을 하고, 운동도 해야 하지만 만약 소셜미디어와 스마트폰이 이 시간을 다 차지한다면 어떻게 될까? 그 결과가 1년, 10년이 누적되면 어떻게 될까? 이미 많은 사람들이 이 정도 시간을 스마트폰과 소셜미디어에 의존하며 살았고, 또 누군가는 앞으로 10년, 아니 평생을 더 이렇게 살아갈 것이다.

이후에 다룰 '신경다양성'에서 더 이야기하겠지만, AI만큼이나 소셜미디어도 우리에게 '인간이란 무엇인가? 어떻게 살아야 할 것인가?'에 대한 질문을 던지게 만든다. 안타깝지만 AI도 소셜미디어도 멈출 수 없으며, 결국 그 결과는 고스란히 우리가 감당할 일이다.

사회적 지위의 상징이 되는 '인 리얼 라이프'

▼

당신이 어울리는 사람이, 당신의 일상을 공유받는 상대가, 당신의 인맥, 당신의 관심사, 당신의 놀이나 여가 등이 모두 온라인을 중심으로 벌어지고 있다면? 더 이상 이들은 사회적, 경제적으로 상위권에 속하는 게 아닐 수 있다.

이제 진짜 비싸고, 귀한 것은 오프라인에서 벌어지는 리얼 라이프에서 나온다는 사실을 주목하자. 요즘 소셜미디어의 인플루언서들이 자랑하는 것도 결국 다 오프라인 경험이다. 그들은 디지털과 온라인 공간에서 인플루언서가 되고, 힘을 가지고, 비즈니스 기회를 얻었지만, 정작 그들이 드러내는 경험은 대부분 아날로그와 오프라인에 있다.

　기성세대는 오프라인과 아날로그에서 출발해 점점 온라인과 디지털에서 살아간다. 반면 디지털 네이티브 세대는 디지털과 온라인에서 출발해 점점 오프라인과 아날로그 소비를 늘려가고 있다. 그렇기에 102030세대를 공략하는 마케팅이나 비즈니스는 오프라인과 아날로그, 즉 '인 리얼 라이프'에서의 경험을 적극 노려야 한다.

　취미활동, 여행, 북클럽이나 사교클럽 등 사람들과 어울리며, 핫플레이스에서 밥을 먹고 쇼핑하는 모든 활동이 다 '인 리얼 라이프'다. 디지털 네이티브 세대가 하루종일 스마트폰을 붙잡고, 컴퓨터 안에서만 살 것 같지만, 그들은 이미 오프라인에서 진짜 사람들과 이뤄지는 아날로그 활동의 재미와 가치를 알아버렸다. 그들에게 디지털은 흔하고 익숙하지만, 아날로그는 오히려 새롭다.

당신이 최근에 했던 가장 멋진 활동, 멋진 경험, 멋진 소비는 무엇인가? 당신이 소셜미디어에서 자랑했던 바로 그 경험과 소비는 무엇인가? 분명 모두 오프라인에서 일어난 일일 것이다. 우리가 아무리 온라인에서 보내는 시간이 많고, 가상 공간에서 (때론 봇일지도 모르는) 익명의 존재와 어울리고, 디지털 콘텐츠를 수시로 소비하며 살아간다고 해도, 정작 나를 멋지게 드러낼 경험과 소비는 오프라인에 있다는 사실을 간과해서는 안 된다.

사실 인 리얼 라이프가 부각되는 가장 큰 이유는 AI/로봇 열풍 속에서 기계에 의해 인간의 노동력이 대체되고, 사람의 존재가치이자 존재 이유가 다시 질문받는 시대이기 때문이다.

디지털이 만들어내는 기회가 커질수록 아날로그와 오프라인이 주는 기회 또한 커진다. 햇살이 강해질수록 그림자도 짙어지고, 산이 높으면 골짜기도 깊어지는 것처럼 욕망은 한쪽으로만 일방적으로 쏠리지 않는다. 아무리 좋은 것도 흔해지면 가치는 떨어지게 된다.

세상은 원래 아날로그와 오프라인으로 출발했지만, 21세기를 기점으로 디지털과 온라인이 마치 주류인 양 자리 잡았다. 그럼에도 불구하고 우린 결코 아날로그와 오프라인을 버릴 수 없다. 아무리 디지털과 온라인이 커진다고 해도, 우리가 진짜 살아가는 세상은 오프라인에 존재한다. 당신이 인간이라는 증거는 당신의 라이프스타일, 당신의 사고방식, 당신의 욕망이 증명해줄 것이며, 이것이 모두 누군가에겐 새로운 기회가 된다. 소비와 욕망, 비즈니스의 리셋이 다가오고 있다.

2장

새로운 소비 스타일, 경험사치

럭셔리의 재정의, 소유에서 경험으로!

Life_Trend_2026
#경험사치 #경험 소비 #롱 스테이 #아만 정키 #고급 경험 #경험의 시대 #파노플리 효과 #작은 사치 #하이엔드 가구 #취향 계급 #취향 컬렉터

LIFE TREND 2026

이제는 경험이야말로 인간다움을 증명할 수 있는 최후의 가치다. 그에 따라 소유의 과시로는 채워지지 않는 경험의 사치가 새로운 욕망으로 부상했다. 더 비싸고 화려한 물건이 아니라, 나만의 고유한 경험이 부와 지위를 증명하는 방식으로 자리잡은 것이다. 더 이상 카푸어도, 명품 소비도 '남들이 쉽게 흉내 낼 수 없는 경험'을 능가할 만큼의 파급력을 지니지 못한다. 여행, 미식, 공연, 전시에 대한 프리미엄 소비가 확대되며, 경험은 곧 차별성과 정체성의 상징이 되었다.

당신의 특별한 경험이 곧 당신의 욕망, 지위, 라이프스타일을 증명한다. 지금 소셜미디어에서 과시하거나 자랑하는 것들을 떠올려보라. 다 경험 소비일 것이다.

각자가 가진 취향과 개성, 정체성이 중요해진 시대가 되면서, 우린 경험을 통해 취향을 쌓고, 개성을 드러내고, 과시를 한다.

이제 내 몸, 내 기억에 경험을 쌓는 것이 소비의 핵심 욕망이다. 내 경험 소비를 드러낼 도구라면 물질 소비도 좋지만, 경험이 배제된 물질 소비에 대한 관심은 점점 식어간다.

경험 소비는 한국뿐 아니라 전 세계에서 가장 주목할 소비 트렌드 코드다. 이 트렌드가 확산하고, 보편화될수록 그중에서도 더 특별하고, 비싼 경험이 만들어내는 '경험사치Experiential Luxury'가 대두될 수밖에 없다.

2026년, 우리는 경험 소비에서 '경험사치'로 무게 중심이 옮겨가는 것을 목격하게 될 것이다.

이제 사치의 중심에는 '경험 소비'가 있다
▼

원래 사치에선 고가의 럭셔리 제품을 사는 큰 사치가 주류였다. 자동차, 명품 가방, 시계 등이 대표적 큰 사치 소비재다. 이미 19세기부터 사람들은 과시의 수단으로 고가 사치품을 이용했고 이 과정에서 나타난 베블런 효과Veblen Effect는 지금도 유효하다. 베블런 효과란 가격이 오르는 데도 수요가 줄어들지 않고, 오히려 증가하는 현상을 말한다. 경제학자이자 사회학자인 소스타인 베블런Thorstein Bunde Veblen이 자신의 저서 《유한계급론》(1899)에서 "상류층 신사들은 사회적 지위를 과시하기 위해 비싼 상품을 소비한다"고 지적한 데서 생겨났다.

21세기 들어 부각된 '작은 사치' 역시 마찬가지다. 우린 남들보다 돋보이고 싶은 심리로 사치를 소비한다. 부자든 서민이든 각자의 사치가 있다. 특히 남과의 비교우위를 중요하게 여기는 한국인들에게 사치는 중요하다.

작은 사치에선 일상의 작은 소비재에서 상대적 고급 가치를 지향한다. 자기만족은 물론, 비교우위를 드러내려는 욕망이 크다.

그런데 이젠 경험사치가 새로운 주류로 부상했다. '무엇을 소유할 것인가?'에서 '무엇을 경험할 것인가?'로 무게 중심이 옮겨갔다. 이미 물건은 충분히 소유했고, 자신의 일상을 드러내는 소셜미디어도 누구나 갖고 있다. 과거엔 부자들만 누렸던 경험사치가 모든 사람에게 확산될 수밖에 없는 환경 속에서 살아가고 있는 것이다.

물건은 가격이 명확하다. 벤츠든 현대차든 누가 사도 구매가는 비슷하다. 상대가 어떤 브랜드의 차를 샀다는 이야기를 듣는 순간, 머릿속으로 상대가 경제적 여력이 있는지 그렇지 않은지 금방 파악할 수 있다. 가격을 바로 알 수 있으니까 가능한 일이다. 그러다 보니 돈이 별로 없는 사람도 비싼 차를 사서 자신의 경제력 여력을 과대포장하기도 한다. 이런 소비 심리가 베블런 효과다. 긴 설명 필요 없이 비싼 차를 타고 있는 모습만 보여줘도 사람들은 그가 부자일 거라 짐작한다.

베블런 효과가 가장 효과적인 건 큰 사치 영역이었다. 하지만 이제 큰 사치는 흔해졌다. 벤츠, BMW의 국가별 판매 순위로 보면 우리나라가 5위 정도다. 샤넬 백, 롤렉스 시계도 이미 흔해졌다. 분명 여전히 초고가의 제품이지만, 길거리에 나가면 쉽게 볼 수 있을 정도가 되었다.

큰 사치가 보편화되니 벤츠를 타고 샤넬 백을 들고 롤렉스 시계를 차도 부자처럼 보이지 않는다. 큰 사치에 돈을 써도 효과가 예전 같지 않다. 이러니 물질 소비 중심의 큰 사치를 시시하게 느끼는 이들이 늘어날 수밖에 없는 것이다(이제 큰 사치 내에선 하이엔드로 몰리며 더 양극화된다. 비싼 것 중에서도 아주 비싼 것만 남고 어중간한 비싼 것은 쇠락한다). 실제로 글로벌 럭셔리 소비재 시장은 정체 상태다.

그런데 경험은 다르다. 경험은 선택지가 무한하고, 가격도 천차만별이다. 물건은 사람에 따라 큰 차이가 없지만, 경험은 사람에 따라 큰 차이가 날 수밖에 없다.

가령, 누가 스리랑카 여행을 하고 왔다고 했을 때, 그 말만으로는 가서 무엇을 하고, 어떻게 여행했는지를 자세히 들어보지 않고선 모른다. 같은 스리랑카 여행을 갔어도 누구는 유네스코 세계문화유산인

요새 도시 갈레의 아만갈라Amangalla 리조트와 유명 건축가 제프리 바와Geoffrey Bawa의 개인주택으로 만든 (정원이 아주 크고 특별한) 루누강가Lunuganga 호텔에서 머물며 스리랑카의 음식, 자연, 유산, 문화 등 다양한 체험 프로그램으로 직접 경험하고, 현지인을 운전기사 겸 안내자로 고용해 콜롬보에서 벤토타, 갈레 등 여러 도시를 누비며, 현지인만 아는 곳을 여행한다.

그런가 하면 다른 누구는 유명한 관광지 중심으로 기차로 이동하며 주요 도시를 여행한다. 여행하는 내내 한국인 단체 관광객을 마주치고, 기대보다 못한 곳도 정보를 몰라서 들르기도 한다. 타고 가는 비행기 좌석도 다르고, 자는 곳, 먹는 것도 다르고, 만나는 사람도, 접하는 문화도, 이동 동선도 다 다르다. 같은 2주간의 여행이라도 누군 수천만 원을 쓰고, 누군 수백만 원으로 해결한다. 과연 수백만 원으로 갈 스리랑카를 수천만 원을 써 여행한 사람은 쓸데없이 과소비, 낭비한 걸까?

이건 돈의 차이가 핵심이 아니다. 경험의 차이가 핵심이다. 같은 스리랑카를 다녀왔어도 스리랑카에서 누린 경험의 디테일이 크게 다르다. 관광으로만 간 사람과 문화적, 경험적 여행을 간 사람이 다를 수밖에 없다. 스리랑카를 갔다 왔다는 사실만 같을 뿐, 경험은 비교할 수 없을 정도로 다르다. 남는 건 사진밖에 없다고 얘기하는 사람들은 관광만 해서 그렇다. 눈으로만 본 건 기억에 오래 남지 않지만, 직접 체험하고 몸으로 경험한 것은 오래 남는다.

과거엔 여행 경험이 부족했고, 관광만으로도 충분히 과시가 가능했고 욕망이 충족되었다. 그런데 이젠 사진만 남는 관광으론 과시가 안 된다. 경험 소비 시대는 경험에 돈을 쓰고, 경험으로 상대와 비교를 한다. 한국을 찾는 외국인들도 이제 관광이 아닌 체험을 원하며, 체험에 기꺼이 돈을 쓴다. 여행의 패러다임은 관광이 아닌 경험, 체험 중심으로 이동했고, 그 경험에서도 경험사치가 부각되고 있다. 결국 여행 상품도 리셋이 필요하다.

같은 공연을 봐도 관객석에서 보기만 하고 끝나는 사람과 가장 좋은 좌석에서 보고, 공연 후 무대 뒤에서 인사를 나누고, 애프터파티에도 가는 사람은 다르다. 같은 전시를 봐도 그냥 보기만 하고 끝내는 사람과 마음에 드는 작품을 사서 작가와 인사와 담소를 나누는 사람은 다르다. 같은 도시를 여행 가도, 같은 전시나 공연에 갔어도 누린 경험이 다를 수 있는 것이다. 경험에도 럭셔리가 부여되면, 경험 자체의 차이가 생기고, 사람들에게 이것이 새로운 과시이자 럭셔리가 된다.

글로벌 컨설팅 회사 Bain & Company의 리포트(2025년 6월)에 따르면 2024년 퍼스널 럭셔리 시장은 전년 대비 -1퍼센트로 역성장했으며, 2025년 1분기에도 마이너스 성장을 기록했다. 2025년 연간으로도 저성장 혹은 역성장(최대 -5퍼센트)이 예상된다.

럭셔리 시장의 대명사 격인 LVMH 그룹(루이비통을 비롯한 75개 이상의 명품 브랜드를 가진)과 케링(구찌를 비롯한 14개의 명품 브랜드를 가진)의 2025년 상반기 매출은 모두 감소했고, 영업이익은 두 자릿수로 크게 감소했다.

퍼스널 럭셔리는 15년 만에 처음으로 역성장했는데, 반대로 여행, 고급 숙박을 비롯한 경험 기반 럭셔리는 소비가 증가했다. 지금 시대 소비자(특히 Z세대는 더더욱)는 더 이상 명품 로고만으로 소비하지 않는다. 소유보다 가치를 지향하는 경험 소비 경향이 강하다.

이제 럭셔리에도 방향 전환이 필요해졌다. 지속적 가격 인상에 따른 가격 피로감과 정체된 브랜드 크리에이티비티가 명품 시장 둔화의 요인으로 꼽힌다.

물론 럭셔리 시장의 장기적 전망은 여전히 긍정적이다. 다만 기회는 경험 기반 럭셔리에서 더 많아지고, 남미, 인도, 아프리카, 동남아 등 기존 럭셔리 소비에서 미미했던 신흥시장에서 시장이 커질 것으로 기대된다.

참고로 국내 백화점 업계는 성장 정체 상태다. 2021~2022년에는 팬데믹 보복 소비와 명품 수요 급증으로 10퍼센트대의 성장(명품 매출 30~40퍼센트 성장)을 기록했으나, 2023~2024년에 성장 정체에 들어섰고(명품 매출 3~5퍼센트 성장), 점포 양극화도 심화되었다.

2025년에도 이 흐름은 이어졌다. 2025년 상반기(1~6월) 백화점 빅3(롯데, 신세계, 현대)의 전국 57개 점포의 총매출은 17조 6215억 원으로 지난해 같은 기간보다 0.3퍼센트 성장에 그쳤다. 그러나 57개 중 39개는 전년 동기 대비 마이너스 성장이다. 무려 70퍼센트 정도의 백화점 점포가 매출이 줄어든 것이다. 전체 57개 중 매출 상위 10개 점포가 전체 매출의 54.2퍼센트나 차지한다. 이는 2023년에 51퍼센트, 2024년에 53퍼센트였는데 계속 증가세다. 백화점 빅3 내에서도 상위 10개 점포의 심각한 쏠림이 계속되는 것이다.

2025년, 2026년에도 백화점 업계의 리뉴얼에 대한 적극적 투자가 계속되는데, 경험 소비 강화가 방향이다. 백화점 빅3(롯데, 신세계, 현대)가 F&B에 계속 투자하고, 경험 소비를 지향하는 2030세대와 VIP 고객들의 경험사치를 공략하고 있는 것도 새로운 성장 동력을 찾기 위해서다.

경험사치의 최고는 역시 이것

▼

2025년 8월 신세계백화점의 여행 플랫폼 '비아신세계VIA SHINSE-GAE'가 론칭되었다. 여행 상품을 직접 기획하고 운영하는 것은 국내 백화점 중에선 처음 하는 시도다.

전국에 여행업체가 2만 곳이 넘고, 종합 여행업체만 9000곳이 넘는다. 이렇게 치열한 시장에 왜 신세계백화점은 진입한 것일까? 유통업계와 여행업계 모두 내수 부진, 고환율, 경기 침체의 영향을 받고 있는데, 유통업에서 여행업으로 사업을 확장하는 것이다.

분명 팬데믹 이전 수준을 넘어서며 여행 수요는 회복되었지만, 그렇다고 여행업계의 수익성이 크게 개선되었다고 볼 수는 없다. 신세계의 여행 사업 자체를 주목하기보다 하이엔드 경험사치에 포커스를 두

고 지켜보자는 것이다. 이건 신세계뿐 아니라 다른 백화점에서도 고려하는 부분이기 때문이다.

비아신세계에선 아부다비에서 개최되는 F1 레이싱 시즌 마지막 경기 관람이나 탐험가 제임스 후퍼와 함께하는 북극 탐사, 유명 정원 디자이너와 함께하는 첼시 플라워쇼 관람 등 경험사치를 충족하는 상품들이 전면에 포진된다. 여행 전 프리뷰 아카데미를 통해 여행에 대한 사전 강의나 맞춤형 서비스가 제공되고, 여행자가 집에서 공항까지 이동할 수 있는 대형 고급세단과 공항 수속도 지원된다. 하이엔드 소비자를 위해 여행에서 누릴 수 있는 경험사치 제공이 핵심 상품인 셈이다.

《라이프 트렌드 2025》의 '여행 욕망의 리셋' 파트에서 '경험(체험) 여행의 확대'를 다루며, F1, MLB 등을 비롯한 세계적 스포츠 이벤트나, 평소 경험하기 어렵거나 특별한 취향을 반영하는 '비싸지만 개인화된' 여행이 대두될 것을 제시했었다. 그 예측을 본격적으로 반영한 사례가 바로 '비아신세계'인 것이다.

경험사치를 여행에 적용하는 건 기존 여행업계보다는 백화점 업계가 좀 더 유리할 수 있다. 이미 그들에겐 경험사치에 얼마든지 돈을 쓸 수 있는 VIP 고객이 있기 때문이다.

물론 비행기의 좋은 좌석, 좋은 호텔, 좋은 식당만 잘 엮어준다고 그게 좋은 여행상품이 되는 것은 아니다. 여행 경험이 풍부한 VIP 소비자들을 위해선 섬세한 의전 서비스와 함께, 지금 경험하기 가장 좋은 희소하고 특별한 경험, 다른 여행업체에선 경험하기 어려운 것을 가능하게 해주는 큐레이션 서비스도 중요하다.

여행 상품 구매 내역이 VIP 실적으로 인정되는 것도 핵심 타깃 소비자가 누구인지 명확히 인식한 결과다. 2024년 신세계백화점 전체 매출 중 VIP 고객이 차지하는 비중은 45퍼센트로 2020년의 31퍼센트에 비해 크게 올랐다. 롯데는 2020년 35퍼센트에서 2024년 45퍼센트로, 현대는 38퍼센트에서 43퍼센트로, 갤러리아는 42퍼센트에서 51퍼센트로 올라갔다. 백화점은 VIP 중심의 서비스 다각화가 필수가 될 수밖에 없는 시장이다.

신세계는 2025년 3월 정기 주주총회를 통해 업의 경계를 넓히고, 쌓아온 고객 라이프스타일에 대한 이해를 바탕으로 리테일을 넘어 종합 라이프스타일 디벨로퍼가 되겠다는 사업의 방향을 제시한 바 있다. 여기에 말을 조금 보태자면, '경험사치를 원하는 VIP 고객을 위해' 종합 라이프스타일 디벨로퍼가 되어 '글로벌 부자들의 라이프스타일'을 소비할 수 있게 만들겠다 정도가 되지 않을까? 경험사치를 구현하는 여행 상품은 백화점 업계로 확산될 수밖에 없고, 누가 더 유니크하고 비싼 경험을 누리게 만들어주느냐가 이슈가 될 것이다. 부자뿐 아니라, 서민들까지도 경험사치에 대한 욕망을 계속 키워가게 될 것이고, 2030세대의 욕망 최상단에 경험사치가 물질 사치보다 월등히 높게 자리 잡아갈 것이다.

관광이 아닌 몰입감 있는 여행을 위해서 롱 스테이도 확산되고 있다. 이미 한국에선 제주 한 달 살기가 유행했고, 동남아시아 한 달 살기도 꽤 번졌지만, 그럼에도 아직은 일부의 사람들만 경험한 여행 방식이다. 초기엔 단지 길게, 오래 머무는 게 중요했다면, 이젠 오래 한 곳에 머물면서 현지의 문화 경험을 얼마나 많이 하느냐가 중요해졌다. 다른 나라에 머물면서 그 현지 문화를 경험하지 않고 한국에서 하던 방식대로 똑같이 생활한다면 그건 경험 소비에선 낙제점이다. 경험 소비는 현지 문화 경험에 그치지 않고, 같은 경험을 하는 이들과 어울려 공동체를 이루는 경험으로까지 진화한다. 경험의 확장이자 경험의 진화인 셈이다.

결국 경험의 끝에는 사람과 어울리는 경험이 있다. 경험사치에서도 비싸고 특별한 경험을 주는 것만큼이나, 같은 경험사치를 누리는 이들을 어떻게 연결시키고 어울리게 할 것인가도 중요하다. 경험사치의 완성은 어쩌면 앞서 다룬 인간증명이 될 수도 있다.

왜 루이비통은 여행용 트렁크를 내세웠을까?
▼

1980년에 문을 연 루이비통 뉴욕 맨해튼 Fifth Avenue 플래그십 스토어는 2024년부터 리노베이션을 하고 있다. 규모를 2배 정도로 확대하는 공사로, 공사 현장이 핫플레이스가 되고 인증사진 명소가 되었다. 공사장 비계(높은 곳에서 공사를 할 수 있도록 임시로 설치한 가설물)를 가리는 가림막을 대형 여행용 트렁크처럼 만들어놨기 때문이다.

크기가 다른 트렁크 6개를 쌓아둔 모습인데, 가로 32미터, 세로 21미터에 높이 70미터 규모다. 구상에서 설치까지 이 가림막을 만드는 데만 6개월이 걸렸다고 한다. 플래그십 스토어 대신 근처에는 임시 매장을 운영하고 있는데, 임시라고 말하기 어려운 5층 규모의 대형 공간으로, 미국 내 운영 중인 매장 중 가장 크다.

한편 LVMH 그룹은 새로운 핵심 사업의 일환으로 파리 샹젤리제 거리에 루이비통 브랜드 최초의 호텔을 만들고 있다. 이 프로젝트는

 2023년 9월 파리시의 승인이 났고, 2026년 오픈을 목적으로 공사가 진행 중이다. 이곳 공사장의 가림막도 루이비통의 대형 여행용 트렁크 모양으로 제작되었다. 이 가림막에 대해 녹색당은 프랑스 광고 규정을 위반(광고가 건물의 외관 면적 50퍼센트 이상을 차지할 수 없다는 조항)했다고 문제를 제기했으나, 파리 시의회는 건물 외관은 물론 지붕까지 확장된 트렁크를 '광고가 아닌 예술적인 설치물'로 판단해 계속 유지될 수 있었다.

럭셔리 리조트인 대명사 격인 아만AMAN(산스크리트어로 평화라는 뜻) 리조트는 자연과 조화를 이루는 건축과 공간, 최소한의 객실 수, 잊을 수 없는 독창적 경험을 제공하는 것을 중요하게 여기다 보니 접근성은 좀 떨어진다. 공항이나 도심에서 한두 시간 이상 떨어진 곳도 많아 대중교통으로 이동하기도 어렵다. 건축 대부분이 자연에 순응하는 방향으로 지어졌기 때문이다.

아만에서의 경험에 만족하는 사람들은 계속 아만을 찾는데, 아만 중독자라는 뜻의 아만 정키Aman Jurkie라는 말이 있을 정도로 아만 리조트는 팬덤이 강하다. 빌 게이츠, 마크 저커버그, 조지 클루니, 데이비드 베컴, 앤절리나 졸리, 킴 카다시안 등이 대표적인 아만 정키로 알려져 있다.

1988년 태국 푸껫의 아만푸리를 시작으로, 전 세계 20여 개국에 35개 리조트가 운영 중이며 35개 모두를 가보는 게 아만 정키들의 꿈이기도 하다. 사실 숙박비를 고려하면, 부자가 아닌 이상 아만 정키가 되기는 어렵다. 리조트에서의 경험사치에 해당하는 대표적인 곳이기도 하다.

참고로 아만 서울이 2029년 개관 예정이고, 자누JANU(아만의 서브 브랜드) 제주도도 2027년 준공을 목표로 하고 있다. 아만 도쿄, 아만 뉴욕처럼 대도시 한복판에 있는 리조트가 일부 있긴 하지만, 아만 리조트는 대부분 자연 속에 있어, 평소 접하기 어려운 공간과 환경에서 머물

며 문화와 전통, 미식까지 다양한 경험을 하게 된다. 물론 숙박비는 상당히 비싸다.

아만 리조트는 해외에선 셀럽, 부자, 유명인들이 좋아하는 '프라이빗하고 조용한' 리조트로 알려져 있지만 국내에선 모르는 사람들이 많았다. 하지만 최근 블랙핑크 제니를 비롯해 아만 리조트에서 인증사진을 찍은 연예인들이 크게 늘어난 후, 한국의 Z세대도 버킷리스트에 아만 리조트를 넣고 있다. 역시 욕망은 '알고 나면' 시작된다. 아무리 유명해도 자신이 알기 전까진 욕망도 트렌드도 되지 않는다.

참고로 아만을 설립한 인도네시아 출신 사업가 아드리안 재차

Adrian Zecha(1933년생)는 미국에서 저널리즘을 전공하고 뉴욕의 TIME에서도 일한 경험이 있다. 그의 집안은 인도네시아의 최상류층 올드 머니로, 그의 아버지는 인도네시아를 통틀어 미국 대학을 최초로 졸업(1923년)한 사람이며, 형제들 역시 다 유명한 사업가다. 아만은 올드 머니가 벌인 호텔 사업으로, 2014년 아만 정키인 러시아 사업가 블라디슬라프 도로닌Vladislav Doronin이 LVMH와 경쟁해 아만 그룹을 인수해 회장 겸 CEO가 되었다. 2020년부터 가격대를 낮춘(아만에 비해 낮은 것이지 여기도 꽤 비싸다) JANU를 런칭하 너무 비싸다는 한계를 보완하며 사업성을 키워가고 있다.

중요한 건 LVMH를 비롯해 럭셔리 브랜드들도 호텔/리조트 사업에 다 적극적이라는 점이다. 럭셔리에서 여행은 경험사치를 구현하는 중요한 사업이기 때문이다.

2025년 6월, 세계적 광고제인 제72회 칸 라이언즈Cannes Lions 페스티벌에서 '경험의 시대The Age of Experiences'는 중요한 화두 중 하나였다. 세계 최대 맥주 회사 AB인베브AB InBev의 글로벌 최고마케팅책임자 CMO 마르셀 마르콘데스Marcel Marcondes는 "사람들은 5년 전보다 경험에 65퍼센트 더 많은 돈을 쓰고 있다. 경험 경제는 현재 8조 달러 규모의 시장으로 성장할 것으로 예상된다. 우리는 공식적으로 경험의 시대에 살고 있다. 소비자의 라이프스타일에 맞춰야 하고, 그들에게 의미 있는 경험을 제공해야 한다"라고 강조했다.

아울러 LVMH의 글로벌 최고 브랜드 책임자CBO인 마틸드 델룸Mathilde Delhoume은 "상상조차 할 수 없었던 모든 경험을 즐겁게 만들어야 한다. LVMH의 목표는 감동을 주는 것이다"라고 했다. 그러면서 뉴욕 루이비통 플래그십 스토어 리노베이션의 가림막(거대한 여행용 트렁크)과 벨몬드Belmond가 운영하는 고급 열차 여행을 사례로 이야기했다.

기차가 비행기에 밀려났지만, 고급 호화 열차 상품은 여전히 매력적인 경험사치로 유효하다. 애거서 크리스티의 1934년 작 추리소설 《오리엔트 특급열차》의 배경이었던 오리엔트 익스프레스는 19~20세기에 운행하던 호화 열차다. 당시 귀족, 왕족, 유럽 상류층이 타는 호화여행의 대명사 같은 기차였는데, 비행기의 시대가 되며 밀려나며 1977년 운행이 종료되었다. 이후 미국의 억만장자이자 기차 마니아인 제임스 셔우드가 이를 인수해 복원시켰다.

그렇게 만들어진 회사는 고급 열차, 호텔, 크루즈로 사업을 확장했고, 이를 2018년 LVMH가 인수하며 벨몬드가 되었다.

루이비통은 1854년 여행용 트렁크로 출발한 회사로, 호화 열차와 유람선 여행객에게 인기를 끌며 성장했다. 루이비통에게 여행은 중요

한 경험 이슈인데, 사실 루이비통뿐 아니라 모든 럭셔리 패션 기업에게 여행은 가장 중요한 새로운 성장 동력이 되고 있다.

글로벌 호텔 체인 아코르Accor 그룹도 이탈리아를 중심으로 운행하는 호화 열차 '라 돌체 비타La Dolce Vita'와 함께 오리엔트 특급열차를 복원해 사업화하고 있다. 오리엔트 특급 브랜드 소유권은 프랑스 철도 회사 SNCF가 가지고 있는데, 아코르가 2017년 오리엔트 특급 브랜드의 지분 50퍼센트를 인수한 바 있다. 이미 그들은 이 과거의 화려한 역사가 있는 왕족, 귀족들의 호화 열차가 오늘날 럭셔리 소비자들에게 욕망의 대상이 될 수 있다는 사실을 알고 있었던 것이다.

경험의 시대를 살아가는 사람들에게 경험 그 자체는 변별력이 아니다. 아주 특별하고 희소한, 누구나 하지 못하는 제한이 있는 경험이 바로 경험사치다. 럭셔리가 가야 할 방향은 결국 경험사치로 정해졌다.

경험사치와 올드 머니
▼

경험사치의 배경에는 올드 머니가 있다. 《라이프 트렌드》 시리즈에서 올드 머니와 조용한 럭셔리Quiet luxury, 스텔스웰스Stealth Wealth 등 부富를 바라보는 관점의 변화이자 욕망이 바뀌는 것이 소비에 어떤 영향을 주는지, 어떤 비즈니스로 연결될지를 다루었고, 2025년에는 '조용한 사람들' 트렌드를 중심으로 조용한 럭셔리를 다시 조명했다.

2026년에 다루는 경험사치는 바로 이런 트렌드의 연장선 상에 있다. 새로운 럭셔리, 새로운 하이엔드에서 가장 중요한 건 결국 경험사치다. 우리가 살아가는 현시대의 정의가 되는 경험의 시대The Age of Ex-

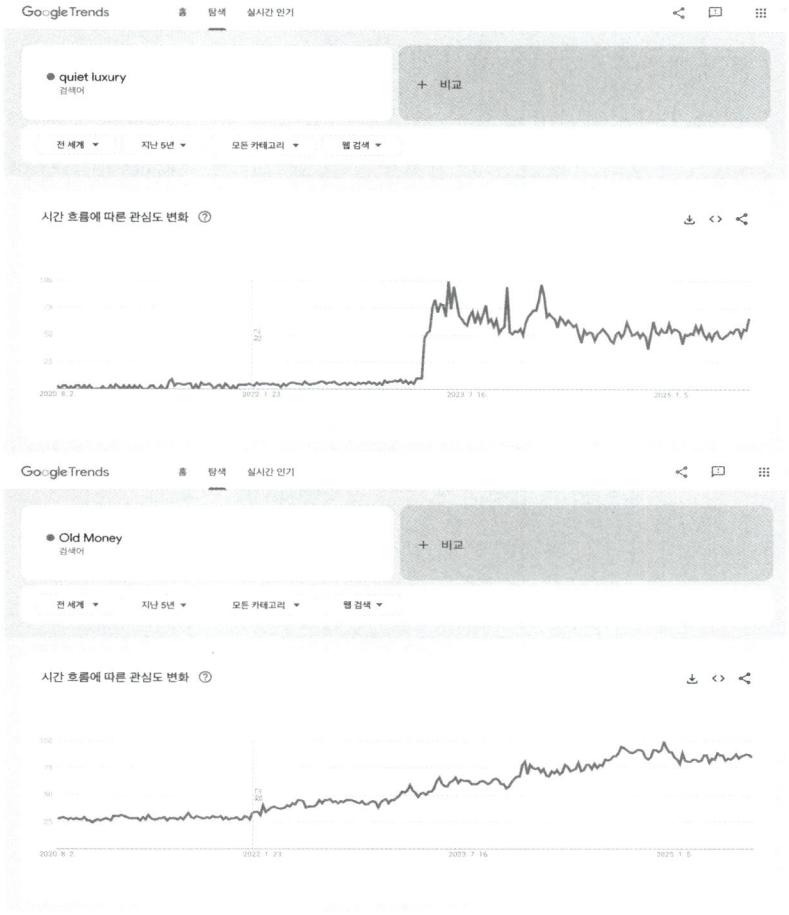

periences에서 부각될 비즈니스 기회, 마케팅 기회는 모두 '경험사치'로 귀결될 것이다. 구글 트렌드에서 Quiet luxury와 Old Money의 검색량은 수년째 상승 중이고, 이 흐름은 앞으로도 계속될 확률이 높다.

프랑스의 철학자이자 사회학자 장 보드리야르Jean Baudrillard가 정의한 파노플리 효과Effet de panoplie는 '특정 상품을 소비함으로써 자신이 그 특정 계층에 속한다는 사실을 과시하는' 이론이다. 이는 VIP 마케팅, 럭셔리 마케팅에서 중요한 욕망으로, 우리는 부의 과시를 통해 타인으로부터 부러움을 사고, 존경받고 싶은 욕구도 충족한다. 여기서 말하는 특정 상품이 이젠 특정 경험이 된다. 올드 머니의 경험, 올드 머니의 일상적 라이프스타일이자 그들의 취미, 취향, 여행 스타일이 고스란히 경험사치가 되고 있다.

우리는 사치를 좋아한다. 자본주의 사회의 사치는 우월하며, 희소하며, 과시적이다. 인간은 사회적 동물이고, 타인과의 비교를 통해 자신의 가치를 확인하는 경향이 있다는 걸 고려하면, 럭셔리, 프리미엄이 마케팅에서 가장 매력적인 키워드가 된 건 우연이 아니다.

럭셔리Luxury는 호화로움, 사치(품)의 뜻을 가진 말로, '정도의 지나침'을 의미하는 라틴어 Luxus에서 유래되었으며, 14세기 프랑스어 Luxurie를 통해 영어로 유입되었다. 너무 많은 것을 즐기거나(과잉 소비) 지나치게 화려한 것을 뜻하는 다소 부정적 의미에서 시작했지만, 시간이 흐르면서 품질이나 수준이 높고 값이 비싼 것, 고급스럽고, 사치스러운 느낌을 표현할 때 사용된다.

샤넬의 설립자이자 패션 디자이너 코코 샤넬(1883~1971년)은 "럭셔리는 가난의 반대가 아니라 평범함의 반대Luxury is not the opposite of poverty—it is the opposite of being common."라고 말하기도 했다.

반면 프리미엄Premium은 '추가비용(할증), 고급'의 뜻을 가진 말로, '남보다 먼저 얻은 것, 잘 얻은 것'을 의미하는 라틴어 Praemium에서 유래했다. 기존의 어떤 것에 비해 상대적 고급 가치를 표현할 때 사용된다. 럭셔리는 절대왕정 시대 귀족들의 호화스러웠던 정통 고급 가치에서, 프리미엄은 시민혁명 이후 귀족을 몰아내고 세력을 잡은 부르주아들의 사치스러운 포스트럭셔리에서 비롯된다. 엄밀히 구분하자면, 럭셔리는 절대 사치, 프리미엄은 상대적 사치인 셈이다.

구글 트렌드에서도 Luxury와 Premium는 모두 검색량이 계속 증가한다. 사람들의 관심사에서도, 기업의 마케팅에서도 이 두 키워드는 21세기에도 계속 쓰임이 늘어난 셈이다.

큰 사치, 작은 사치, 경험사치 모두 같은 사치라는 말을 공유하지만, 애초에 사치는 매우 제한적인 사람들만 누릴 수 있다. 그런 점에서 작은 사치는 프리미엄에 해당되는 경우가 많고, 경험사치는 럭셔리에 해당되는 경우가 많다. 경험 소비에선 고급 경험Premium Experience도 많지만, 그것이 경험사치가 되려면 아무나 쉽게 경험할 수 있어선 안 된

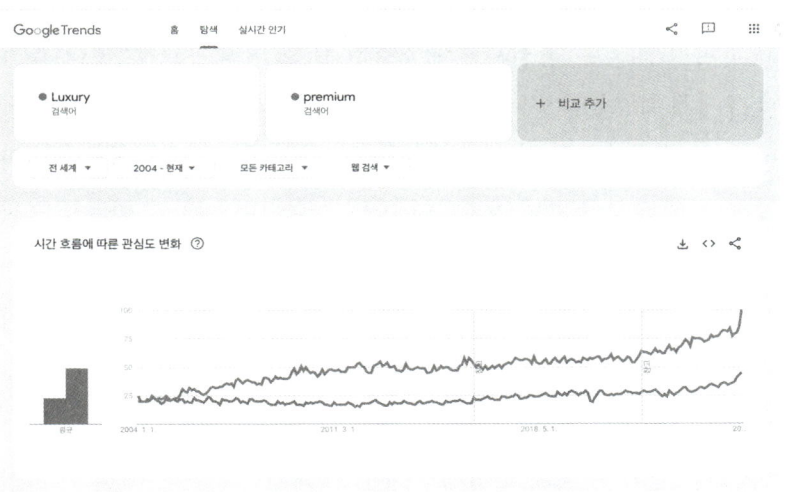

다. 하고는 싶지만 현실적으로 쉽지 않아서, 부러워하고 시기할 만해야 비로소 사치로 인정된다.

이렇듯 사치엔 장벽이 필요하다. 그래야 욕망은 더 오래, 더 깊어지고 관련 비즈니스는 더 커진다. 쉽게 해소되는 욕망은 결코 사치가 되지 못한다.

물론 장벽을 만드는 건 돈이다. 값비싸면서도 확실히 특별해야 한다는 뜻이다. 경험사치를 제대로 큐레이션 하기 위해선 실제로 경험사치를 충분히 누려본 이들의 개입이 더 필요하다.

당신도 작은 사치를 하고 있는가?

▼

작은 사치Small Luxuries 혹은 Small Indulgence는 불황형 소비 행태로 주목받았다. '사치'라는 말이 들어가지만 사실 절대적 금액이 아주 비싼 소비를 하는 것이 아니다. 미식에서부터 시작해, 향수, 그릇, 액세서리, 일상 소비재, 굿즈 등 자신에게 선물이 될 '상대적 고급'을 누리는, 일종의 자기 위안형 소비다. 에르메스 버킨백은 못 사도 에르메스 접시를 사고, 샤넬 재킷은 못 사도 샤넬 향수를 사고, 특급 호텔 스위트룸에 머물진 못 해도 특급 호텔 망고 빙수는 먹는 식이다. 아울러 화장품은 저렴한 제품으로 사지만 프리미엄 향수로 기분 내고, 평소에는 회사 구내식당에서 최대한 자주 이용하며 식비를 아끼지만, 가끔 특별한 날에 미슐랭 스타 레스토랑을 가거나 아파트나 자동차는 못 사도 굿즈는 실컷 사서 책상 위에 진열해두는 식이다.

20세기가 큰 사치의 시대였다면, 21세기는 작은 사치의 시대다.

그만큼 사치의 보편화가 이뤄졌다. 매일, 모든 것을 힘줘서 소비할 순 없지만, 아주 가끔, 아주 일부에서만큼은 힘줘서 비싼 소비를 하고 싶은 욕망은 작은사치로 달래진다. 누구든 자신의 일상을 실시간으로 드러내고, 서로 비교하며 과시하고 부러워하는 환경에서 작은사치는 합리적 소비인 셈이다.

2013년 11월에 나온 《라이프 트렌드 2014》의 부제는 '그녀의 작은 사치'다. 당시에도 우린 경기 침체, 소비 위축을 이야기했었다. 불황이지만 소비를 포기하지 않는 사람들에게 자기 위안형 소비가 만드는 작은 사치는 꽤 합리적이다. 그래서 '불황의 시기, 작은 사치에 주목하라'는 화두를 중심으로 다음 해에 벌어질 소비 트렌드를 제시했었다.

작은 사치의 시작은 미각을 만족시키는 것이다. 밥보다 비싼 커피와 디저트를 탐하고, 작지만 확실한 그 순간의 행복을 즐긴다. 핫플레이스에선 비싸고 새로운 프리미엄 디저트가 인증사진의 주인공이 되고, 백화점 식품관은 프리미엄 식품매장으로 변신해 핫플레이스에서 줄 서서 먹는 매장들로 채워진다.

프리미엄 향수도 네일케어도 작은 사치에서 주목받은 욕망이다. 해외여행도 안티에이징도 건강관리도 포기할 수 없는 욕망이다. 이들 모두 작은 사치의 영역에서 기회를 키워갔다.

다음은 구글에서 '작은 사치'로 뉴스 검색을 했을 때 나오는 기사

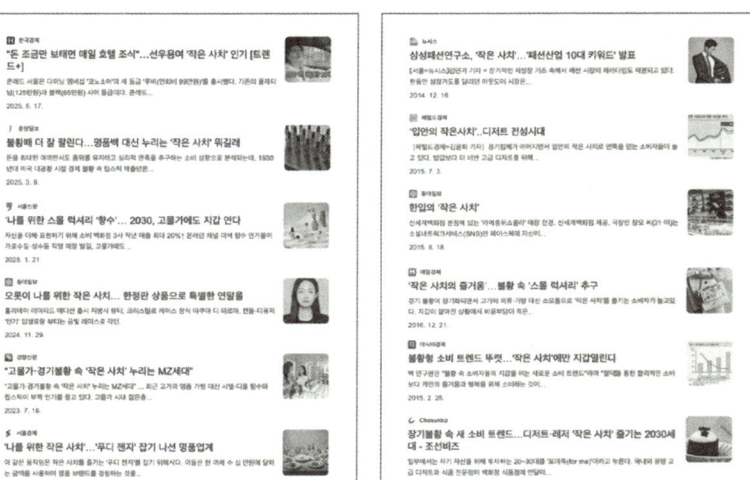

들 일부다. 왼쪽은 2023~2025년의 기사이고, 오른쪽은 2014~2016년의 기사들이다. 10년 정도의 시차를 가지지만 뉴스에서 한결같이 작은 사치를 소비 트렌드로 중요하게 다루고 있다. 앞으로도 작은 사치라는 말은 계속 쓰일 것이고, 기업의 마케팅에서도 언론사 기사에서도 쉼 없이 등장할 것이다.

사실 작은 사치는 20년 전에도 간간이 사용되었지만, 본격적으로 확산된 건 10여 년 전부터다. 그 시점이《라이프 트렌드 2014: 그녀의 작은 사치》가 나온 2013년 하반기부터 2014, 2015년이다.《라이프 트렌드》시리즈가 작은 사치 트렌드를 한국 사회가 주목하고, 소비 트렌드로 적극적으로 다루는 데 일조한 셈이다.

이제 더 이상 작은 사치는 트렌드가 아니라 문화다. 모두가 가진 소비 태도가 되었기 때문이다.

요즘의 럭셔리는 '사소한 것을 특별하게' 누리는 것이다. 백화점에서 장 보는 사람들도 늘었다. 산업통상자원부 자료에 따르면, 백화점 업계의 식품관 매출이 전체 매출에서 차지하는 비중이 2022년 12.7퍼센트에서 매년 증가해 2025년 14퍼센트까지 올랐다. 백화점 중에선 더현대의 식품관 매출 비중이 높은데, 2022년 16.2퍼센트에서 2025년 17.2퍼센트까지 올랐다.

어떤 것을 먹느냐도 중요한 경험사치 요소인데, 아무리 새벽 배송이 편하다고 해도 백화점 식품관에서 장을 보는 이들은 '더 좋은' 먹거리를 원한다. 이건 부자들만의 소비 성향이라 할 수 없는 것이 부자는 아니지만 먹는 것엔 진심이어서, 백화점 식품관에서 장 보는 이들도 많다. 이런 것이 일상의 사치이자 경험사치다. 심지어 화장실용 휴지를 살 때도 독일의 템포 화장지, 포르투갈의 레노버 화장지를 찾는 한국인이 늘면서 판매가 급증했다. 확실히 작은 사치는 계속된다.

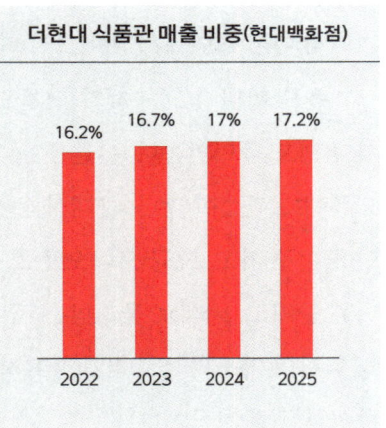

취향 계급, 취향 컬렉터 : 욕망의 시작이자 끝

▼

취향은 개인의 무의식적인 습관과 삶의 양식이며, 이는 그 사람의 사회적 신분과 계급을 반영한다. 이는 전적으로 경험사치와 연결된다. 어떤 환경에서 살아가는가에 따라 누군가에겐 너무나 당연하고 일상적인 것이, 다른 누군가에겐 한 번도 접해보지 못한 일이 된다. 취향의 차이는 단순한 취미와 관심사의 차이가 아니라, 계층을 구별하는 수단으로도 작용한다. 이렇게 만들어진 개념이 취향 계급이다.

취향 계급의 이론적 배경은 프랑스 사회학자 피에르 부르디외 Pierre Bourdieu(1930~2002년)에서 시작되는데, 그는 문화와 취향이 현대인의 계층 구분의 중요한 기준이라고 했다. 돈이 계층의 기준이 아니라, 어떤 문화, 어떤 예술을 누리고, 어떤 취향을 가지는가가 계층의 기준이다.

사실 이를 위해선 경제력만큼이나 자신이 속한 환경이 중요하다. 풍부한 경험을 누리고, 취향을 쌓아가는 데에는 오랜 시간이 걸린다. 그래서 어떤 집안에서 태어나서 자라느냐가 큰 영향을 끼친다.

올드 머니가 그 수혜자다. 올드 머니는 재산뿐 아니라 문화 자본이자 취향도 물려받는다. 이들은 미술품을 소유하고, 전시와 예술가와의 교류에도 관심이 많다. 클래식 음악, 오페라를 즐겨 듣고, 이를 위해 공연을 자주 가고, 고급 오디오를 소유한다. 테니스와 승마, 요트 같은 취미를 즐기고, 대대로 물려받은 저택도 있다. 집의 가격이 아니라 그 집의 역사와 가문의 스토리가 중요하다. 가구와 조명에 공들이는 것도 취향이자 문화 자산이다.

2030세대가 생각하는 최고의 허세는 무엇일까? (원래 돈이 없는 사람이 탐하면 허세고, 돈이 있는 사람이 탐하면 취향이다.) 비싼 외제 차나 명품 가방, 고가의 시계가 아니다. 해외여행도 골프도 보디 프로필도 아니다.

지금 시점에서 최고의 허세는 바로 가구, 고가의 하이엔드 가구다. 그다음 순위가 인테리어 그리고 집이다. 자동차는 그다음이다.

나이 든 사람들이 생각하는 허세의 기준과는 좀 다를 것이다. 외제 차나 명품은 이제 흔해졌다. 더 희소한 것이 더 큰 욕망이 되는데, 집을 둘러싼 욕망이 가장 중요해진 것을 이미 2030세대가 알아챘다. 1000만 원이 넘는 의자와 1억 원이 넘는 인테리어에 돈을 쓰는 것도, 자기만의 개성과 취향을 담은 집을 가지는 것도 그들의 욕망이 지향하는 방향이다.

당장 해소하지 못할 수는 있어도, 방향은 그렇게 굳어졌다. 가구와 인테리어, 집은 서로 연결된 관계다. 이제 집에서 얼마나 만족도를 끌어올리느냐가 새로운 과시가 되는 것이다. 한국 사회는 하이엔드 주거 공간에 대한 욕망이 보편적으로 넓어질 티핑포인트를 만났다. 심지어 새 아파트를 분양받아 들어가면서도 인테리어에 큰돈을 쓰는 사람들이 늘어나고 있다. 작은 차이에 큰돈을 쓰는 건 엄밀히 말하자면 사치다. 그럼에도 이런 사치는 합리적이다. 취향을 위한 투자이기 때문이다. 주거의 하이엔드는 결국 취향의 세밀한 반영에서 나온다.

사실《라이프 트렌드》시리즈 전체를 관통하는 가장 중요한 키워드 중 하나가 취향이다. 그만큼 라이프 트렌드에서, 우리의 소비 욕망에서 중요한 것이 취향이다.《라이프 트렌드 2025: 조용한 사람들》에선 책 전체에 '취향'이란 말이 40여 번 등장하고, 하이엔드 가구를 다룬

'욕망이 된 High-end Chair, 의자는 가장 작은 건축이다' 파트에서 가장 많이 나왔다.《라이프 트렌드 2024: OLD MONEY》에선 50여 번 등장하는데, '욕망이 된 '올드 머니'' 파트에서 가장 많이 나왔다.《라이프 트렌드 2023: 과시적 비소비》에선 60번 가까이 등장하는데, '취향의 디테일, 디테일의 과시' 파트에서 가장 많이 나왔다.《라이프 트렌드 2026: 인간증명+경험사치》에선 '경험사치' 파트에서 가장 많이 나온다.

원래 취향은 귀족이나 전통적 부자인 올드 머니의 언어였다. 취향은 누구나 누릴 수 있던 것이 아니었다. 취향을 가지려면 풍부한 경험이 필요하고, 그것을 위해선 돈이 필요하다. 오래전부터 올드 머니는 예술과 문화에 누구보다 관심과 조예를 보였고, 패션과 여행, 교육, 스포츠에도 아낌없이 투자해왔다. 돈으로 자신을 과시하기 어려운 사람끼리의 변별력은 결국 취향이다. 예술적 안목이나 지적인 수준, 패션, 여행 스타일, 미식과 집 안의 인테리어도 다 취향의 산물이다.

이런 취향이 보편적 대중의 욕망으로 자리 잡게 된 건 경제적 풍요도 이유가 되겠지만, 그보다 소셜미디어의 영향이 크다. 누구나 자신의 일상을 드러내는 시대, 보여주고 싶은 것만 보여줘도 되는 시대, 소셜미디어를 통해서 얼마든지 인플루언서가 되고 신분 상승도 가능한 시대가 되면서 자신을 드러낼 '취향'이라는 무기를 모두가 탐내기 시작했다.

지금도 유명한 인플루언서들이 소셜미디어를 통해 자랑하고 과시하는 일상들이 모두 취향 소비, 경험 소비에 해당한다. 실용적 일상 소비재나 남들 다 하는 것 가지고는 과시가 되지 않는다. 과거엔 갑자기 큰돈을 벌어 졸부가 되면 명품 가방, 명품 시계, 수입 자동차를 통해 과시하는 것밖에 몰랐던 사람들이 이젠 아트마켓에 가서 그림을 사고, 집안에 하이엔드 가구를 두고, 고급 사교모임에 나가고, 남들이 가보지 못한 특별한 여행을 하는 것으로 과시한다.

전통적 부자들만 하던 취향을 통한 과시를 지금 시대엔 밀레니얼 세대가 먼저 반응했고, Z세대도 적극 반응했다. 이들에게 자신을 드러낼 무기로 선택된 욕망이 바로 취향이다. 알파세대에게도 이 욕망은 이어질 것이다.

어쩌면 Z세대의 로망은 취향 콜렉터가 되는 것일지도 모른다. 단순히 수많은 안목을 나열하듯 수집하는 것이 아니라, 취향의 에디터이자 컬렉터로 매력적인 안목과 개성을 가진 사람이 되는 것이다.

이는 특정 세대만의 로망이 아니라 모든 세대가 바라는 욕망이며, 동시에 쉽게 해소되지 않는 만큼 아주 오래 지속될 욕망이기도 하다.

3장

이유 있는 불교힙

탈종교의 시대, 왜 불교는
20대의 선택을 받고 있을까?

Life_Trend_2026

#불교힙 #탈종교 #탈권위적 #포용적 #서울국제불교박람회 #불교 굿즈 #극락도 락 #국립중앙박물관 #사유의 방 #반가사유상 #템플스테이 #마인드풀니스 #어웨어니스

LIFE TREND 2026

무종교인, 탈종교인은 해가 지날수록 늘어나지만, 불교에 대한 관심도는 어느 때보다 뜨거워졌다. 명상과 마음 챙김, 탈권위적이고 포용적인 태도는 번아웃과 불안을 겪는 Z세대에게 실용적 도구이자 정서적 위안이 된다. 최정상급 K팝 아이돌이 불교를 소재로 노래를 만들고, 부처의 가르침을 다룬 책을 읽는 시대, 불교는 더 이상 낡은 종교가 아니라 힙스터를 상징하는 트렌드의 중심에 서 있다. 불교는 믿음과 신앙의 대상이 되기보다 패션, 예술, 대중문화 속에서 유연하게 차용되며 '불교힙'이라는 이름 아래 새로운 문화적 에너지를 만들어내고 있다.

불교가 갑자기 힙해진 게 아니라, 원래 불교는 그랬다. 포용적이고, 탈권위적이고, 내세가 아닌 현재에 집중했다. 불교는 늘 그 자리에서 비슷한 모습으로 존재하고 있었지만, 지금 시대가 불교를 문화적으로 잘 받아들일 수 있는 상황이 된 것이다.

탈종교의 시대에 분명 모든 종교는 퇴색되어 간다. 하지만 불교는 다른 방향성을 가진다. 종교이면서도, 때론 철학적이고, 문화적이고, 인간적이다.

Z세대가 불교에 열광하기 시작한 건 결코 우연이 아니다. 한국뿐 아니라, 전 세계 Z세대에게 번져갈 트렌드이며, K컬처의 일환으로 K불교의 미래 가치를 기대하기도 한다.

2026년 불교가 우리의 라이프스타일과 소비에 어떤 영향을 줄 것인지, 불교힙Buddhism Hip은 어디까지 전개되고 확산할 것인지 지켜볼 필요가 있다.

제니는 왜 불교를 소재로 노래를 만들었을까?

▼

블랙핑크 제니가 2025년 1월에 발표한 〈ZEN〉은 불교의 선을 주제로 한 노래다. 뮤직비디오에서도 불교에서 깨달음의 상징이자, 더러운 곳에서 자라지만 오염에 물들지 않는다는 의미의 연꽃이 나오고 지혜와 통찰, 영혼의 길잡이를 상징하는 부엉이도 등장한다.

ZEN은 선禪의 일본어 발음에서 나왔다. 공교롭게도 가수 Jennie와도 동음이의어다. 인도의 명상법에서 시작된 선은 마음을 가라앉히고 고요히 앉아서 참선하며 깨달음에 이르려는 석가모니의 수행법이자 불교의 대표적 실천법이다. 선은 동아시아에서 주로 발달했고, 일본을 거쳐 미국에 알려지면서 영어로 'ZEN'이 된 것이다. 서양에선 동양의 신비로움을 드러내는 이미지 중 하나다.

선은 잡념과 번뇌에서 벗어나 마음을 고요하고 안정시키는 것을 중요하게 여기는데, 제니의 노래 가사에서도 내면의 고요와 강인한 자아를 강조한다.

조계종 소속 문광스님이 〈ZEN〉 뮤직비디오를 불교적 관점으로 해석한 22분짜리 유튜브 영상은 업로드한 지 4개월간 50만 회 이상 조회수를 기록했다. 쇼츠 영상도 150만 회 이상 조회되었다. 제니도 이 영상을 봤다면서 "스님께서 해석을 너무 잘 해주셨다"라며 감사를 표하기도 했다. 덕분에 문광스님은 20대들 사이에서 가장 유명한 스님이 되었다.

제니가 2024년 10월에 발표한 곡 제목은 〈만트라Mantra〉다. 만트라는 신성한 힘을 지닌 특정 단어나 구절을 반복적으로 외우는 수행법

☆ 지금까지 이런 해석은 없었다! 스님이 본 '제니 ZEN' 소름돋는 반응 #제니 #젠 #zen #문광스님 #한국학에세이

으로, 진언眞言, 주문呪文 등으로 번역되는 불교 용어다. 공교롭게도 세계적인 K팝 스타이자 아이돌이 연속적으로 불교와 관련한 제목과 가사를 담고 노래를 발표했다. 두 곡 모두 제니가 작사했다. 그렇다고 제니의 종교가 불교인 건 아니다. 문화적·철학적 태도와 라이프스타일로서 불교를 대한 셈이다.

전 세계적으로 불교에 대한 관심이 커졌다. 특히 20대들의 관심이 커졌다. K팝의 영향력 확대로 아시아 문화에 대한 관심도 더 커졌는데, 그에 따라 불교가 다시 조명되는 것이다.

불교가 가진 사상이나 문제를 대하는 방식도 동서양을 막론하고 지금 Z세대의 관심을 끈다. 권위주의를 탈피하고, 자기 자신을 돌아보게 한다. 모든 문제는 내 안에 있고, 내 마음먹기에 달렸다고 한다. 내면의 힘으로 현실의 팍팍한 어려움도 넘어서면 된다고 한다. 하나의 정답만 있는 게 아니다. 각자의 방식대로 각자의 답을 찾으면 된다. 이러니

Z세대가 관심을 가질 수밖에 없지 않은가? 불교힙은 한국을 비롯해 전 세계로 번질 충분한 조건이 갖춰져 있다.

텍스트힙보다 불교힙?
불교박람회에 몰려든 2030세대

▼

코엑스와 봉은사 일대에서 열린 2025 서울국제불교박람회는 4일간 관람객 20만 명을 기록했다. 2013년에 시작된 이래 서울국제불교박람회에서 기록한 역대 최대 관람객이다. 2030세대가 76퍼센트 정도였고, 종교가 없는 이들이 관람객의 52.3퍼센트였다. 한마디로 불교인들만의 잔치가 아니라, 2030세대가 열광한 힙한 전시가 된 것이다. 입장 대기 줄이 길어져 오픈런이 생겼고, 일부는 입장을 기다리다 돌아갔을 정도로 인산인해를 이뤘다.

서울무역전시컨벤션센터SETEC에서 진행했던 2024 서울국제불교박람회에서도 전년 대비 사전등록 4배 증가, 현장 방문 관람객 3배 증가라는 역대 최고 흥행 기록을 보였는데, 행사장을 더 큰 코엑스로 옮긴 2025년에는 2024년보다 더 뜨거운 흥행을 기록했다.

2025 서울국제도서전을 관람한 인원은 15만 명이다. 서울국제도서전에 2030세대 여성들이 본격적으로 몰려들기 시작한 건 2023년부터다. 2023 서울국제도서전에서 전년 대비 30퍼센트가 늘어 13만 명이 참가한 이후 2024 서울국제도서전도 15만 명이 찾았다. 도서전에 2030세대 여성들이 오픈런 하듯 몰려든 현상을 두고 텍스트힙이라는 말을 붙이기도 했다.

　　분명 도서전은 힙하다. 그렇지만 출판시장은 역대 최악의 불황이다. 책을 읽지 않는 시대, 도서전은 흥행하는 기현상이 발생한 것이다. 독서 모임도 힙해졌다.
　　예전엔 주로 지식인들과 전문가들이 독서 모임을 주도했다. 그런데 지금은 인플루언서가 주도하고 있다고 해도 과언이 아니다. 확실히 독서 모임도 텍스트힙 현상에 부합한다. 자신이 책을 얼마나 좋아하고, 지적인 사람인가를 과시하듯 드러내기 위해 도서전을 가고 독서 모임에 참여하는 게 확실히 효과적이다. 물론 지속적으로 책을 읽는 독자인가는 중요하지 않다. 지금 2030세대(특히 20대 여성이 가장 열광)에겐 텍스트힙이 중요한 욕망이 되었다.

더불어 텍스트힙에 견줄 만한 개념으로 불교힙 혹은 Buddhism Hip도 주목받는다. 2025 서울국제도서전은 5일 동안 15만 명이 찾았는데, 2025 서울국제불교박람회는 4일간 20만 명이 찾았다. 물론 불교 신도 수가 620만 명 정도이니 20만 명이 찾았다고 해서 그리 놀랄 일은 아니다. 그런데 관람객의 52.3퍼센트가 무종교인들이다. 불교 신도뿐만 아니라 종교가 없는 이들이 더 많이 종교박람회를 찾은 것이다. 심지어 관람객 중 2030세대가 76퍼센트다. 확실히 이 점만 봐도 종교가 아닌 흥미로운 콘텐츠를 즐기기 위해 서울국제불교박람회를 찾은 이들이 꽤 많았던 것이다.

불교박람회는 신도를 위한 행사가 아니라, 불교를 알리는 플랫폼을 지향한다. 종교가 없거나, 불교에 관심이 없던 사람도 불교에 대한 관심을 이끌기 위해선 불교가 종교 이전에 문화적으로 다가가야 한다. 기존 방식이 아니라 새로운 방식이 필요함을 불교계는 인식하고 행동에 나선 것이다.

박람회의 다양한 굿즈도 인기가 많은데, 티셔츠와 스티커에는 '극락도 락Rock이다' '멍때리는 게 아니라 명상 중이야' '번뇌야 멈춰' '커피 한잔 깨달음 한 모금' 같은 눈길을 끄는 문구들이 쓰여 있다. 스님들이 디저트를 팔면서 '한입에 극락으로'라는 카피를 내걸거나 식물성 우유 브랜드에선 보디빌딩하는 스님을 입간판으로 내세우기도 했다.

이처럼 불교는 자유로운 재해석을 용인한다. 누구나 마음껏 재미있게 패러디하고 말장난할 수도 있다. 심지어 스님들도, 조계종에서도 이렇게 하고 있으니 종교가 없는 이들도 얼마든지 편하게 불교에 문화적으로 다가간다.

불교힙이 문화 트렌드가 된 이유

▼

　조계종 산하 사회노동위원회는 서울퀴어문화축제에 지속적으로 참여한다. 2024 서울퀴어퍼레이드에선 성소수자들에게 오색 끈을 묶어주었고, 트랜스젠더 추모의 날 집회에도 참석해 행사 슬로건이 담긴 피켓을 들고 성소수자를 응원했다.

　지리산 화엄사에선 채식 버거 '화엄사 템플 버거' 매장을 오픈해, 생명 존중 사상과 동물권에 대한 목소리를 냈다. 현재 다른 종교보다 훨씬 개방적이고, 포용적인 것이 불교다. 강요하지 않고, 독선적이지 않고, 폐쇄적이지 않은 포용의 태도 자체가 불교힙의 원천이다.

　불교 신도인 개그맨 윤성호는 일진 스님이란 부캐(부 캐릭터, 副 Character의 줄임말)로 종교를 개그 소재로 삼아 활동했는데, 춤과 음악으로

불교적 메시지를 전하는 활동을 긍정적으로 여겨 불교계가 이를 포용했다. 오심 스님(불교신문 사장)으로부터 '뉴진New-進'이란 법명을 받고, 조계종 총무원장이 선물한 헤드셋을 쓰고 연등회 공연, 불교박람회 홍보대사를 비롯해, 불교계의 공식 행사에서 비중 있게 활동하고 있다.

만약 개신교를 개그 소재로 삼았다면 이런 포용이 가능했을까? 종교를 희화화한다고 비난받지는 않았을까? 불교에 대한 2030의 호감도가 높아진 이유 중 하나가 바로 이런 포용하는 모습이다. 자기만 옳다고 주장하며 상대를 배척하는 종교가 비호감을 사는 시대, 반대로 모두가 옳다고 포용하는 자세는 중요한 문화적 코드가 된다. 포용은 곧 권위주의 탈피를 의미한다.

한국 사회가 가진 권위주의, 나이 서열 문화에 가장 반기를 드는 것이 Z세대다. 불교와 천주교의 호감도가 상대적으로 높은 이유는 포용적이고 권위주의에서 탈피하려는 모습을 다른 종교보다 훨씬 많이 보여주기 때문이라고 할 수 있다.

EDM DJ 뉴진 스님의 인기곡인 〈극락왕생〉 가사에는 '이 또한 지나가리' '번뇌 멈춰' '고통을 이겨내면 극락왕생' 같은 불교적 메시지인 동시에 2030세대가 반응하는 메시지가 들어 있다. "쇼 미 더 불교 믿어! 부처님 잘생겼다"라는 말을 과거의 한국 사회에서는 전혀 해본 적이 없다.

보는 시각에 따라선 불교를 너무 가볍게 다룬다고 싫어할 수도 있지만 종교를 가진 사람이 점점 줄어들고 있고, 2030세대의 탈종교화 현상이 더 심화하는 상황에서 종교의 변화는 불가피하다. 다가가지 않으면 다가오지 않는다.

조계종에 따르면, 2024년 출가자(사미계 혹은 사미니계를 받은) 수는 81명, 10년 전엔 226명이었다. 신도도 줄어들고, 성직자도 크게 줄어드는 건 불교만의 일이 아니다. 모든 종교가 공통적으로 겪고 있는 일이며, 특히 102030세대에게 종교는 점점 더 외면받고 있다. 조계종은 '젊은 불교'를 표방하고 있고, 2030세대가 문화적으로 불교를 흥미롭게 여기도록 하는 데 집중하고 있다.

조계종 사회복지재단의 〈나는 절로〉 프로그램은 인기 예능 〈나는 솔로〉에서 착안해 템플스테이와 미혼남녀 만남을 결합했다. 2024년에 여섯 차례 진행했는데 연간 경쟁률이 무려 33.7 대 1이었다. 그중 2024년 마지막이었던 백양사 편에선 47.35 대 1로 경쟁률이 더욱 높아졌는데, 2025년 첫 회인 쌍계사 편에선 지원자가 41퍼센트나 더 늘며 경쟁률이 55 대 1이 되었다. 확실히 인기가 급상승하고 있음을 보여

준다.

조계종 한국불교문화사업단에 따르면, 2024년 템플스테이 참가자는 61만 7070명으로 전년보다 13.2퍼센트 늘었다. 국내에서 처음 템플스테이를 시작한 2002년의 1만 1714명에 비하면 22년간 53배 정도 늘어났고, 누적 참가자 수는 760만 7179명에 이른다. 2025년에 템플스테이 참가자 수는 역대 최고를 기록할 가능성이 크고, 2026년에도 그 흐름을 이어갈 것이다.

현재 템플스테이 참가자 중 20대가 가장 많고, 그다음이 30대다. 2030세대 비중은 계속 증가하는 중인데 전체의 절반을 넘기도 한다. 전국 사찰에는 관람객도 급증했다. 산책하듯, 산속에 구경 삼아, 기분 전환 삼아 절을 가는 사람은 있어도, 이런 이유로 교회를 가는 사람은 없다. 개신교 대학은 많지만 개신교 동아리가 활발하진 않다. 아니 지금은 20대 대학생에게 동아리가 외면받는 시대다. 새로운 동아리가 만들어지고, 그것도 종교 관련 동아리가 만들어진다는 건 흔치 않은 일이다.

동국대에는 2024년 14개의 단과대 불교 동아리가 새로 만들어졌다. 학생들은 절에서 릴스도 찍고, 불교로 흥미로운 활동을 벌인다. 동국대라고 불교 신도들만 다니는 학교가 아니다. 학교 건립 이념만 불교에 기반하는 것이지, 학생들은 다양한 종교를 가지고 있으며 무종교인도 많다. 확실히 불교가 20대 사이에서 힙해진 증거다. 불교가 2030세대에게 다가간 노력이 쌓여 결과적으로 불교힙이 하나의 문화 트렌드가 된 것이다.

2025년 상반기 종합 베스트셀러는 부처님의 가르침

▼

《초역 부처의 말》은 2025년 상반기 종합 베스트셀러 2위에 오른 도서다. 흥행의 일등 공신으로 장원영을 꼽는다. 2025년 1월 15일 tvN 예능 프로그램 〈유퀴즈 온 더 블록〉에서 장원영이 《초역 부처의 말》을 추천한 이후, 2주간 판매량이 전월 대비 29배 증가하며 순위가 수직 상승했다. 노벨상 수상으로 장기간 종합 베스트셀러 1위를 수성하던 한강 작가의 소설을 제치고 1위가 된 것이다. 그 기세가 상반기 내내 이어졌다.

이 책 외에도 불교 관련 인문서 판매량이 전년 동기와 비교할 수 없을 정도로 증가했다. 그동안 스님이 쓴 책, 부처의 가르침을 다룬 책들이 이렇게 많이 쏟아지고, 이렇게 인기를 끌었던 적이 있었나 싶다. 간혹 특정 유명 스님의 에세이가 대형 베스트셀러가 된 적은 있지만 불교, 석가모니 자체에 이렇게 주목했던 적이 언제 있었나 할 정도다.

특히 이런 관심의 중심에 2030세대가 있다는 점을 주목해야 한다. 특히 20대가 더 열광하고 있다. 단지 유명 아이돌이 《초역 부처의 말》을 읽는다고 해서, 이걸 텍스트힙에 열광한 20대가 다 따라 읽었던 걸까?

아이돌이 읽는다는 책, 아이돌이 좋아한다는 물건이 이슈가 되며 잘 팔리는 경우는 많다. 하지만 이렇게 영향이 오래 가는 경우는 드물다. 내용에 공감할 수 있었기에 입소문도 퍼지고, 오래 유지되는 것이다.

실제로 장원영은 《마흔에 읽는 쇼펜하우어》도 20대가 열광하며 따라 읽게 만드는 데 큰 역할을 했다. 흥미롭게도 서양 철학자 중 가장 불교를 긍정적으로 보고, 불교에 관심도 많았던 인물이 쇼펜하우어다. 2030세대가 공감할 좀 더 진지한 이야기가 그들에게 필요했다. 그전까지 2030세대를 위로하는 내용이나 달달한 이야기들이 잘 팔렸었지만, 이미 식상해졌다. 2030세대가 철학을 읽는 시대가 된 것이다.

불교는 종교면서 철학, 문화다. 불교는 다른 종교와 달리 사후가 아니라 현재에 집중하라고 한다. 사후에 천국 가는 것보다 현재 깨달음을 얻는 것이 중요하다. 깨달음을 얻으려면 겪어봐야 한다.

불교는 소비조차도 금욕적으로만 보지 않는다. 굿즈를 사는 것도 돈 낭비니까 사지 말라고 하는 게 아니라, 사고 싶은 건 사봐라, 결국 자신이 경험해보고 느껴봐야 안다는 식이다. 그래서 개인주의에 익숙하고, 기성세대의 사고방식이 답답하며 거부감을 가진 20대가 쇼펜하우어의 사상에 공감하고 불교를 새롭게 받아들이는 시대가 열릴 것이다.

사유의 방에 들렀다가 반가사유상 굿즈를 사는 게 국룰?

▼

오픈런(매장 문이 열리자마자 구매와 관람을 위해 달리는 일을 일컫는다. 국립국어원은 '개장 질주'라는 말로 다듬기도 했다.)은 인기의 상징이다. 더 이상 백화점에서 명품 가방을 사려고, 시계를 사려고 오픈런 하지 않는다. 컬래버레이션한 스니커즈도 예전 같지 않다.

그런데 국립중앙박물관은 오픈런을 한다. 전시만 보러 가는 것이 아니다. 굿즈에도 열광한다. 반가사유상 미니어처, 세계유산 경주 석굴암을 형상화한 조명, '사유의 방'을 새긴 자석 등도 인기가 많다.

국립박물관문화재단에 따르면, 박물관 굿즈 매출액은 2020년 37억 6100만 원에서 2021년 65억 9100만 원, 2022년 116억 9200만 원, 2023년 149억 7600만 원, 2024년 212억 8400만 원으로 수년째 가파른 성장세가 이어졌는데, 2025년 상반기에도 전년 동기 대비 34퍼센트 증가하며 그 흐름이 계속되고 있다.

굿즈 구매자는 2030세대가 전체의 54퍼센트를 차지했다. 외국인 구매자 비율도 2020년 전체 구매자의 5.9퍼센트였던 것이 2024년 16.8퍼센트로 상승했다.

넷플릭스 애니메이션 〈케이팝 데몬 헌터스〉가 글로벌 시청률 1위, 삽입곡 일부가 빌보드 차트에 진입할 정도로 성과를 내면서, 박물관 굿즈 판매량도 급증했다. 까치 호랑이 배지, 흑립 갓끈 볼펜 등 애니메이션 연관 굿즈에 대한 관심이 커졌기 때문인데, 온라인 숍의 일평균 방

문자 수는 〈케이팝 데몬 헌터스〉 개봉 전에 비해 4배(6만에서 26만으로) 정도 증가했다. 국립중앙박물관 굿즈는 2024년 10월부터 국외 전용 온라인 숍을 만들어 전 세계 220여 개국에서 구매(해외배송)가 가능하다. 이를 계기로 전 세계적으로 한국 전통문화, 한국의 불교에 대한 관심도 커질 수밖에 없다.

이젠 국립중앙박물관 하면 반가사유상이 가장 먼저 떠오른다고 해도 과언이 아닌데, 사유의 방 때문이다. 사유의 방은 2021년 11월에 개관했는데 국립중앙박물관 관람객 중 70퍼센트가 사유의 방에 들른다고 한다. 마치 루브르박물관에 간 사람이 모나리자 그림 앞을 꼭 지나가는 것과 같다.

사유의 방은 국립중앙박물관이 삼국시대 6세기 후반과 7세기 전반에 만들어진 국보 제78호, 제83호인 두 점의 반가사유상을 전시한 독립 전시실이다. 반가사유상은 석가모니가 인생의 생로병사에 대해 깊이 고민하던 순간에 보이는 찰나의 미소를 담은 작품이다. 원래 이 반가사유상은 국보 중의 국보로 보존 처리와 휴식을 위해 3개월 단위로 한 점씩 번갈아 전시되었는데, 파격적으로 이 두 점을 소극장 크기 (430제곱미터)의 한 공간에 동시에 전시한 것이다. 많은 유물이 같이 전시되어 있는 기존 전시실과 달리 넓은 공간에 단 두 점만 전시해 공간과 작품이 주는 몰입감이 크다.

사유의 방과 반가사유상 굿즈의 인기에 영향을 준 사람은 BTS의 RM이다. RM의 작업실 책상 위에 반가사유상 미니어처 2개가 올려진 것이 방송과 사진을 통해 알려지면서, 이 미니어처는 국립중앙박물관에서 파는 굿즈 중 압도적 판매 1위가 되었다. 평소 미술 작품을 많이

소장하고, 전시 방문 사진을 자주 올리는 RM이 사유의 방을 오픈하자마자 찾으면서, 자연스럽게 2030세대 사이에서 입소문이 퍼진 것이다.

RM의 인스타그램에는 불교 관련한 사진이 종종 올라온다. 2022년 여름 김천 직지사에서 템플스테이를 한 사진, 부처님오신날을 앞두고 조계사를 찾아 연등을 배경으로 찍은 사진, 관악산 연주사, 도방산 천축사에서 찍은 사진도 보인다. 권진규 조각가의 특별전에선 불상 작품을 찍어 올리기도 했다. 손목이 나오는 사진에 불교 단주가 함께 찍히기도 했다.

BTS 정국은 108 염주를 즐겨 차고, 승복처럼 보이는 회색 법복도 종종 입는다. 정국은 콜드플레이에게 법복을 선물하기도 했다고 한다.

BTS 멤버들은 모두 종교가 없다고 했다. 하지만 2016년 강화 보문사를 찾아 인증사진과 함께 '세계 진출 대박 기원'이라는 메시지를 트위터에 남겼고, 실제로 그들의 바람대로 세계 최고의 뮤지션으로 자리 잡았다. 전 세계 아미들에게 강화 보문사는 소원 명당이고, BTS가 인증사진을 찍은 구역은 사진을 찍으려면 웨이팅이 필요할 정도가 되었다.

국립중앙박물관의 2025년 상반기 관람객 수는 270만 8892명이다. 2024년 상반기에 169만 9514명보다 64.2퍼센트 늘어난 수치다. 2024년 연간으로는 378만 8785명이었는데, 이런 추세로 볼 때 2025년 연간 500만 명에 육박할 것으로 보인다. 2010년부터 2019년까지 매년 300만 명대의 관람객을 유지했다. 팬데믹 기간에 큰 감소세가 있었지만, 엔데믹 후 2022년 다시 300만 명을 회복하고, 2023년 역대 처음으로 400만 명도 넘어섰다.

참고로 영국 미술 전문지 《아트뉴스페이퍼》가 발표한 '2024 세계 미술관 관람객 순위'에서 루브르 박물관이 873만 7050명으로 1위였고, 그다음으로 바티칸 박물관(682만 5436명), 영국박물관(647만 9952명), 메트로폴리탄 미술관(572만 7258명), 테이트 모던(460만 3025명) 순이었다. 국립중앙박물관은 8위 정도에 해당되는데(2023년 순위에선 6위를 기록하기도 했다) 만약 2025년 500만 명을 넘는다면 5위권에 해당된다. 이들 상위 5군데 모두 해외에서도 많이 찾아가는 박물관과 미술관인 것과 달리, 국립중앙박물관은 외국인 관람객이 많이 늘긴 했어도, 전체에선 내국인이 압도적 비중을 차지하는 박물관이라 의미하는 바가 크다.

관람객 중에는 2030세대가 가장 많은데 국립중앙박물관에 있는 유물 중 상당수는 불교 관련이다. 그럴 수밖에 없는 것이 불교는 삼국시대부터 고려, 조선을 이어가며 종교이자 문화로서 존재했다. 최근

2030세대가 불교와 절, 석가모니 등을 바라볼 때도 종교보다는 문화적, 전통적 콘텐츠로서 다가가는 경향이 있는 것을 알 수 있다.

왜 신도 수는 개신교가 가장 많은데 호감도는 불교가 가장 높을까?

▼

한국리서치 정기조사 '여론 속의 여론'은 2020년부터 종교 호감도 조사를 하고 있다. 조사 대상은 불교, 천주교, 개신교, 원불교, 이슬람교 등 5개 종교이며, 종교에 대해 평소 느끼고 있는 감정을 0에서 100도 사이로 표시해달라고 질문한다. 호감도가 가장 높은 것은 불교이고 2024년 기준으로 유일하게 50점을 넘었다. 연령대를 2030세대로 한정해서 봐도 결과는 마찬가지다.

반면 개신교는 수년째 30점대 수준을 기록하고 있다. 20대에 한정해도 전체 연령대의 35.6점보다 낮은 34.1이며, 30대로 한정하면 25.6점으로 가장 낮다.

신도 수가 가장 많은 개신교의 호감도는 아주 낮다. 특히 불교는 긍정적 호감도의 비율이 43퍼센트, 부정적 호감도의 비율은 29퍼센트인 반면, 개신교는 긍정적 호감도는 22퍼센트, 부정적 호감도는 54퍼센트나 된다.

목회데이터연구소에 따르면, 전 국민 중 종교가 없는 사람이 63퍼센트이고, 개신교 17퍼센트, 불교 12퍼센트, 천주교 8퍼센트, 기타 0.3퍼센트다. 이 비율을 인구수로 적용하면 개신교가 870만 명(개신교라고 답한 이들 중 이단이나 사이비도 있기에 실제로는 800만 정도), 불교가

불교 호감도 조사

주요 종교 중 유일하게 불교 호감도만 100점 만점에 51.3점으로 보통 이상
개신교 호감도는 35.6점으로 불교 및 천주교보다는 낮으나, 1년 전 대비 2.3점 상승

(단위: 점)

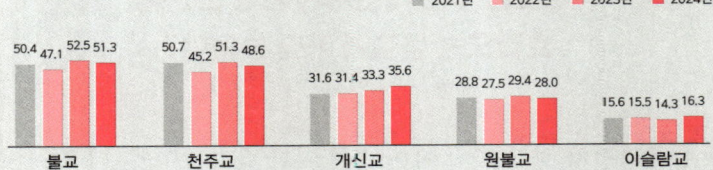

질문: 다음 각 종교에 대해 여러분이 평소 느끼고 있는 감정을 0에서 100도 사이로 표시해주세요. 0도는 매우 차갑고 부정적인 감정, 100도는 매우 뜨겁고 긍정적인 감정을 의미합니다. 50도는 부정적이지도 긍정적이지도 않은 감정을 의미합니다.

응답자 수: 각 조사별 1,000명
조사기간: 2021. 11. 26~29//2022. 11. 25~28//2023. 11. 24~27//2024. 11. 22~25
한국리서치정기조사 여론 속의 여론(hrcopinion.co.kr)

불교 호감도 보통 이상(51점 이상)인 사람은 43%, 천주교는 39%,
개신교에 대해서는 5명 중 2명(41%)이 24점 이하로 호감도 매우 낮아

(단위: 점)

	주요 종교에 대한 호감도 응답 비율						
	매우 부정적 (0-24점)	약간 부정적 (25-49점)	부정적 (0-49점)	보통 (50점)	약간 긍정적 (51-75점)	매우 긍정적 (76-100점)	긍정적 (51-100점)
불교	20	9	28	29	20	22	43
천주교	22	9	31	29	21	18	39
개신교	41	13	54	23	10	12	22
원불교	50	11	61	28	8	3	11
이슬람교	70	11	81	16	1	1	2

질문: 다음 각 종교에 대해 여러분이 평소 느끼고 있는 감정을 0에서 100도 사이로 표시해주세요. 0도는 매우 차갑고 부정적인 감정, 100도는 매우 뜨겁고 긍정적인 감정을 의미합니다. 50도는 부정적이지도 긍정적이지도 않은 감정을 의미합니다.

응답자 수: 1,000명
조사기간: 2024. 11. 22~25
한국리서치 정기조사 여론 속의 여론(hrcopinion.co.kr)

620만 명, 천주교 410만 명 정도다. 한국리서치 정기조사 '여론 속의 여론'의 2023 종교 인구 현황 조사에서도, 개신교(기독교) 20퍼센트, 천주교 11퍼센트, 불교 17퍼센트, 기타 종교 2퍼센트, 종교 없음 51퍼센트다.

왜 신도 수는 개신교가 가장 많은데 호감도는 불교가 가장 높을까? 왜 개신교는 중장년층에서 호감도가 높은 반면 2030세대에서 호감도가 낮을까? 왜 20대가 불교 굿즈를 사고, 불교힙 문화를 즐겁게 받아들일까?

이 질문에 대한 답은 다른 종교가 되새길 필요가 있다. 왜 특정 종교의 이미지에서 극우나 꼰대, 폐쇄, 독선, 강압, 비논리, 권위, 세습 같은 말이 비중 있게 자리 잡고 있는지 고민해야 한다. 그렇지 않으면 결국 쇠락과 소멸은 피할 수 없다.

야구팬이 없으면 프로야구선수들은 막대기 들고 공 들고 노는 어른에 불과하다. 사람들에게 지지받지 못 하면 종교도 결국 그와 다르지 않다. 관성적인 종교색을 지우고 종교를 재해석, 재설정하는 것이 필요한 이유를 불교는 계속 증명하고 있다. 적어도 지금은 가장 지지 받고 있는 것이 불교다.

지금은 탈권위의 시대다. 포용의 시대다. 개인주의자의 시대다. 그리고 경험의 시대다. 이 모든 것이 종교에도 가치관에도 철학에도 영향을 준다. 불교힙이 종교에서 벗어나, 문화와 소비, 라이프스타일에도 영향을 미치는 트렌드로 확장될 가능성이 높아졌다는 점은 매우 분명하다.

더 확산할 수밖에 없는 마인드풀니스와 어웨어니스
▼

정신적 평온을 유지하고 내면의 균형을 잡길 원하는 사람들은 계속 늘어났다. 가장 대표적인 방법이 마인드풀니스Mindfulness다. 마인드풀니스는 불교의 수행법에서 비롯되었으며, 마음챙김으로도 불린다.

마인드풀니스 하면 가장 대표적으로 떠오르는 사람 중 하나가 스티브 잡스다. 최고의 테크 리더로 세상을 놀라게 하는 창조적 혁신을 계속 보여주는 사람이 마인드풀니스를 하고 있었다는 사실만으로도 관심이 커질 이유가 된다. 스티브 잡스가 마인드풀니스에 심취한 이유는 외부에서 받은 스트레스를 없애고 자신의 본업에 집중하는 데 도움이 되었기 때문이라고 했다. 치열한 경쟁과 스트레스를 받는 테크 리더들에게는 불교의 수행법이 효과적이었고, 이는 실리콘밸리를 필두로 전 세계 경영계로 확산되었다. 2010년대 실리콘밸리의 테크 기업들은 마인드풀니스를 임직원들을 위한 프로그램으로 대거 도입했고, 이런 움직임은 지금까지도 이어지고 있다. 국내 기업에서도 이제 마인드풀니스는 보편적인 활동이 되었을 정도다.

스티브 잡스가 마인드풀니스에 심취하고, 실리콘밸리(샌프란시스코 베이 지역)가 마인드풀니스의 전파 거점이 된 것은 결코 우연이 아니다. 샌프란시스코는 동시에 미국 불교문화의 진원지이기도 하다. 1959년 일본의 선 수행자 스즈키 순류는 샌프란스시코로 건너가 좌선, 참선을 중심으로 하는 정통 선불교를 전파한다. 베트남 전쟁(1960~1975년)과 케네디 암살(1963년)을 겪고, 냉전과 물질만능주의, 기성세대의 정치 등에 염증을 느낀 비트족, 히피족들이 불교와 명상을 받아들이기 시작

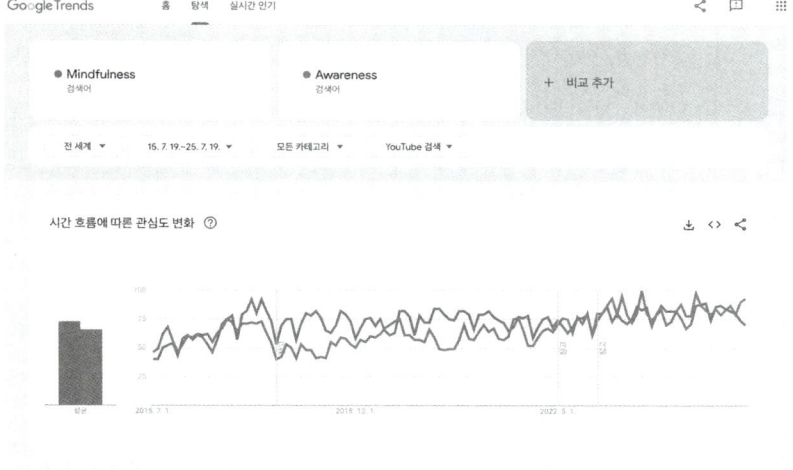

했다. 스티브 잡스도 히피족이었다. 자연스럽게 명상도 선불교도 접했을 것이고, 그의 철학과 가치관, 태도에 녹아들었을 것이다.

이제 마인드풀니스는 보편적인 문화가 되었다. 불교에서 비롯되었지만 종교적 색채는 지워지고, 완전히 문화적 산물로 자리 잡았다. 최근에는 어웨어니스Awareness도 많이 보편화되고 있는데, 마인드풀니스는 마음챙김으로, 어웨어니스는 알아차림으로 번역되어 쓰인다. 참고로 구글 트렌드에서 두 검색어의 최근 10년간 검색량 추이를 보면 꾸준히 증가세를 이어오고 있는 것을 알 수 있다.

이 두 단어의 검색량은 앞으로 더 늘어날 가능성이 크다. 집중력이 떨어지고, 주의가 산만하고 잡념이 많은 이들에게도 마인드풀니스는 유용하게 여겨지고, Z세대 절반이 스스로 신경다양성을 가졌다고 인식하는 상황에서 마음챙김과 알아차림의 필요는 더 커질 것이기 때문이다.

아울러 1960~1970년대 히피 문화가 번지게 된 배경이었던 전쟁, 물질만능주의, 정치적 불안정과 기성세대의 구태 등은 지금도 그대로다. 아니 더 심화되었다. 전 세계적으로는 러시아-우크라이나, 이스라엘-이란, 인도-파키스탄, 중국-대만 등 지정학적 갈등이자 충돌이 진행되고 있고, 양극화, 극우화도 심해졌다.

치열한 경쟁 사회, 개인주의 심화, 고독과 미래에 대한 불안감, 양극화와 상대적 박탈감 등 우리가 겪는 현실의 문제는 결코 해소되지 않는다. 종교도 정치도 기술도 이 문제를 해소해 주진 못 했다. 하지만 문화로서의 불교, 철학으로서의 불교, 라이프스타일로서의 불교라면 뭔가 해소될 여지가 있지 않을까 생각하게 만든다.

바로 여기에서 불교의 기회가 존재한다. 그것도 한국 불교의 기회다. 이는 불교계뿐 아니라, 한국 전통문화의 기회이고, 이를 한국 기업의 마케팅, 브랜딩에서도 활용할 필요가 있다. 종교로서의 불교가 아닌, 문화이자 철학, 태도를 받아들이는 추세는 이미 확산되어 왔고, 최근 들어 더욱 확산되고 있다.

4장

No Middle Tier, 중간은 없다

당신은 '무난하고 어중간한 것'과 이별하고 있는가?

Life_Trend_2026
#중간은 없다 #중간관리직 퇴출 #AI 에이전트 #인재 영입의 시대 #중산층 #억대 연봉 #양극점 소비 #가성비 소비

LIFE TREND 2026

중간은 점점 설 자리를 잃고 있다. 소득 격차가 커지고, 중산층이 줄어드는 흐름 속에서 소비와 취향도 양극단으로 갈라진다. 명품과 초프리미엄을 찾거나, 반대로 가성비와 실속만을 추구하는 식이다. 이 변화는 단순한 경제 현상이 아니라, 노동시장에서도 여실히 드러난다. 중간관리자는 AI와 자동화로 대체되며 빅테크 기업을 중심으로 인원 감축이 진행되고 있다. 무난하고 어중간한 인재는 더 이상 안전하지 않으며, 차별화된 능력과 즉시 성과를 내는 사람이 살아남는 시대다.

너무 잘하려 애쓰지 말고 중간만 하라고? 중간만 가도 먹고 산다고? 중산층, 중간관리자 등 중간에 있는 허리가 제일 중요하다고?

다 헛소리다. 이제 중간은 없다. 사람이든 물건이든 서비스든 사업이든, 어중간하고 무난한 건 이제 도태된다. 양극화 사회, 양극점 소비는 이미 현실이고, 이제 고용에서도 양극화가 대세다. 당신은 어디에 서 있는가?

중간관리직 퇴출 : 왜 중간관리자가 사라질까?

▼

마이크로소프트는 2025년 1월 저성과자 중심으로 전체 직원의 1퍼센트에 해당하는 2000여 명을, 5월에는 중간관리자 중심으로 6000여 명을, 그리고 7~8월에 9000여 명을 대량 감원했다. 2025년 들어 감원한 규모만 전체의 7.5퍼센트 정도다.

2023년에 1만여 명, 2024년에 9000여 명을 감원했는데, 2025년엔 감원 규모가 더 커졌다.

마이크로소프트가 경영이 어려워서 감원을 단행한 것이 아니다. 오히려 그 반대다. 매출은 2023년에 2119억 달러로 2022년 대비 12.3퍼센트 증가했고, 2024년엔 2451억 달러로 전년보다 15.7퍼센트 증가했다. 2025년 1분기는 전년 동기 대비 13퍼센트 증가했고, 2분기는 18퍼센트 이상 증가했다.

이런 가파른 성장세에 힘입어, 8월 10일 기준으로 시가총액은 3.88조 달러로 2025년 연초에 비해 25퍼센트 정도 오른 상태다. 최근 3년간으로 보면 2배 이상 올랐다.

마이크로소프트의 순이익률은 36퍼센트 내외로 아주 높다. 이익잉여금만 1700억 달러 이상을 가지고 있다.

전 세계에서 가장 잘 나가는 회사 중 하나인데, 최근 3년간 상시적 구조조정을 하고 있다. 흥미로운 건 최근 3년간 4만 5000명 이상 감원했는데, 전체 직원 수는 22만 명 정도로 수년째 비슷하다는 것이다. 한쪽에선 감원하지만

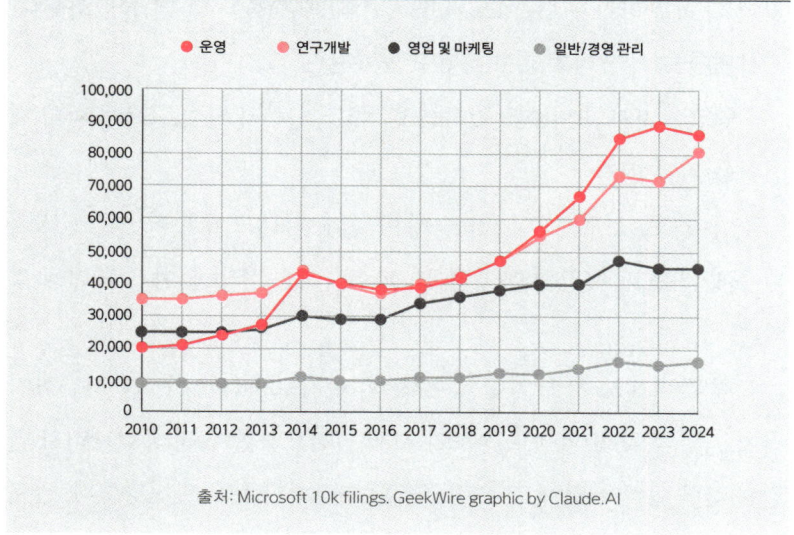

한쪽에선 채용하고 있다. R&D 인력은 계속 늘어가고 있고, 사무직은 반대다. 한마디로 물갈이다. 구조조정 할 때마다 AI 투자 확대를 위한 효율성 증대 조치이자 조직 단순화가 목적이라고 주로 밝혔다. 여기서 주목할 것은 '조직 단순화' 그리고 '중간관리자 퇴출'이다.

조직이 크면 중간관리자도 그만큼 많이 필요하다. 방대한 조직이 일사분란하고 체계적으로 움직이려면 지금까지는 중간관리자의 역할이 중요했다. 그래서 기업이 커질수록 위계 구조가 생기고, 조직이 관료화되었다.

그런데 AI 기술이 중간관리자가 하던 업무 보고, 업무 조율, 의사결정 지원 등 반복적이고 관리적 역할을 대체하고 있다. AI가 데이터

처리와 업무 프로세스 자동화를 가능하게 하면서, 중간관리자 없이도 일이 되고 관리가 된다. 이로써 조직은 더 수평화되고, 더 슬림화된다. 의사결정도 더 빨라지고 효율성도 높아진다.

중간관리자의 퇴출은 일하는 방식, 조직 관리 방식, 조직문화의 대전환을 의미한다.

마이크로소프트만 그러는 게 아니다. 빅테크 모두가 중간관리자 퇴출에 나섰고, 시간의 문제일 뿐 결국은 모든 산업 분야로 확대될 것이다.

미국의 정보 기술 연구 및 자문 회사 가트너Gartner는 2026년까지 전체 기업의 약 20퍼센트 정도가 AI 에이전트를 도입해 중간관리자 역할의 절반 이상을 없애고, 조직구조를 수평화할 것으로 전망했다. 글로벌 시장조사 기관 리서치앤드마켓Research and Markets에 따르면, AI 에이전트 시장은 2024년 약 51억 달러 규모에서 2030년 471억 달러로 가파르게 성장할 것으로 전망한다.

《라이프 트렌드 2025》에서 'AI at Work와 AI 스트레스'를 다루면서 이런 문제를 제기했었는데, AI가 업무에 적용된다는 것은 기술의 도입을 넘어 일하는 방식과 조직 문화, 조직 구조의 근본적 변혁을 가져온다.

물론 중간에 있다고 다 퇴출되는 것은 아니다. 중간에서 반복적이고 관리적인 역할만 하는 사람이 퇴출되는 것이다. 협업의 시너지를 높이고, 창의적으로 문제를 해결하며, 리더십을 가진 관리자는 오히려 역할이 강화된다. AI가 대체하지 못 하는 역량을 가진 중간관리자는 리더급으로 격상할 수 있는 것이다.

어중간하고 무난한 사람은 더 이상 인재가 아니다

▼

과거에 기업 입사를 위해 학력, 학점 같은 스펙을 보고, 상식, 논술, 영어 같은 필기시험을 치렀던 건 채용의 시대였기 때문이었다. 이 시기의 채용 방식은 우수한 인재를 확보하는 것이었다. 대규모 신입 공채를 통해 고학력 인재를 많이 확보해두고, 교육을 통해 업무를 가르쳤다. 그러나 인재 영입의 시대에는 구체적으로 어떤 능력과 기술, 경험을 이미 가진 사람을 찾는다. 신입은 기피되고, 경력자만 환영받는다. 우수한 인재나 잘 배울 인재가 아니라, 당장 특정 업무에 투입되어서 일할 인재를 원한다.

채용의 시대엔 한번 들어온 인재가 회사에 오래 있으면서 (마치 평생직장처럼) 성장하고 조직에 기여한다. 그러나 인재 영입의 시대에 사람들은 더 좋은 기회를 찾아 언제든 떠난다. 자신의 업무 경력, 전문성을 성장시키는 것이 중요하며, 능력이 검증된 사람은 훨씬 더 많은 기회를 잡으며 회사를 옮겨 다닌다.

채용의 시대엔 중간관리자가 필수였다. 잘 가르쳐야 했고, 잘 이끌어야 했다. 그런 과정을 통해 우수한 인재가 일 잘하는 인재로 성장해갔다. 그런데 인재 영입의 시대에는 이미 일 잘하는 인재만 모여 있다. 중간관리자가 퇴출되는 이유다.

채용의 시대엔 좋은 대학을 나왔는가가 중요한 경쟁력이었다면, 인재 영입의 시대에는 좋은 대학보다 자신만의 경력, 특별한 역량이 경쟁력이다. 과거엔 예능 방송을 만들기 위해선, 방송국의 PD가 되어야 하고, 그러려면 명문대를 졸업하고, 방송국 입사 시험에 합격하는 길밖에 없었다. 아무리 예능에 관한 아이디어와 끼가 많고 재미있는 사람이어도 입사 시험에서 떨어지면 소용없었다.

그러나 이젠 유튜브에서 자신의 끼를 가지고 재미있는 콘텐츠를 만들고 구독자를 많이 확보하는 사람이 주목받는다. 유튜브에서 성과를 내면 오히려 방송국에서 예능 방송을 함께 만들자고 러브콜을 할 수도 있고, 유튜브 채널 자체가 방송국 이상의 영향력을 가질 수도 있다. 예능 콘텐츠를 잘 만들면 되는 것이지, 명문대도 필기시험도 필요하지 않다.

이렇듯 모든 분야에서 인재 영입의 시대가 적용되고 있다. 그런데도 아직도 채용의 시대에 머물러 취업 준비를 하는 사람들이 있다. 여전히 스펙만 쌓는다. 스스로 기회를 만들고, 경력을 쌓아가지 않으면 안 되는 시대다. 결국 어중간하고 무난한 역량은 쓸모가 없어진다.

열심히 하는 것은 경쟁력이 아니다. 잘하는 게 경쟁력이다. 중간관리자도, 신입 공채도, 연공서열도, 평생직장도 이제 없다. 이 모든 게 서로 연결되어 있다. 중간관리자만 퇴출되는 게 아니라, 스펙만 있는 신입직도 사라진다.

상위층이 중산층, 중산층이 하위층으로 체감

▼

중산층 하면 내 집도 있고, 차도 있고, 가끔 외식도 하고, 해외여행도 한 번 갈 수 있는 정도라고 생각하는가? 대부분의 사람들이 중산층은 경제적 여유가 있다고 종종 오해한다. 과거엔 그랬을지 모르지만 지금은 아니다.

통계에서 말하는 중산층은 전체 인구 중 60퍼센트 정도다. 소득에서 상위층, 중산층, 하위층은 각 3분의 1씩이 아니다. OECD 기준으로 중위소득의 75~200퍼센트(처분가능소득 기준)에 해당하는 소득 기준을 가진 사람이 중산층이다.

통계청에 따르면, OECD 기준으로 한국의 중산층 인구 비중은 2013년 54.9퍼센트에서 2023년 59.3퍼센트로 늘었다. 통계청이 활용하는 중위소득 50~150퍼센트 인구 비중도 같은 기간 57.4퍼센트에서 63.0퍼센트로 늘었다. 기준에 따라 조금씩 다를 수 있지만 대략 상위층이 7~15퍼센트, 중산층이 60~65퍼센트, 하위층이 25~30퍼센트 정도다.

그런데 체감상 본인이 상위층이라고 대답한 비율은 3퍼센트, 중산층이라고 대답한 비율은 70.4퍼센트, 하위층이라고 답한 비율은 26.6퍼센트였다는 자료가 있다. 실제와 체감에서 하위층은 차이가 거의 없고, 중위층도 약간의 차이가 있을 뿐인데, 상위층의 차이는 아주 크다. 확실히 눈높이가 높아서 생긴 체감의 부조화다.

한국개발연구원KDI의《한국의 중산층은 누구인가》(2024.1) 보고서에 따르면, KDI가 3000명을 대상으로 진행한 설문조사에서 스스로 상위층이라고 생각하는 사람은 3퍼센트에 불과했다. 상층 상上이 0.7퍼센트, 상층 하下 2.3퍼센트, 중층 상 20.8퍼센트, 중층 하 49.6퍼센트, 하층 상 17.3퍼센트, 하층 하 9.3퍼센트였다. 아마 중층 상에 해당하는 20퍼센트 정도가 본인을 중산층이라 체감하는 이들일 것이다.

1980~1990년대까지만 해도 당신이 중산층이냐는 질문에 응답자의 70~80퍼센트가 그렇다고 답했다. 지금은 그 반의 반 정도만 그렇게 답한다. OECD나 통계청의 중산층 기준이 사람들에겐 전혀 체감되

지 않는다. 우린 중간에 있다고 중산층이라 여기는 게 아니라, 적어도 중간 중에서도 상층에 있어야 중산층이라 여긴다.

KDI 설문에서 월 소득이 700만 원(연봉 1억 원이면 실수령액이 월 700만 원 정도다)을 넘는 고소득 가구 중에서도 자신을 상위층이라고 응답한 비율은 11.3퍼센트였다. 76.4퍼센트는 중산층으로, 12.2퍼센트는 하위층으로 인식하고 있었다. 소득 상위 10퍼센트에 속하는 사람 중 71.1퍼센트가, 자산 상위 10퍼센트에 속하는 사람 중 78.4퍼센트가 자신을 중산층이라 답했다. 이러니 진짜 중산층은 자신을 중산층이 아닌 하위층이라고 인식하는 게 당연해 보인다.

통계청 사회조사에 나온 계층 인식을 보면, 월 가구 소득 400만 ~500만 원에서 자신을 중산층으로 인식한 비율이 2013년 77.8퍼센트에서 2023년 69.7퍼센트로 크게 줄었다. 500만~600만 원 구간에서도 2013년 83.3퍼센트에서 2023년 73.3퍼센트로 감소했다. 즉 월 가구 소득이 400만~600만 원 중 20~30퍼센트 정도가 중산층임에도 자신을 중산층으로 인식하지 않는다.

2013년 사회조사 계층 인식 항목에서 중산층이라고 답한 응답자의 38.9퍼센트가 본인 세대의 계층 이동 가능성을 높다고 봤다. 그런데 2023년 조사에선 31.5퍼센트로 하락했다. 중산층 10명 중 3명만 상위층으로 계층 이동 가능성이 있다고 보고 7명은 가능성이 없다고 본 것이다. 다음 세대의 계층 이동 가능성을 묻는 질문에선 가능성이 높다는 응답이 2013년 46.5퍼센트에서 2023년 33.3퍼센트로 크게 떨어졌다. 자신도, 자기 자녀 세대도 상위층으로 올라갈 가능성을 회의적으로 본다. 이런 생각을 하는 가장 큰 이유는 부동산 때문일 것이다. 소득으로는 도저히 좁힐 수 없는 격차가 이미 생겼기 때문이다.

진짜 중산층은 경제적 여유가 없다
▼

2024년 대한민국의 가구당 평균 순자산은 4억 4894만 원이다. 그런데 순자산 10분위(상위 10퍼센트)는 19억 9516만 원으로 전체 자산의 44.4퍼센트를 차지한다. 순자산 9분위는 8억 3629만 원으로 18.6퍼센트다. 즉 상위 20퍼센트에 해당하는 사람들의 자산이 전체의 63퍼센트다. 7분위는 평균 이하이고, 5분위는 평균의 절반도 안 된다. 그런데 워낙 우리 사회가 비싼 아파트, 부자들에게만 관심을 갖다 보니 자산 10억 원은 넘어야 중산층이라 여기기도 한다.

실제로 어쩌다 오래전 서울에 집을 사서 수십 년 갖고 있었더니 수십억 원짜리 집이 된 사람들은 자산으로선 부자 같아 보이지만 소득과 소비 여력이 취약해서 본인 스스로를 부자가 아닌 겨우 중산층이라 여긴다. 이러니 9분위도 본인이 중산층이 아닌 하위층이라고 여길 정도다.

서울과 지방의 집값 격차는 더 커졌다. 지방에서 중산층은 서울에 오면 하위층으로 체감한다. 억대 연봉자의 60퍼센트 이상의 거주지가 수도권(서울, 경기)이다.

국세청 자료에 따르면, 억대 연봉자는 2014년 52만 6000명에서 2023년 139만 3000명으로 86만 7000명이 늘었다. 전체 근로 소득자 중 억대 연봉자의 비율은 2014년 3.2퍼센트에서 2023년 6.7퍼센트로 늘어났다. 2014~2016년까진 3퍼센트대, 2017~2020년까진 4퍼센트대였는데, 2021년 5.6퍼센트, 2022년 6.4퍼센트, 2023년 6.7퍼센트 등

1분기 기준 가구당 월평균 흑자액

(단위: 점)

	2019년	2020년	2021년	2022년	2023년	2024년	2025년
전체	813,159	1,101,941	1,092,195	1,329,123	1,168,704	1,138,068	1,278,611
1분위	-554,715	-571,065	-675,411	-555,614	-695,750	-573,307	-701,079
2분위	-308,538	-172,915	-118,645	-70,209	-225,578	-141,419	-174,580
3분위	-132,464	52,345	153,768	193,819	167,754	79,999	161,341
4분위	173,492	405,358	434,966	400,354	477,906	439,230	526,222
5분위	474,430	671,419	671,590	691,800	666,548	676,580	779,412
6분위	624,204	803,603	855,837	1,115,196	1,036,340	1,084,528	965,991
7분위	749,156	1,219,895	1,387,234	1,397,170	1,100,379	1,116,554	1,360,167
8분위	1,167,518	1,533,931	1,613,236	1,881,660	1,664,510	1,556,315	1,915,204
9분위	2,046,332	2,366,205	2,191,718	2,675,297	2,320,672	2,385,313	2,640,172
10분위	3,880,488	4,704,876	4,403,566	5,556,275	5,164,472	4,754,074	5,310,607

2021년부터 갑자기 크게 증가했다. 대기업을 중심으로 한 성과급 지급과 물가 상승 등의 영향이다. 물가가 많이 오르다 보니 이제 억대 연봉도 그리 큰돈으로 취급받지 못한다.

NH투자증권이 발간한 《중산층 보고서》에 따르면, 2022년 중산층(OECD 기준)에 해당하는 사람들을 대상으로 설문 조사한 결과, 본인을 중산층으로 답한 비율은 53.7퍼센트, 하위층 45.6퍼센트, 상위층 0.7퍼센트였다. 중산층 절반 가까이가 자신을 하위층이라 여겼다. 중산층이 생각하는 중산층의 재무적 조건(2022년, 4인 가구 기준)은 월 소득 686만 원, 월 소비 427만 원, 순자산 9억 4000만 원이었다.

참고로 월 소비 427만 원은 당시 기준으로 상위 9.4퍼센트 수준이다. 중산층의 눈높이가 높아져 있어 자신을 중산층이 아닌 하위층이라 인식하는 이들이 많은 것이다.

참고로 2024년 기준 한국 근로자의 평균 연봉은 4332만 원으로 월 평균 360만 원 정도다. 중위소득은 1인 가구 기준으로 약 240만 원이다.

통계청 국가통계포털KOSIS과 가계동향에 따르면, 2025년 1분기 가구당 월평균 흑자액은 127만 9000원이다. 흑자액은 처분가능소득에서 소비지출을 뺀 금액으로, 가계가 실제로 남기는 여유 자금을 의미한다. 평균만 봐서는 다들 매달 100만 원 이상의 여윳돈이 있는 듯하지만 실제로는 1~2분위는 적자이고, 중산층에 속하는 4~6분위는 몇십만 원 정도다. 분명 통계 기준에선 중산층이 맞지만 경제적 여유는 없다. 반면 10분위(상위 10퍼센트)는 월 531만 원으로, 연간 6372만 원의 여윳돈이 생긴다. 쓸 것 쓰고 남은 돈이니 이것으로 저축도 하고 누군가는 투자도 한다.

중요한 건 상위층(고소득층)이 스스로를 중산층이라 여기고, 중산층이 스스로를 하위층으로 여길 정도로 한국 사회는 양극화가 심화되었고, 모두가 자신의 삶을 부자와 비교하면서 살아간다는 것이다.

한국만 그런 게 아니다. 선진국의 중산층 몰락은 이미 오래된 화두다. 고소득층의 소득과 자산 축적은 계속되지만, 중산층은 소득은 정체되고 물가는 오르고 일자리는 불안하고, 결정적으로 주택 가격 증가 폭이 소득 증가 폭보다 압도적으로 크다. 월급 모아서 집을 사는 일은 불가능에 가깝게 되었다.

　10년 전에도 중산층의 몰락에 대한 경고가 많았는데, 지금은 더 심각하다. AI와 로봇에 의한 일자리 대체가 가속화되면 중산층의 몰락은 더 악화된다. 과연 5년 후, 10년 후는 어떨까?

아주 비싸거나 아주 싸거나
: 어중간한 것은 외면하는 양극점 소비

▼

　에르메스의 2025년 상반기 매출은 전년 대비 7퍼센트 증가, 영업이익은 6퍼센트 증가했다. 반면 구찌, 발렌시아가, 생로랑 등을 보유한 케링Kering의 매출은 16퍼센트 감소, 영업이익은 39퍼센트 감소했고, 루이비통, 디올, 지방시 등을 보유한 LVMH도 매출이 4.3퍼센트 감소, 영업이익은 15퍼센트 감소했다. 사실 이 두 곳은 2024년 매출과 영업이익도 전년 대비 하락했다. 샤넬의 2024년 매출도 전년 대비 4.3퍼센트 감소했고, 영업이익은 30퍼센트 감소했다.

　이렇듯 글로벌 퍼스널 럭셔리 시장의 마이너스 성장으로 명품 패션 브랜드들이 타격을 받는 상황 속에서도 에르메스는 건재하다. 1990년대부터 럭셔리 기업 시가총액 1위를 수십 년째 지킨 LVMH는 2025년 4월 처음으로 에르메스에 추월당했다(지금은 다시 근소한 차이로 LVMH가 재역전했다). 최근 5년간 에르메스 주가는 200퍼센트 이상 오른 반면, LVMH는 20퍼센트 정도 올랐다. LVMH는 2023년 7월 정점이었고, 그 후 2년간 거의 반토막 났다. 럭셔리 패션 브랜드의 대명사 에루샤(에르메스, 루이비통, 샤넬) 중에서도 에르메스만 고고하다.

하이엔드 중에서도 양극화가 생기는 셈이니, 어중간한 럭셔리 브랜드는 오죽할까? 한때 품질은 좋은데 가격은 적당하다는 의미로 매스티지Masstige(대중Mass+명품Prestige Product)라는 표현을 쓰던 시절이 있었는데, 지금은 더 이상 그 말은 유효하지 않다.

매스티지 브랜드로 손꼽히던 MCM은 2014년 4952억 원이었던 매출이 2023년 937억 원, 루이까또즈는 2014년 1774억 원 정도였던 매출이 2024년 496억 원으로 줄었다. 럭셔리 시장이 뜨겁게 성장하는 동안 매스티지도 동반 상승하며 혜택을 받았지만, 럭셔리에 대한 욕망이 커질수록 어중간한 매스티지에 대한 욕망은 줄어들었다. 럭셔리를 소비하려면 아예 비싼 하이엔드를 소유하려고 하거나, 그게 아니라면 가성비 좋은 대중소비재를 선택한다. 결국 매스티지의 몰락은 2010년대 후반부터 가속화되었고 지금은 더 심화되었다.

무신사는 2024년 연결재무제표 기준 연간 거래액 4.5조 원, 매출 1조 2427억 원, 영업이익 1028억 원, 당기순이익 698억 원을 기록했다. 연 매출은 전년 대비 25.1퍼센트 증가했다. 2018년 무신사의 매출

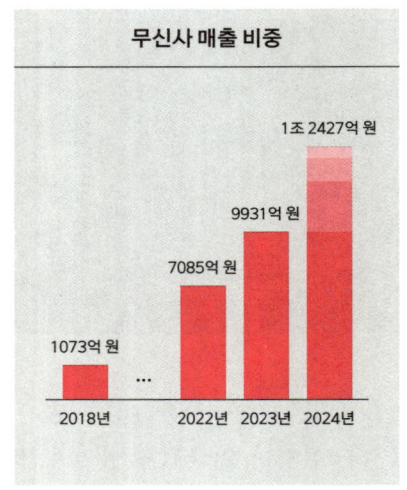

무신사 매출 비중

은 1073억 원이었다. 2022년 7085억 원, 2023년 9931억 원을 지나 2024년 1조 원을 넘어섰다. 2025년 1분기에 전년 동기 대비 매출은 12.6퍼센트 증가, 영업이익은 24퍼센트 증가했다.

삼성물산 패션 부문, LF, 한섬, 신세계인터내셔날, 코오롱FnC 등 5대 대기업 패션사의 1분기 매출이 모두 전년 동기 대비 감소했고, 영업이익은 대부분 두 자릿수 이상 감소한 것과 비교하면 무신사의 성장세가 두드러진다. 특히 무신사의 자체 패션 브랜드인 '무신사 스탠다드' 매출은 2018년 170억 원에서 2019년 630억 원, 2020년 1100억 원으로 늘었고, 2024년 3383억 원으로 2023년 대비 29.9퍼센트 증가하며 고속 성장세를 보이고 있다.

무신사 스탠다드는 SPA 브랜드임에도 유행을 타지 않는 기본 스타일을 중심으로 모던하게 만든다. 다른 SPA 브랜드에 비해 원단 품질에 투자하고, 완성 가공 공정도 더 많아 완성도를 높인다. 저렴한 가격에 품질을 높인 가성비 높은 PB 상품을 개발하여 소비자의 선택을 받고 있다. 비상장인 무신사의 기업가치는 3조 원 정도로 평가받고 있다. 패션 플랫폼으로서의 가치도 크고, 자체 패션 브랜드의 가치도 크다.

다이소의 경우 2024년 매출은 전년 대비 14.7퍼센트 증가하고, 영업이익은 41.8퍼센트나 증가했다. 영업이익률은 9.35퍼센트로 대기업 유통업계보다 훨씬 높다. 1000원짜리 물건을 팔아 엄청난 성과를 만들어내고 있다. 매출이 2014년 1조 원에서 2024년 3조 9689억 원으로 10년 새 거의 4배가 되었다. 매출 1조 원에서 2조 원이 되기까지 5년(2014~2019년)이 걸렸지만, 매출 2조 원에서 4조 원이 되는 데도 5년(2020~2024년)이 걸렸다. 가파르고, 꾸준한 성장세다. 2025년에는 4조 원대에 안착하고, 2026년에는 5조 원에 근접할 가능성이 크다.

경기 침체와 양극점 소비의 최대 수혜자가 바로 다이소다. 다이소는 다른 유통업체와 달리 직접 기획하고 소싱해서 제품을 판매한다. 게다가 일상 생필품뿐 아니라, 화장품, 패션의류, 건강기능식품으로까지 영역을 넓혔고, 이는 고스란히 매출 성장에 반영되고 있다. 가성비 높은 소비를 지향하는 소비 트렌드는 계속될 것이기에 다이소의 성장도 계속 이어질 것으로 전망된다.

화장품은 다이소에서 사고, 옷은 무신사 스탠다드를 입고, 명품백은 에르메스를 탐하는 것은 서로 다른 세 사람의 소비 방식이 아니라, 한 사람이 동시에 하는 행동일 수도 있다. 소득에서의 양극화, 자산에서의 양극화에 이어, 소비에서도 양극화는 심화된다. 양극점 소비는 이미 보편적 욕망이 되었고, 당신이 무엇을 팔든 아주 비싸거나, 아니면 아주 싸고 가성비가 높거나를 선택할 수밖에 없다.

5장

View 병에 걸린 사람들

탁 트인 전망에 대한 욕망이 만든 도미노

Life_Trend_2026

#View 병 #뷰세권 #슬림 프레임 #대형 유리창 #통창 #베젤리스 #프레임리스
#폴딩 도어 #창문세 #쾌적성 #조망권 #마운틴 뷰 홈 #배산임수

LIFE TREND 2026

집은 자산을 넘어 나의 취향과 라이프스타일을 드러내는 무대가 되었다. 그중에서도 '탁 트인 전망'은 주거 욕망의 핵심 코드로 떠올랐다. 강이나 산, 숲이 보이는 아파트는 수억 원의 프리미엄이 붙으며, '뷰세권'이라는 말까지 만들어냈다. 창문을 크게 바꾸고, 슬림 프레임, 통창을 도입하는 인테리어 열풍은 이런 욕망을 더욱 자극한다. 팬데믹과 기후 위기 이후, 쾌적성과 자연에 대한 갈망은 거주지를 선택할 때 집값 못지않은 중요한 기준이 되었다. 마운틴 뷰, 한강 뷰, 숲세권으로 이어지는 'View 병'은 이제 한국인의 주거 욕망을 드러내는 새로운 코드다.

    한국에서 집은 재산이다. 개인 공간으로서의 욕망보다 투자 가치, 재산으로서의 욕망이 훨씬 크다. 그래서 아파트를 선호한다. 가지고 있는 집값이 수십억 원이어도 소비 여력은 별로 없는 사람도 있다. 수십 년째 계속 살던 집이 운 좋게 재개발되어 수십억 원짜리가 되었을 뿐, 그 외 자산도 소득도 별로 없는 이들도 있다. 최대한으로 대출받고 모든 걸 끌어모아서 집을 산 뒤 대출이자 갚기도 빠듯한 사람도 있다.

    이렇듯 집을 투자 수단으로 여겨 아파트에만 매달리던 한국의 중산층이 집을 자신의 취향을 담은 개인 공간이라 여기며, 인테리어에 적극적으로 돈을 쓰고 하이엔드 가구에도 눈을 돌리는 건 중요한 변화다.

    이미 부자들은 오래전부터 가졌던 집에 대한 태도가 이제 중산층한테까지 내려왔다. 《라이프 트렌드 2025》에서 이런 흐름을 일부 다뤘었는데, 이번 책에선 조망권과 마운틴 뷰 등에 이르기까지 집을 둘러싼 또 다른 트렌드 변화를 살펴본다. 'View 병'이 유행할 정도로 View에 진심인 사람들이 늘어나고 있으며 이것이 한국인의 주거 욕망에 중대한 영향을 미치고 있다.

View 병 & 뷰세권
: 당신은 어떤 전망을 원하는가?
▼

지하철역이 가깝다는 말인 '역세권'에서 따온 말이 '뷰View세권'이다. 자연을 한눈에 조망할 수 있는 집이 부동산 시장에서 중요한 상품 경쟁력이 되고 있다. 산이나 숲, 공원, 강이나 호수, 바다가 조망권인 아파트는 프리미엄이 붙는다. 같은 단지 내에서도 뷰가 더 잘 보이냐에 따라서 수억 원이 더 붙기도 한다. 몇억짜리 뷰가 되는 셈이다.

한국갤럽이 조사하고 발표한 《부동산 트렌드 2024》 리포트에 따르면, 향후 주택 구입이나 거주 결정 시 고려하는 요인으로 46퍼센트가 방향/조망/전망을 선택했다. 이는 전년도 조사보다 4퍼센트 포인트 증가한 수치다. 가격 다음으로 고려하는 요인이 조망이고, 내부 공간이나 교통, 편의시설보다 우선이었다.

'View 병'은 집을 선택할 때 산이나 숲, 강 등 탁 트인 전망에 대한 강박적인 욕망을 뜻하는 신조어다. 전망이 좋다면 돈을 더 내고서라도 집을 사겠다는 것이고, 좋은 전망만 확보되면 다른 불편한 요소는 감수할 수 있다는 뜻이다.

사실 View 병은 선진국에서나, 혹은 부자들에게서 나타나는 현상이다. 경제적 여유가 없다면 집을 선택하는 요소에서 View가 절대 우선이 될 수 없다. 가격이 우선이고, 면적, 교통, 주차, 학군, 주변 상권 등이 더 먼저 고려된다.

　그러나 지하철을 이용할 생각이 없는 사람에겐 역세권은 의미 없는 요소가 된다. 아이가 없거나, 이미 다 커버린 사람에겐 학군도 의미 없는 요소다. 자가용을 이용하고, 기사까지 있다면 더욱 대중교통과 주변 상권이 그리 중요치 않다. 그러나 아파트도 단독주택도 뷰가 좋으면 언제나 프리미엄이 붙는다.

　여기서 View는 자연을 의미한다. 산(숲)이나 강을 막힘없이 잘 볼 수 있는 게 View의 경쟁력이다. 그래서 아주 높거나, 산이나 숲, 공원 근처, 강이나 바다 근처에 입지하고 있어야 한다.

　물론 사람에 따라선 도심 빌딩 숲의 스카이라인도 좋은 View가 될 수 있다. 다만 자연의 뷰가 주는 장점은 누릴 수 없다. 게다가 스카이라인을 원하면 아주 높고 앞이 트여 있어야 한다. 창밖에 바로 앞 건물의 벽이거나, 빌딩 숲에 갇혀 있다면 그건 좋은 View라고 할 수 없기 때문이다.

　어떤 부동산 커뮤니티에 옥수동 한강 뷰 아파트를 포기하고, 그 집 판 돈에 대출을 더 붙여서 반포 앞 동 뷰 아파트로 갔다는 얘기에 '자랑하나' '축하한다'는 댓글이 붙어 있기도 했다. 이런 사례는 View 병과는 거리가 멀다. 이들에게는 View보다 미래에 오를 집값과 그에 따른 자산가치 상승이 더 중요하다.

　물론 경제적 여유가 없다고 View 병에 걸리지 말란 법은 없다. 중요한 건 View에 대한 태도와 욕망이 바뀌었다는 점이다. 뷰가 만족스러운 집을 선택하지 못 했다면, 슬림 프레임 창호나 대형 유리창을 적용해 뷰를 개선시키고자 하는 욕망이 커졌다. 내외부 공간 설계와 창호

시장 전반에 영향을 주는 것이다.

창문에 대한 욕망 : 창문은 View를 결정한다
▼

아파트는 태생적으로 좁은 지역에 빼곡하게 지어졌고, 모든 집이 같은 구조다. 창문의 크기도 같다. 창이 너무 크면 냉난방에 불리하다고 여겼던 과거엔 통창을 선호하지 않았다.

하지만 이젠 달라졌다. 그동안의 인테리어는 기존 구조를 유지하면서 작업을 했다면, 이제는 뷰를 위해서 창문을 크게 만드는 시도가 늘었다. 창문의 프레임으로 인해 가려졌던 조망을 통창으로 바꾸는 작업도 한다. 쇠로 된 안전 난간도 유리로 바꿔 조망을 해치지 않게 하기도 한다.

창호를 바꾸는 작업은 쉽지 않고 비용도 크지만, 수요가 급증하면서 인테리어 업계도 이에 적극 대응하고 있다. 카페 같은 거실을 연출한 대형 창문 사진은 소셜미디어에서 인증샷으로도 인기를 끈다. 다만 벽체에 있는 창문을 더 크게 하려면 안전진단도 필요하고, 아파트 단지에선 갈등이나 분쟁의 소지도 된다.

요즘 신축 아파트는 조망 특화형 공간 설계와 창호를 강조하면서 마케팅한다. GS건설은 한옥의 차경(경치를 빌린다는 의미로, 조망을 통해 자연과 실내 공간이 조화를 이루는 것)을 고층 아파트에 적용해 창문을 '풍경을 담는 액자'로 해석하는 조망 특화형 평면을 개발하기도 했다.

국내 창호 시장은 수년간 뷰에 대한 소비자의 욕망 변화에 따라 슬림 프레임, 베젤리스(테두리 최소화), 프레임리스(테두리 없음) 창호를 비

롯, 대형 유리창, 폴딩도어(접이식 창호) 등 조망 중심의 디자인 혁신에 집중하고 있다. 최대한 넓고 깔끔하게 뷰를 보여주기 위해서다. 제로에너지 의무화에 맞춰 에너지 효율과 친환경성을 생각하여 스마트 창호 등을 쓰는 것도 중요하지만, 탁 트인 뷰가 창호 시장을 움직이는 더 큰 욕망인 것이다.

원래 창문은 욕망덩어리다. 아무나 가지지 못했던 것이 유리창이기도 했다. 그래서 나온 것이 창문세다. 창문세窓門稅, Window Tax는 말 그대로 창문에 세금을 부과하는 제도다. 뭐 이런 게 다 있나 싶겠지만 유럽에선 역사가 오래된 세금이다.

최초는 1303년 프랑스의 필리프 4세 때로, 잠깐 시행되었다가 폐지되었다. 가장 잘 알려진 건 1696년 영국에서 시행된 창문세다. 당시 기술 수준으로는 유리의 대량생산이 불가능해 유리가 있는 창문은 곧 부유함의 상징이었다. 창문 개수가 많을수록 세금이 늘어나다 보니 창문을 아예 막거나, 가려서 세금을 줄이곤 했다.

창문세는 무려 150년이나 유지되다가, 1851년 주택세가 시행되

면서 사라졌다. 프랑스에선 루이 16세 때인 1798년 창문세가 다시 도입되었는데, 창문의 개수가 아니라 폭을 기준으로 세금을 부과했다. 당시 건축 기술 수준으로는 건물의 하중을 지탱하는 벽에 큰 창문을 내는 것이 어려웠기 때문에 창문의 폭이 넓을수록 부유함을 의미했다. 이렇게 세금이 부과되자 창문의 폭을 줄이는 집들이 늘었고, 지금도 프랑스의 오랜 건물에선 폭이 좁고 아래로 길쭉한 창문을 흔히 볼 수 있다. 프랑스의 창문세는 한참 뒤인 1926년에 사라졌다.

　이제 한국에서도 창문의 과감한 변신이 시작되고 있다. 같은 아파트 단지면 모두 비슷한 창틀과 창호의 집이 눈에 띄었지만, 이제 프레임 없는 통창으로 돈 들여 고친 집들이 속속 보인다. 창문을 보면서도 그 집의 인테리어를 짐작할 수 있다. 설마 창문에 큰돈을 들인 집이 창문만 바꾸고 집 인테리어는 그대로 뒀겠는가?

아울러 가로 확장에서 세로 확장으로의 전환도 대두된다. 베란다 확장 등 집의 가로 공간을 확장하는 욕망은 이미 다 충족했다. 이제 세로 공간 확장이 숙제다. 바로 천장 높이를 높이는 것이다. 바닥부터 천장까지 높이가 통상 220~240센티미터인데, 고급 주거단지는 대개 270~320센티미터인 경우가 많다.

천장 높이를 높이려면 건축비도 늘고, 용적률 손실도 있다 보니 건설사가 높이를 적극적으로 높이지 않고, 주택 건설 기준에 최대한 충족하는 정도에 그친다. 그래서 일부는 인테리어를 하면서 기존의 천장을 뜯고 최대한 천장 높이를 높이는 작업을 하거나, 아예 노출식으로 두기도 한다. 같은 면적이라도 천장 높이가 높으면 개방감이 더 생겨 좀 더 넓어 보인다. 이 모두가 View에 대한 우리의 욕망에서 이어진 것이다.

역세권, 학군, 생활편의 시설보다 더 중요한 것이 '쾌적성'

▼

주택산업연구원이 2016년 12월에 발표한 《미래 주거트렌드 연구》는 2025년을 겨냥해 7대 메가 트렌드와 20개의 세부 트렌드를 제시했다. 당시 기준으로 10년 후 미래를 전망한 셈인데, 지금 돌이켜보면 대부분의 방향성이 맞아떨어진다(큰 흐름을 다루는 미래 전망은 원래 잘 맞는다. 이미 진행된 흐름의 연속성에 작용하는 게 많기 때문이다).

그중 예를 하나 들어보면, 메가 트렌드 중 7번째 이슈인 '월세 시대, 임대 사업 보편화'라는 임대차 계약에서 전세는 퇴조하고 월세 비

| 1 | 베이비붐과 에코세대 본격 수요교체 |

Trend 1. 베이비붐의 빈자리, 에코세대가 채우다
Trend 2. 에코세대는 도심생활, 베이비붐세대는 전원생활
Trend 3. 20~30대·에코세대는 아파트, 40~50대·베이비붐세대는 단독다가구

| 2 | 실속형 주택 인기 |

Trend 4. 실속형 라이프스타일 대세
Trend 5. 규모 Downgrade, 전용 40~60㎡ 대세

| 3 | 주거비 절감 주택 인기 |

Trend 6. 주택도 기능대비성능이다
Trend 7. 주거비를 Down 하라
Trend 8. 친환경 에너지 절감주택 인기

| 4 | 주택과 공간기능의 다양화 |

Trend 9. 고소득 1인가구 주목
Trend 10. 초소형주택, 면적은 작아도 기능·서비스 중요
Trend 11. 1공간 多기능
Trend 12. 나만의 공간을 스타일링 하다

| 5 | 자연주의 '숲세권' |

Trend 13. 아파트보다 단독주택
Trend 14. 이젠 '숲세권'
Trend 15. 자연속 세컨하우스 인기

| 6 | 첨단기술을 통한 주거가치 향상 |

Trend 16. 맞춤형 스마트 선진화로 진화
Trend 17. 생활의 가치를 높여주는 주거서비스
Trend 18. 사물의 연결(IOT)을 뛰어넘는 관련 산업과의 Collaboration

| 7 | 월세시대, 임대사업 보편화 |

Trend 19. 월세시장으로 빠른 변화
Trend 20. 임대사업자를 준비한다

중은 확대된다는 예측이다.

2015년까지 월세 비중은 20~30퍼센트 정도였지만, 2023년 55퍼센트, 2024년 57퍼센트에 이어 2025년 60퍼센트대를 넘어섰다. 법원등기정보광장에 따르면 2025년 1~5월 전국에서 확정일자를 받은 임대차 계약 중 월세 비중은 전국 기준 61.2퍼센트이고, 서울은 63.9퍼센트다. 조만간 3분의 2를 넘어서고 70퍼센트 벽을 두드릴 것이다.

전세 비중이 더 높았던 한국에서 월세 비중이 처음 과반을 넘어선 건 2022년이다. 그해 대규모 전세 사기 사건이 발생했고, 2023년 6월 전세사기피해자법을 시행했다. 전세 사기 불안이 월세 전환에 큰 영향

을 줬고, 2025년 6월 27일 정부의 부동산 정책으로 전세 대출 심사가 강화되면서 월세 비중은 더 높아질 상황이 되었다.

10년 전 연구에서 전망한 예측이 맞았지만, 현실에서 월세시장으로의 전환은 보다 더 빠르고, 가파르게 전환되고 있을 듯하다. 대규모 전세 사기 사건이나 코로나19 팬데믹에 따른 금리 인상 등은 10년 전 연구에서 고려된 변수가 아니다. 지금 정부의 전세 대출 규제나 부동산 정책도 당연히 10년 전 고려된 변수가 아니다. 본래 월세로의 전환은 예정된 길이었으나, 변수들이 그 흐름을 채찍질해 속도가 빨라진 것이다.

사실 트렌드에서 방향을 맞추는 건 상대적으로 쉽다. 반면 속도를 맞추는 건 어렵다. 속도는 어느 시점에 어떤 일이 구체적으로 어떻게 일어날지를 가늠하는 중요한 정보인데, 예상치 못한 변수의 등장으로 인해 속도는 얼마든지 바뀐다. 그러니 《미래 주거 트렌드 연구》에서 다룬 메가 트렌드는 2026년, 아니 그 이후에도 중요하게 참고할 방향이다.

메가 트렌드 이슈 중 5번째로 다룬 '자연주의 숲세권' 트렌드도 팬데믹을 만나며 증폭된 트렌드다. 건강에 대한 관심, 환경에 대한 관심은 오래전부터 커져왔지만, 그럼에도 집을 고를 땐 숲과 자연보다는 지하철역, 학군, 대형 마트 입접 여부 등을 더 따졌었다.

그런데 미래 주거 선택 요인에서 산, 공원, 녹지와 같은 '쾌적성'이 35퍼센트로 가장 높았다. 교통 편리성(24퍼센트), 생활편의 시설(19퍼센트), 교육환경(11퍼센트), 직주근접(7퍼센트)을 모두 앞질렀다. 특히 베이비붐 세대에겐 '쾌적성'이 54퍼센트나 되었다. 미래에 단독주택을 희망하는 사람에겐 56퍼센트 이상이었다.

여기서 중요한 것이 바로 조망권이다. 가까이서 산과 숲이 보이고,

공원이 보이고, 강이 보이기를 원하는 것도 쾌적성 때문이다. 조망이 좋으면 집 가까이서 운동하기도 좋다. 당연히 조망이 좋은 아파트가 선호되고, 가격도 오른다.

게다가 조망권은 인위적으로 만들 수 없다. 산과 강 가까운 지역은 한정적이기에, 결국 수요가 공급보다 많을 수밖에 없다.

2016년을 살아가는 사람들의 35퍼센트가 자신의 '미래'에 집을 고를 때 '쾌적성'을 주요 선택 요인으로 꼽은 것인데, 2026년을 살아가는 사람에게 똑같이 자신의 '미래'를 대입해 물어본다면 '쾌적성'이 훨씬 더 높아질 것이다.

팬데믹을 지나면서 숲과 산, 자연에 대한 관심이 더 커졌고, 단독주택에 대한 관심도 커졌다. 공동주거시설이 가진 편리함도 있지만, 단독주택이 가진 쾌적성과 프라이버시 보호, 취향 담긴 공간을 누리는 장점에 주목하는 이들이 수년 새 늘었다.

투자 때문이라도 아파트 선호는 유효하다. 하지만 단독주택에 대한 관심이 생긴 건 엄밀히 땅과 나무, 자연과 가까이서 살아가고 싶은 욕망 때문이고, 기후 위기와 환경에 대한 문제가 더 심각해질수록 숲세권의 힘은 더 커질 수밖에 없다.

1인 가구의 지속적 증가, 베이비붐 세대의 은퇴, 노령화 심화, 자녀 세대로의 부(집)의 이전, 삶의 질과 경제 수준의 지속적 상승, 주택 관리 관련 IT 기술의 보편적 적용, 기후 위기 심화 등의 흐름은 10년 전이나 지금이나 같고, 앞으로 10년 후까지도 같은 방향으로 흘러갈 것이다.

우리의 미래 주거 욕망이자 트렌드가 모두 이런 이슈들과 맞물려 있다. 이러니 1인 가구를 위한 주택과 고소득 1인 가구를 위한 고급/첨단 주거, 셰어하우스, 세컨드하우스, 고급 타운하우스와 단독주택, 친환경 에너지 주택, 자연주의와 쾌적성 등의 주제가 주거 시장에서 계속 대두될 수밖에 없다.

그런 점에서 주택산업연구원의《미래 주거 트렌드 연구》에 나오는 다른 메가 트렌드도 지금 시점에 적용해 다시 살펴볼 필요가 있다. 놀랍게도 2016년에 연구한 2025년의 미래가 꽤 현실에 근접한다.

참고로 행정안전부 지정 인구 감소 지역 비수도권 84곳과 강릉, 동해, 속초, 경주, 통영 등 추가 9곳(인구 감소 관심 지역 18곳 중 9곳)은 세컨드홈 특례지역이다. 가령 서울에 집이 있는 사람이 세컨드홈 특례지역에서 주택을 추가로 구입해도 1주택자로 인정받아 재산세, 종부세, 양도세 감면 혜택을 받는다. 그리고 기존에는 1주택 특례를 받을 수 있는 집값 기준이 공시가격 4억 원이었는데 이를 2025년 8월에 9억 원(시세 약 12억 원)으로 대폭 올렸다.

인구 감소 지역에 있는 대부분의 주택이 세제 혜택 대상에 포함되는 것이다. 인구 감소 지역에 특혜를 주는 건 지방의 생활 인구를 늘리고, 부동산을 활성화하기 위함이다. 이 제도는 기존에 있던 것을 대상 지역 확대 및 집값 기준 대폭 상향한 것이다.

세컨드하우스이자 별장은 더 이상 부자만의 전유물이 아니다. 미국인들은 중산층 정도만 되어도 외곽에 별장을 소유하는 경우가 흔하다. 한국에서도 그 정도 여력이 되는 사람들이 수백만 명은 된다. 이들이 관심 가질 곳도 결국 쾌적하고 자연이 가까운 곳이다.

부자는 원래 자연과 조망을 좋아한다

▼

서울(성북동, 한남동, 평창동)도 그렇지만, 전통적 부촌이자 고가 단독주택 단지는 대부분 도심과 인접한 산지에 만들어진다. 거주자들은 대개 자가용도 있고 운전기사도 있으니 대중교통보다는 조망권, 쾌적성을 중요하게 여긴다.

여기에 프라이버시가 잘 보장되고 치안도 좋으면 금상첨화다. 지대가 높아 가파른 언덕길이 많아도 도로에 열선을 깔아서 눈이 와도 문제 되지 않고, 높은 곳에 있을수록 탁 트인 전망을 가질 수 있다. 성벽처럼 높게 담장을 만든 대저택들이 많아 외부인은 쉽게 접근하지 못하지만, 거주자에겐 안전하고, 쾌적하고, 특별한 공간이 된다.

그렇다 보니 이런 부촌에 재벌과 고위 인사들뿐 아니라, 대사관저와 외교관 거주 밀집 지역이 존재하는 경우도 많다. 영국 최고의 부촌으로 꼽히는 런던 켄싱턴이나 도쿄 최고의 부촌으로 꼽히는 신주쿠, 롯폰기 등이 부촌이면서 대사관과 대사관저가 많은 대표적 지역이다.

서울에는 단연 성북동, 한남동이 이 조건에 부합한다. LA에도 베벌리힐스, 할리우드힐스 등 시내와 인접한 산지(언덕)에 고급 단독 주택과 빌라들이 많다. 샌프란시스코와 실리콘밸리 지역에도 산기슭을 끼고 넓은 대지와 자연을 품은 대저택들이 많다. 도쿄에도 세타가야, 메구로구, 다마구 등에 산기슭을 낀 고급 주택가가 있다. 홍콩에도 빅토리아 피크, 미드 레벨 등 산악지대에 부촌이 밀집해 있다.

산을 끼고 있지 않은 평지에 만들어진 대도시에선 공원과 숲, 강을 끼고 부촌이 만들어진다. 뉴욕 맨해튼도, 런던도 마찬가지다. 자연은 한정된 자원이다. 도시 전체를 봐도 모든 지역에 산과 강, 숲이 골고루 있는 게 아니다 보니, 자연환경이 좀 더 밀집된 지역이 한정된 자원을 독점하는 셈이기도 하다. 이렇듯 한정된 자원, 희소성은 곧 돈이자 욕망이 된다.

고층 아파트 펜트하우스가 부의 상징이 된 이유 중 하나도 막힘없이 뚫린 조망권 때문이다. 세상을 발아래 두고, 멀리 있는 산과 강을 다 보는 것이다. 그런데 막상 살아보면 멀리 눈으로만 보는 자연보다는 가까이 있어서 직접 오감으로 누릴 수 있는 자연이 더 중요함을 알게 된다.

한국에선 아파트 선호가 압도적으로 높지만, 추세로 보면 단독주택에 대한 관심도 고소득층과 은퇴자들을 중심으로 커지고 있다. 그런데 대도시 내에선 단독주택을 지을 땅이 한정되다 보니, 도심 속 단독주택 단지는 희소한 자원일 수밖에 없다. 그래서 외곽으로 선택하기도 하지만, 사실 외곽의 단독주택 단지는 한계가 있다. 사람들은 도심에 있으면서 출퇴근이 편리하고, 생활편의 시설도 가까이 누릴 수 있으면서, 산과 숲, 강이 있는 곳을 욕망하는 것이지, 모든 걸 다 포기하고 자연만을 원하는 게 아니다.

아파트에 비해 단독주택은 가성비가 떨어진다. 훨씬 많은 집을 지어 많은 사람이 살 수 있는 땅에 소수만 살게 되는 집이 단독주택이기 때문이다. 그래서 서울에선 오래된 노후 단독주택들이 재개발을 거치면서 아파트 단지로 바뀌었고, 이제 남아 있는 단독주택 중심 지역은 더욱 희소한 자원이 되었다.

주거 욕망의 새로운 정점, Mountain View Home

▼

　미국에서 최근 몇 년간 주택 구매 트렌드에서 빠지지 않는 이슈 중 하나가 아름다운 산 전망을 자랑하는 '마운틴 뷰 홈Mountain View Home'이다.
　그렇다고 시골 전원주택, 외딴 산속에 사는 걸 이야기하는 게 아니다. 은퇴한 사람이 아니고서야 도시를 떠나면 출퇴근이 어렵다. 대도시에 살면서 산을 원하는 것이다. 뉴욕처럼 평지에 만들어진 도시는 산 대신 숲, 공원을 원한다.
　사실 뉴욕 부자나 서울 부자나 뷰 좋고, 강과 공원(산)이 인접한 집을 선호하는 건 비슷하다. 건강하고 쾌적한 라이프를 원하는 욕망은 보편적이다. 탁 트여 있고 자연 조망이 가능한 곳은 눈만 만족시키는 게 아니라 삶의 질을 높인다. 개방감, 채광, 통풍도 좋고, 심리적 안정감과 실내의 쾌적함도 높다. 공기 질이 개선되고, 산책이나 운동에도 유리하다. 프라이버시 보호에도 효과적이다.
　기후 위기가 심화되고, 폭염도 심각해지고, 미세먼지나 공기 질이 악화하는 상황에서도 산과 숲은 긍정적 역할을 한다. 전미부동산협회 NAR의 부동산 리포트를 봐도, 산·숲 전망을 내세운 신규 단독주택과 고급 아파트의 인기는 수년째 높다. 뷰가 좋은 집은 매매나 임대 시장에서 핵심 프리미엄 자산으로 자리 잡은 것이다.
　서울에선 마운틴 뷰보다는 리버 뷰가 우위였다. 산이 흔하다는 점 때문에 매력에 둔감한 사람들도 많았고, 주로 산기슭 달동네가 낙후 지역의 이미지라서 평지의 아파트를 선호하는 경향도 강했다.

　그런데 경제적으로 풍요해지고, 삶의 질이 중요해지면서 산과 숲에 대해 새롭게 인식하게 되었다. 과연 한국에서 마운틴 뷰 홈이 새로운 욕망으로 부각될 수 있을지 지켜볼 필요가 있다. 사실 서울도 전통적 부촌에선 마운틴 뷰 홈이 대부분이기도 하다.

　욕망은 돌고 돌아 다시 클래식으로 간다. 강남과 강변을 거쳐 다시 전통적 부촌으로 시선이 이동하며, 배산임수를 다시 주목하는 흐름이다.

　영국 속담에 "영국인의 집은 그의 성과 같다An Englishman's home is his castle"라는 말이 있다. 이는 사생활 존중과 개인 공간 보호에 대한 강한 의지를 담고 있다. 16세기 영국 법률에서 유래한 개념인데 지금까지도 통용된다. 집은 가장 사적이면서 가장 안전한 공간이다. 그리고 그 사람의 취향, 개성, 욕망을 담아낸 집합체다. 과연 당신에게도 집의 의미가 이러한가?

배산임수는 여전히 중요하다
▼

서울에서 전통적인 양대 부촌으로 꼽히는 성북동, 한남동은 모두 평지가 아닌 언덕이자 산비탈, 즉 산의 중간 지점에 자리한 동네다. 성북동은 북악산, 한남동은 남산과 연결된다. 두 동네 모두 대사관저와 대사관이 많고, 재벌가의 고급 주택도 즐비하다.

집은 가격만 가지고 평가할 수 없다. 반포에 100억 원짜리 아파트가 있어도 그것을 저택이라고 하진 않는다. 성북동과 한남동에는 저택이라고 부르는 집들이 아주 많다.

다음은 성북동 중에서도 고급 주택이 밀집한 330번지대(대사관로) 위성사진이다. 저택邸宅은 단독주택 중 규모가 매우 거대한 주택을 의미한다. 두 동네 모두 기세 좋은 산을 등지고, 앞으로는 한강이 보이는 배산임수의 명당이다. 여기서 좀 더 확장하면 북한산에 연결된 평창동, 인왕산과 북악산에 연결된 부암동, 청운동 등도 오래된 명당에 속한다.

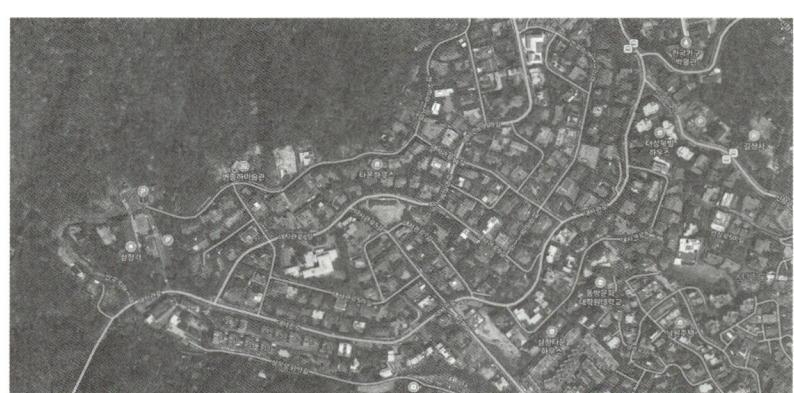

참고로 청운동에는 정주영 현대그룹 창업주 회장이 오래 살았다. 청운동의 청운중학교는 삼성전자 회장이자 삼성 그룹의 총수인 이재용 회장, HD현대그룹의 실질적 차기 회장인 HD현대 정기선 대표이사/수석부회장, 신세계그룹 정용진 회장, 한진그룹 조원태 회장이 다녔다. 청운중 바로 옆이 경복고인데, 이재용 회장, 정용진 회장을 비롯해 CJ그룹 이재현 회장, 정지선 현대백화점그룹 회장, 김재호 동아일보 사장, 이해욱 DL그룹 회장, 정몽구 현대자동차그룹 명예회장, 정몽근 현대백화점 명예회장, 조양호 한진그룹 전 회장 등 한국 재벌가가 가장 많이 다닌 고등학교이기도 하다. 누군가는 동네의 기운, 명당이라는 존재를 미신 취급하겠지만, 이는 무시 못 할 문화적 가치를 갖고 있기도 하다.

앞서 언급한 동네 모두 단독주택이 많은 특징이 있다. 서울에서 단독주택의 비율은 10퍼센트가 채 안 되고 아파트의 비율은 65퍼센트 정도지만, 이들 동네는 서울에서 단독주택 비율이 가장 높다. 단독주택, 타운하우스, 고급빌라가 많고 오히려 아파트가 드물다. 부자들이 살던 곳이라서 예전부터 존재하던 단독주택이 그대로 유지된 곳이 많고, 오래된 기존 단독주택을 재건축해서 다시 단독주택을 짓는 경우가 흔하다. 가장 독립적인 거주 환경이 확보된 동네이자 숲과 산이 펼쳐져 있고, 프라이버시도 아파트에 비해 더 잘 보장된다.

과거의 한양은 지금의 서울과 다르다. 한양도성을 기준으로 한 사대문 안쪽만 한양이었다. 북쪽(위쪽)에 북악산과 인왕산이, 남쪽(아래쪽)에 한강이 있는 배산임수의 수도가 바로 한양이었다. 지금은 개발로 도심에 고층빌딩이 많아서 그렇지, 과거엔 성북동이 뒤로 산을 등지고

앞으로는 멀리 한강이 보이는 곳이었다.

한강과 남산의 앞 글자를 따서 이름 지은 곳이 바로 한남동이다. 한강 변을 따라 반포, 압구정, 청담, 성수 등에도 고급 아파트, 고급 빌라가 많지만 여전히 한남동은 최고 입지로 손꼽힌다. 실거래가 기준으로 가장 비싼 공동주택에 나인원한남을 비롯해 파르크한남, 한남더힐 등이 최상단에 꼽힌다.

한남동에는 이병철 창업주 회장부터 이건희 선대 회장을 비롯해 범삼성가, 범LG가 재벌 2, 3세들의 집이 많다. 유엔빌리지를 중심으로

하는 한남1동, 하얏트호텔 부근의 한남2동에는 재벌가의 고급 주택이 밀집되어 있다. 북한산에서 시작한 산맥이 인왕산, 남산을 거쳐 한남동으로 이어지고, 그 앞에 한강이 흐른다. 배산임수의 명당이자 기운이 가장 좋은 동네로 꼽히는 이유다. 재벌가 고급 주택이 괜히 이곳에 몰려 있는 게 아니다. 아직도 배산임수는 유효하다.

보편적인 것과 희소한 것은 언제든 바뀔 수 있다
▼

1980~1990년대에는 단독주택이 보편적이었고 아파트는 희소했다. 그런데 지금은 그 반대다. 1980년대에는 단독주택이 주거 형태의 90퍼센트 정도를 차지했다. 1990년까지도 66퍼센트 정도였는데, 2000년 37퍼센트, 2023년 19.8퍼센트로 떨어졌다. 같은 시기 아파트는 65퍼센트 정도가 되었다.

참고로 단독주택은 일반, 다가구, 영업 겸용으로 나뉘고, 공동주택은 아파트, 연립, 다세대, 비거주용으로 나뉜다. 국가통계포털에 따르면, 2023년 기준 공동주택 비율은 80.2퍼센트, 단독주택 비율은 19.8퍼센트다.

그런데 단독주택 분류에서 우리가 생각하는 일반 단독주택은 전체의 13.5퍼센트다. 서울로 보면 10퍼센트가 채 되지 않는다. 단독주택에 사는 사람이 10명 중 1명꼴이고, 아파트는 10명 중 7명에 가깝다. 신규 주택 착공에서 2023년 단독주택 비중은 9.3퍼센트였고, 2024~2025년에는 그보다 낮은 수준이다.

장기적으로 봐도 단독주택의 비중은 더 줄어들 것이고, 아파트의 비중은 더 늘어날 것이다. 단독주택이 있는 노후 동네를 재개발해서 아파트로 전환하는 작업이 다 이뤄지고 나면, 남아 있는 단독주택은 부촌의 고급 주택이거나 농어촌의 시골 주택일 것이다. 고급 단독주택은 지금도 그렇지만, 미래로 갈수록 점점 더 희소한 주거 형태가 되는 셈이다.

참고로 EU 회원국의 단독주택 거주 비율은 53퍼센트 정도다. EU 중에서도 네덜란드, 벨기에 등은 4분의 3을 넘고, 프랑스, 덴마크, 핀란드 등은 3분의 2가 넘는다. 영국은 단독주택 거주 비율이 85퍼센트 정도이고, 미국은 70퍼센트, 캐나다는 80퍼센트 정도다. 물론 EU나 영국, 미국, 캐나다 등에서도 대도시에선 아파트 거주가 늘어났지만 우리와는 비교가 되지 않는다. 중산층 이상이 선호하는 주거 형태에선 단연 단독주택이 앞서고, 새로 짓고 있는 주택 유형에서도 단독주택이 훨씬 더 많다.

확실히 한국인의 아파트 선호 현상은 전 세계에서 독보적으로 두드러진다. 물론 한국에도 고급 단독주택도 있고, 새롭게 단독주택을 짓기도 하지만 과거와는 그 양상이 다르다. 단독주택이 가진 장점에 아파트가 가진 장점을 더하는 접근이 많다. 단독주택마저도 아파트의 라이프스타일에 영향을 받는다는 의미이자, 단독주택이 가진 단점이 지워진다는 의미기도 하다. 취향과 개성도 담기는데 프라이버시도 지킬 수 있으며, 편리하기까지 하다면 그보다 더 좋은 것이 어디 있을까? 거기다가 서울의 강남권 아파트 가격을 보면 단독주택이 오히려 합리적 가격이라고 느껴질 정도로 비싸다.

욕망은 늘 희소한 것에 끌리는 마력이 있다. 사람들은 가구, 인테리어, 집의 공간에 대한 관심을 키우며, 자신의 취향이 반영된 집, 남과 다른 특별한 공간에서 살아가기를 욕망한다.

　이에 따라 한국에서 불모지처럼 여겨졌던 하이엔드 가구 시장도 서서히 커지고 있다. 인테리어에 수천만 원 이상 쓰는 건 기본이 되고 억대를 쓰는 것도 점점 흔해진다. 《라이프 트렌드 2025》의 '욕망이 된 High-end Chair, 의자는 가장 작은 건축이다'에서 다룬 하이엔드 가구 시장의 변화는 더욱 가속화되고 있는 셈이다.

　아파트 단지는 태생적으로 재건축을 못 하면 낙후되어 슬럼화될 수 있다. 이미 고층으로 용적률 높여서 재건축한 단지는 수십 년 후에 다시 재건축할 수는 없다. 용적률을 더 높이는 것도 어렵고, 고층이 더 고층이 되면 건축비도 기하급수적으로 증가하기에 수지타산이 맞지 않는다. 결국 미래엔 슬럼화된 아파트 단지를 많이 만나게 될 것이고, 그땐 자산가치에도 변화가 올 수밖에 없다.

　아파트 중에서도 희소한 아파트는 가치가 계속 유효하다. 그런데 흔한, 뻔한 아파트의 가치는 계속되지 않는다. 한국인은 아파트 투자가 훨씬 성공적이었던 수십 년을 보냈다.

　하지만 거의 모든 아파트가 투자 성과를 냈었던 기억을 이제 내려놓을 필요가 있다. 앞으로의 성과는 고급 아파트, 고급 단독주택 등 결국 고급 영역에 집중될 가능성이 크다. 한국의 부동산 시장은 살아갈 집을 구하는 실용적 시장이기보단 자산가치를 불리려는 욕망의 시장이다.

　현재 시점엔 아파트가 욕망의 중심에 있지만, 아파트 내에서도 옥석 가리기가 점점 중요해질 것이고, 양극화는 더욱 심화될 것이다.

　이재명 정부가 코스피 5000을 목표로 하고, 부동산을 안정화한다고 해도, 결국 핵심은 투자에 대한 관점과 집에 대한 사람들의 태도 변화에 있다. 한국인은 자산 중 4분의 3이 부동산이고 겨우 4분의 1이 금융자산이다. 선진국 중에서 이런 극단적 비율을 가진 곳은 없다.

부동산에 모든 돈이 쏠려 있는 건 서민들의 집값뿐 아니라 한국 경제에도 문제가 된다. 이 문제를 과거 모든 정부가 건드려봤지만 결과는 신통치 않았는데, 이재명 정부에선 어떤 일이 있을지 지켜볼 일이다.

이는 단지 부동산 시장에 그치지 않고 사람들의 라이프스타일을 비롯해 가구와 인테리어, 리모델링, 세컨드하우스, 단독주택 등 다양한 영역의 변화를 좌우한다. 정치는 생각보다 트렌드에 훨씬 큰 영향을 미친다.

6장

블루칼라 로망과 워크웨어

배관공은 왜 트렌드의 중심이 되었나

Life_Trend_2026

#블루칼라 로망 #화이트칼라 vs 블루칼라 #워크웨어 #배관공 #전기공 #기술직 #직업계고 #마이스터고 #블루칼라 보난자 #생산직 노동 #제조업 #손재주

LIFE TREND 2026

AI가 사무직을 빠르게 대체하면서, 오히려 손재주와 기술을 요하는 블루칼라 직업이 새롭게 주목받고 있다. 미국에서는 억대 연봉을 받는 배관공과 수백만 팔로워를 보유한 전기공 인플루언서가 등장했고, 한국에서도 직업계고의 지원 경쟁률이 높아지면서 기성세대와는 다르게 기술직 선호가 확산되고 있다. 블루칼라의 부활은 작업복이 워크웨어라는 하나의 패션 트렌드로 소비되는 현상으로도 이어진다. 손으로 무언가를 만들고 고치는 능력이 다시 중요한 가치로 부상하면서 블루칼라에 대한 로망은 직업과 패션을 넘어 새로운 문화적 상징이 되고 있다.

당신은 지금 블루칼라인가? 화이트칼라인가? 아마 이 책을 읽는 독자 중에선 화이트칼라가 더 많을 듯하다.

세상은 블루칼라의 시대에서 화이트칼라의 시대를 거쳐, 다시 블루칼라가 주목받는 시대가 되고 있다. 그중에서도 배관공이라는 직업이 요즘 자주 언급되고 주목받는다.

도대체 배관공이 어쨌길래 트렌드의 중심이 되는 걸까? 왜 블루칼라 직업들에 대한 관심이 커지게 된 걸까? 이건 단지 직업만의 이야기가 아니라 라이프스타일, 패션에 이르기까지 다양한 트렌드를 포함한다. 읽다 보면 당신의 일상 혹은 미래를 엿볼 수도 있을 것이다.

왜 AI 대부 제프리 힌턴은 배관공을 권했을까?

▼

AI 대부, AI 딥러닝의 선구자로 불리는 제프리 힌턴Geoffrey Hinton

Godfather of AI: I Tried to Warn Them, But We've Already Lost Control! Geoffrey Hinton

토론토대학교 교수는 2024 노벨물리학상 수상자이기도 하다. 그는 2025년 6월 유튜브 채널 〈The Diary Of A CEO〉(구독자 수 1130만 명)에 출연해 AI에 의해 반복적인 사무 업무를 하는 직장인이 대체될 것이라 말하며, 사무직 대신 배관공, 전기기사 같은 기술직을 권했다. AI가 손을 쓰는 일을 사람만큼 잘하려면 오랜 시간이 걸리기 때문이라는 것이다. 그의 주장대로 로봇은 아직 정교한 손재주를 따라 하지 못한다. 반면 사무직은 이미 AI가 충분히 사람 역할을 대체할 수준까지 왔다.

사람들이 AI 대부를 만나면 가장 묻고 싶은 것 중 하나가 AI 시대에도 살아남을 미래 직업일 것이다. 제프리 힌턴은 이전에도 자녀의 미래 직업을 조언 구하는 부모에게 배관공을 권한 적이 있다.

그는 2023년 구글을 떠나면서 AI의 위험성에 대해 자유롭게 발언하기 시작했고, AI 도구 발전으로 업무 효율성과 생산성이 높아지며 대규모 해고가 발생할 것이라고 경고한 바 있다. 실제로 수년간 대량 해고가 빈번해지며 상시적 구조조정 시대에 돌입했다.

배관공, 전기공, 엘리베이터 수리공 등이 없다면 우리의 의식주 중에서 주(住)가 타격을 받는다. 우리가 사는 집, 일하는 사무실 모두 이들의 손길이 필요하다. 일상은 당연하던 것이 당연해지지 않을 때 심각한 문제가 되는데, 일상의 소소하지만 중요한 문제를 해결하는 사람들이 바로 블루칼라 노동자다.

그들은 아주 중요한 존재였지만 그동안 우리 사회는 그 가치를 간과해왔다. 노동인구 감소, AI 시대의 도래, Z세대의 직업관 변화 등이 맞물리면서 우리는 지금 생각의 전환을 맞고 있다.

물론 모두가 배관공이 될 필요는 없다. 그래서도 안된다. 사실 배관공은 하나의 예시일 뿐, 제프리 힌턴 교수가 강조한 건 창의적이고, 손을 쓰며, 복잡한 판단이 필요한 업무를 할 수 있는 역량이다. 적어도 이런 업무를 하는 일자리는 AI와 로봇으로 대체되기 어렵다. 이것이 미래 인재상의 핵심 조건이다.

많은 이들이 미래에도 자신의 일자리가 유효할까에 대한 고민과 불안감을 가진다. 이런 상황에서 화이트칼라만 바라봤던 이들에게 블루칼라는 새로운 돌파구가 될 것이다.

억대 연봉 배관공과
틱톡 110만 팔로워를 가진 전기공

▼

미국의 직장 평가 사이트 글래스도어Glassdoor에 따르면, 2024년 대졸 초임 평균 연봉(5만 8862달러)보다 저숙련자(도제 훈련 중인 초보, 5만

785달러)를 포함한 전체 배관공 평균 연봉(6만 130달러)이 더 높고, 마스터(고숙련) 배관공의 연봉은 평균 9만 348달러로, 석사학위 소지자의 평균 연봉(8만 6372달러)보다 높다.

　미국 《월스트리트저널》은 2022~2024년 블루칼라의 부활, 육체노동자의 역설 같은 주제의 기획 기사를 여럿 냈고, 2024년 6월 〈Z세대 배관공과 건설노동자들이 블루칼라를 트렌드로 만들고 있다〉는 기사를 통해서도 배관공 얘길 주목했었다. 기사에선 고등학교 졸업 후 미국 배관공협회에서 도제 견습 시스템으로 일을 1년간 배운 뒤 취직한 경력 7년 차의 25세 배관공이 20만 달러의 연봉을 받는 이야기가 나왔다.

　배관공과 전기공, 용접공이 인플루언서가 되기도 한다. 전기공 렉

시 아브레우Lexi Abreu는 인스타그램 81만 명, 페이스북 32만 명, 유튜브 20만 명, 틱톡 110만 명 등 여러 소셜미디어에서 수백만의 팔로워를 가지고 있는 인플루언서다. 그녀는 미국 뉴욕 출신의 20대 백인 여성으로 대학 학부에서 의사가 되기 위한 예비 과정을 밟다가 전기공이었던 할아버지, 아버지의 대를 이어 전기공이 되었다.

사실 그녀 외에도 팔로워 수십만 명이 되는 전기공 인플루언서가 적지 않다. 20대 블루칼라가 멋지게 보이는 시대가 되면서, 이들은 대중의 관심을 받고 새로운 기회를 가지게 되었다. 우리나라에서도 유튜브 채널의 직업 관련한 영상에서 블루칼라 직업군을 다루는 영상의 인기가 높아지고 있다.

인스타그램에서 #Plumber와 #Electrician를 검색해보면 수백만 개의 포스팅이 나온다. 틱톡에서 마찬가지다. Z세대가 주도하는 소셜미디어에선 배관공, 전기공이 매력적인 직업이다. 확실히 블루칼라의 시대라고 해도 과언이 아니다.

검색	검색
#Plumber	#Electrician
# #plumber 게시물 223만	# #electrician 게시물 457만
# #plumbers 게시물 73.1만	# #electricianlife 게시물 97.5만
# #plumbersworldworldplumbers 게시물 1.2만	# #electricians 게시물 78.2만
# #plumbermarketing 게시물 5000+	# #electriciansofinstagramelectriciansdoit... 게시물 1.1만
# #plumbermemes 게시물 1.1만	# #electricianspecialists 게시물 11.1만

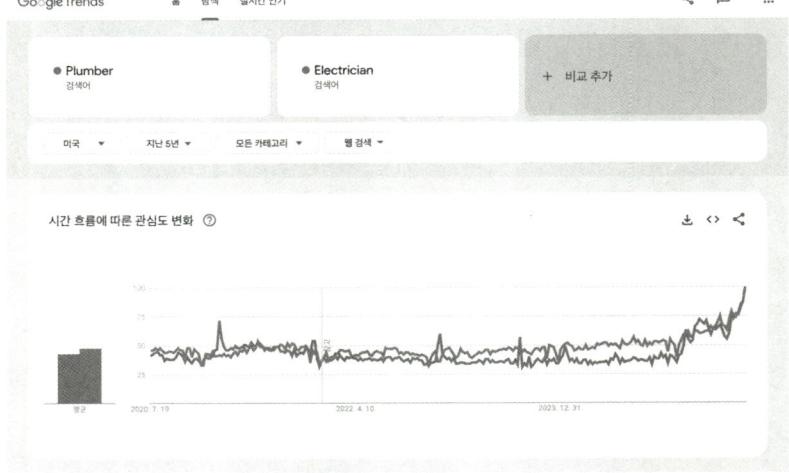

구글 트렌드에서 미국 기준 최근 5년간 Plumber(배관공), Electrician(전기공)의 검색량 추이를 살펴봤다. 확실히 두 키워드에 대한 검색량이 2024~2025년에 급속도로 늘어나고 있음을 볼 수 있다. 이 흐름은 2026년에도 이어질 것이다.

직업계고 떨어지면 일반고 간다?

▼

2025학년도 서울 지역 직업계고 충원율은 94.2퍼센트(마이스터고는 101.25퍼센트로 정원 초과)였다. 2021학년도의 충원율 84.4퍼센트와 비교하면 크게 증가했다. 2000~2010년대까지 직업계고 충원율은 70~80퍼센트 수준이었다. 일반고는 충원율이 100퍼센트지만 직업계고는 정원도 다 채우지 못 하는 상황이 오래 지속되었다. 대학 진학 선호와 고졸, 직업계고에 대한 편견 때문이다.

그런데 이제 직업계고 충원율 100퍼센트는 당연하고, 심지어 대구는 정원 대비 지원자 비율이 134퍼센트, 광주는 125퍼센트, 인천은 117퍼센트에 이를 정도다. 오히려 직업계고에 지망했다가 떨어져서 일반고로 가기도 한다. 대구에서는 직업계고 정원(3618명)보다 지원자(4840명)가 1222명이나 많은 반면, 일반계고는 정원보다 527명이 부족해 미달 사태가 발생했다.

전국의 대부분 지역에서 직업계고 충원율은 급상승했다. 반면 일반고는 탈락자가 없을 정도로 지원만 하면 다 합격자가 된다.

대학을 가야만 한다는 강박증도 크게 줄어들었다. 2025학년도 전국 대학 평균 충원율은 90퍼센트 정도다. 전체 신입생 정원보다 지원자 수가 조금 적다. 대부분 비수도권(지방)에 있는 4년제 대학 3분의 2 정도가 신입생 충원 미달을 겪고 있다.

반면 서울 소재 대학(35곳)의 평균 지원 경쟁률은 5.8 대 1 정도이고, 서울 주요 10개 대학은 5.3 대 1 정도다. 서울과 비수도권의 격차가 아주 큰 상태인데, 대학 졸업장을 원하는 경우 지원만 하면 합격하는 곳도 사실상 꽤 많다.

힘들게 들어간 서울 주요 대학의 졸업생도 취업이 어려운 경우도 많은데, 대학 졸업장 자체가 무슨 의미가 있을까? 경쟁력 있는 전문 기술을 배워 빨리 취업하고 빨리 돈 벌자는 생각이 확산되고 있다. 대학 가서 사무직으로 대기업에 취업해 봤자 정년을 채우지 못하고 중간에 퇴사해야 하는데, 기술직은 상대적으로 이런 문제를 덜 겪을 가능성이 크다.

AI발 구조조정은 거의 모두 사무직에 해당된다. 대학의 위기는 학령인구 감소로 인한 위기처럼 보이지만 사실상 쓸모없어서 생긴 위기다. 체면과 사회적 시선 대신 실용주의를 선택한 이들이 늘어나는 상황에서 대학 졸업장을 위해 시간과 돈을 투자하는 건 시간 낭비라 여겨질 수 있다. 그럴 바에는 직업계고에 진학해 국가 기술 자격증을 따고 졸업과 동시에 기술직 일자리를 갖겠다는 생각하는 이들이 늘었다. 과거에 비해 직업계고 지원하는 학생들의 성적도 높아졌고, 이젠 공부 못하면 직업계고 떨어지고 일반고 간다는 말이 나올 정도이니, 확실히 세상이 바뀌고 있다는 뜻이다.

직업계고의 부활은 한국에서만의 일이 아니다. 미국과 유럽에서도 Z세대가 생산직, 기능직에 대한 관심과 선호도가 커지는 블루칼라 붐, 블루칼라 계층에서 기회가 많아지는 것을 일컫는 블루칼라 보난자 Blue-Collar Bonanza 현상이 벌어지고 있다.

영국《이코노미스트 The Economist》는 2023년 12월에 육체노동자의 황금기가 왔다면서 블루칼라 보난자를 기사로 다루기도 했다. 주요 원인으로는 노동인구의 감소와 AI를 꼽았다. AI가 반복적이고, 분석하는 업무를 대체하기에 그동안의 고소득, 고학력 노동자의 일자리까지 영향을 받는다. 반면 육체노동, 사람을 대면해야 하는 서비스는 AI가 대체하기가 힘들다. 결국 AI의 시대에는 육체노동자가 새로운 기회를 맞게 될 것이다.

영국의 출판, 교육 기업 피어슨 그룹 Pearson PLC이 미국, 영국, 호주, 브라질, 인도 등 5개국에서 5000개 이상 일자리가 AI에 미칠 영향을 조사한《Pearson Skills Outlook: Power Skills》보고서에 따르면, 회

계사나 행정비서 등 화이트칼라 업무의 30퍼센트는 AI로 대체 가능한 반면, 배관공 등 블루칼라 업무는 1퍼센트 정도만이 대체 가능했다.

어느 나라, 어느 연구소의 자료를 봐도 AI로 대체되기 어려운 직업으로 블루칼라 직종이 주로 꼽힌다. 상시적 구조조정 시대에 화이트칼라는 기술로 얼마든지 빈자리를 채울 수 있다는 것이 기업 경영자들의 보편적 입장이기도 하다.

결국 블루칼라의 부활은 거스를 수 없는 대세다. 고령화와 저출산으로 인해 생산가능 인구가 감소하면서, 생산직, 기술직 육체노동의 인력 부족이 이미 나타나고 있으며, 앞으로도 이 현상은 더 심해질 것이다. 이는 미국뿐 아니라, 중국과 한국도 마찬가지다.

한국의 Z세대도
블루칼라에 대한 인식은 기성세대와 다르다

▼

2025년 3월, 채용플랫폼 진학사 캐치가 Z세대 1603명을 설문 조사한 결과, 블루칼라를 긍정적으로 생각한다는 답이 63퍼센트였고, 부정적으로 생각한다는 답은 7퍼센트에 불과했다.

블루칼라를 긍정적으로 보는 가장 많은 이유는 '연봉이 높아서(67퍼센트)' '해고 위험이 낮아서(13퍼센트)' '야근, 승진 스트레스가 덜해서(10퍼센트)' 순이었다. 확실히 Z세대의 블루칼라에 대한 인식은 기성세대와 다르다.

2024년 7월, 《매경이코노미》는 〈화이트칼라 시대는 갔다⋯'블루칼라'의 역습〉이라는 제목의 스페셜리포트를 냈는데, 이를 위해 HR 테

취준생 10명 중 7명 "블루칼라 취업 의향 있다"

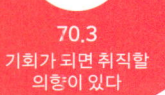

(단위: %)

- 29.7 취직할 생각이 없다
- 70.3 기회가 되면 취직할 의향이 있다

출처: 매경이코노미

블루칼라 선호 이유 1위 '단순해서'

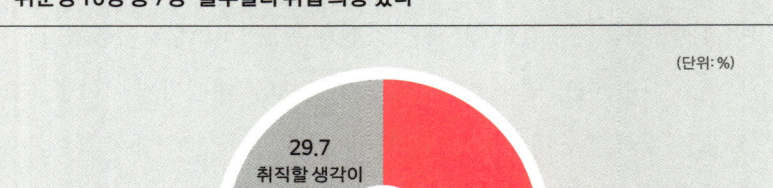

(단위: %)

- 불필요하게 머리를 쓸 필요가 없어서 57.9
- 노동 대비 수입이 괜찮아서 47.6
- 승진 스트레스 등에 지나치게 시달릴 필요가 없어서 30.9
- 사무직 취업을 위한 비용과 시간이 많이 들어서 22.4
- 정년 걱정 없이 일을 할 수 있어서 21.5
- 사무직에 비해 업무 시간이 규칙적이어서 17.1
- 기타 2.6

출처: 매경이코노미

크 기업 인크루트에 '블루칼라 열풍에 대한 인식' 설문조사를 했었다. 전국 대학생, 취업 준비생 481명 대상의 조사에서 생산직(블루칼라) 취업 의향을 물었더니 70.3퍼센트가 '기회가 되면 취직할 의향이 있다'고

답했고, '취직할 의향이 없다'는 답은 29.7퍼센트였다.

과거였다면 이런 조사 결과가 나오지 않았을 것이다. 적어도 20대 사이에선 화이트칼라 선호 현상에 균열이 생기고, 블루칼라에 대한 긍정적 태도가 확산되고 있는 것이다. 여전히 '화이트칼라가 블루칼라보다 우위에 있다'는 인식은 남아 있지만 과거처럼 일방적이지 않다. 블루칼라에 대한 맹목적 기피를 가졌던 기성세대와 달리, Z세대는 합리적으로 블루칼라를 대하고 있다.

취직할 의향이 있다는 이들을 대상으로 '생산직 노동을 긍정적으로 생각하는 이유는 무엇인지(복수 응답)'를 물었더니 '불필요하게 머리를 쓸 필요가 없어서'가 57.9퍼센트로 가장 많았고, '노동 대비 수입이 괜찮아서(47.6퍼센트)' '승진 스트레스 등에 지나치게 시달릴 필요가 없어서(30.9퍼센트)' 순이었다. 한마디로 소득과 워라밸이 충족되는 일자리라는 뜻이다. 거기다가 AI로 인한 일자리 대체에서 상대적으로 기술직인 블루칼라는 좀 더 안전한 편에 속한다는 것도 블루칼라에 대한 인식 전환의 배경이다.

물론 블루칼라 로망을 이루기 위해서는 숙련된 기술직이 되어야 한다. 경험과 경력을 쌓아야 한다는 이야기인데, 현장의 청년 블루칼라가 기성세대 블루칼라에게 받는 차별이나 저임금의 열악한 노동환경, 현장의 잦은 재해나 위험성으로 인해 숙련되기도 전에 관두기도 한다. Z세대가 블루칼라에 대한 인식 전환을 한 것만큼 기성세대와 기업의 산업현장에서도 변화가 필요한 것이다. 그렇지 않고선 블루칼라 로망은 일시적 유행에 그친다.

한국의 청년 블루칼라가 늘어나지 않으면 결국 외국인 노동자가 그 자리를 채우고, 한국의 제조 경쟁력도 떨어질 수밖에 없다. 건설, 조선, 제조 등 어떤 분야를 가도 숙련된 기술직은 고령자다.

문제는 이들이 은퇴하고 나서부터다. 통계청 자료(2025년 7월)에 따르면, 2024년 2분기 기준 4년제 대학 졸업 이상의 비경제활동인구는 304만 8000명이다. 심지어 중졸 이하의 저학력 비경제활동인구 303만 명보다 많다. 10년 전만 해도 이 두 그룹의 차이는 100만 명 이상이었는데, 이제 오히려 대졸 이상의 비경제활동인구 수가 많아진 것이다.

고학력자 비경제활동인구가 계속 늘어가고 있다는 건 우리 사회의 잠재적 위험 요소 중 하나다. 눈높이를 낮춰야 한다는 무책임한 소리로는 해결하지 못한다. 교육뿐 아니라, 블루칼라에 대한 차별과 처우도 바뀌어야 한다. 현장이 없고 기술직 블루칼라가 없다면 한국의 제조업은 경쟁력이 없다.

패션 아이템이 된 워크웨어

▼

워크웨어Work Wear, 한마디로 작업복이 새로운 패션 아이템으로 주목받고 있다. 블루칼라에 대한 인식이 바뀌고, 때론 힙한 이미지로까지 소비되다 보니 블루칼라가 입는 작업복이 워크웨어라는 이름으로 불리게 되었다. 과거엔 안전복, 작업복이라고만 불렸던 것이, 이름만 바뀐 게 아니라 스타일도 이미지도 바뀌었다. 때론 스트리트 패션으로, 강인한 남성성을 드러내는 패션으로 선택되며, 전 세계적으로 워크웨어 시장은 가파른 성장세를 보이고 있다. 한국도 마찬가지다.

국내 산업용 작업복 시장은 2022년 1월 중대재해 처벌 등에 관한 법률 시행 전후로 성장세가 커졌는데, 현재 1조 5000억 원 규모로 추정된다. 중대재해 처벌 등에 관한 법률은 2022년 1월부터 50인 이상 사업장에서 시행되었고, 2024년 1월부터는 5인 이상 사업장으로 확대되면서 워크웨어 B2B 시장의 성장을 견인했다.

여기다가 중장비, 도매, 인테리어 등 현장 기술직 블루칼라로 진출하는 2030세대의 증가로 워크웨어 B2C 시장에서 기능성만큼이나 패션 스타일이 중요해졌다. 시장의 변화가 생길 환경이 만들어진 셈이다.

국내 시장에선 K2 세이프티(1995년 안전화 시작), 지벤세이프티(2007년 설립), BLACKYAK I&C(2013년 안전화 시작)가 가장 대표적인 안전화와 워크웨어 기업이고, 이들 모두 B2B 시장으로 성장했다. 수년 전부터 새로운 도전자들이 등장했고, B2B와 함께 B2C 시장도 커졌다.

트레이딩포스트는 워크웨어 전문 아울렛 '워크업Workup' 매장을 2024년 론칭해 1년 6개월 만에 전국 130개 지점을 개점했다(2025년 말까지 200개 점 이상 개점이 목표일 만큼 공격적인 프랜차이즈다). 워크업은 2025년 3월 성수동에 100평 규모의 플래그십 스토어를 론칭하며 적극적으로 2030세대를 공략한다. 워크웨어와 작업 공구, 캠핑, 자동차용품, 밀리터리 등을 모아두고 젊은 블루칼라와 워크웨어 마니아들을 겨냥하며, '남자들의 다이소'라고 불린다.

씨앤투스는 2025년 일본 워크웨어 5개 브랜드를 가지고 워크웨어 전문샵 '아에르웍스'를 론칭했다. 코오롱FnC는 2020년에 워크웨어 브랜드 '볼디스트'를 론칭해 사업을 확장 중이고, 대한제강은 2022년 맞춤형 작업복 전문 '아커드'를 론칭했다. K2그룹은 같은 해

2023세대를 겨냥한 젊은 디자인의 '아이더세이프티'를, BLACKYAK I&C는 2024년 캐쥬얼 워크웨어 브랜드 '웍스원'을 론칭했다. 2024년 8월에는 무신사스탠다드도 워크웨어 라인을 출시했다.

여기서 주목되는 것이 2030세대를 위해 워크웨어가 패션의 영역으로 진입한 점이다. 스트리트 패션에서도 워크웨어가 받아들여지고, 워크웨어를 힙하다며 입는 이들도 늘고 있다. 안전과 기능이 중요한 워크웨어에 패션과 스타일이 더해지면서 생긴 일이다.

프라다 24 SS 남성 컬렉션, 펜디 24 SS 남성 컬렉션, 루이뷔통 24 FW 파리 남성복 패션위크에서도 워크웨어가 선보였고, 수많은 럭셔리 패션 브랜드가 워크웨어를 런웨이에 올리고 있다. 워크웨어가 패션에서 중요한 트렌드가 되었으며, 이는 블루칼라에 대한 인식 전환에도 영향을 준다. 특히 Z세대에게 화이트칼라는 식상하고 고루한 이미지인 반면, 블루칼라는 오히려 유니크하고 세련된 이미지를 얻고 있다.

나아가 블루칼라의 시대는 곧 손재주의 시대이기도 한다. 인기 있는 기술직 블루칼라는 정교한 손재주가 필요하다. 기계가 인간의 손재주를 완전히 흉내 내기는 어렵다.

이건 앞서 '인간증명 트렌드'에서 다룬 '휴먼터치의 시대' 내용과도 연결된다. 우리는 앞으로 손으로 하는 행위들, 가령 캘리그래피나, 서예, 그림, 목공예, 요리 등을 일상의 취미로 더 많이 선택할 수 있다. 인테리어를 직접 하거나 집안에서 발생하는 각종 소소한 문제들을 직접 고치고 해결하며, 자동차 정비에도 관심을 더 가질 수도 있다. 그리고 이때 워크웨어를 입을지도 모른다. 블루칼라 로망이 의식주 모든 영역에서 영향을 미칠 수 있는 흐름으로 확산되고 있다.

7장

신경다양성, 어쩌면 놀라운 기회의 땅

새로운 창의성을 위한 굵지 않은 복권이 될까

Life_Trend_2026
#신경다양성 #ADHD #ASD #난독증 #학습 장애 #투렛 증후군 #자폐 스펙트럼
#DEI #DOI #소아청소년 정신과 #정신건강 #ZenBusiness

LIFE TREND 2026

신경다양성은 ADHD, 자폐 스펙트럼, 난독증 등 전형에서 벗어난 뇌신경 특성을 뜻하며, 이를 결핍이 아닌 정체성과 개성으로 인식하는 관점을 말한다. 인스타그램과 구글에서는 관련 키워드 검색량이 폭발적으로 늘었고, 특히 성인 ADHD 진단과 이에 대한 관심이 급증했다. 이러한 흐름 속에서 글로벌 광고·마케팅 업계는 신경다양성을 새로운 창의성과 경쟁력의 원천으로 주목하며, 다양성을 포용하는 전략을 통해 소비자와 인재 모두를 끌어들이려 하고 있다. 특히 Z세대의 절반이 스스로 신경다양성을 지녔다고 인식하는 만큼, 이는 기업과 사회가 반드시 준비해야 할 거대한 기회로 떠오르고 있다.

신경다양성Neurodiversity은 뇌신경의 차이로 인해 발생하는 전형적인 범주에서 벗어난 신경적 특성을 의미한다. 주의력 결핍/과잉행동 장애Attention Deficit/Hyperactivity Disorder, ADHD, 자폐 스펙트럼 장애Autism Spectrum Disorder, ASD, 난독증, 학습 장애, 투렛 증후군 등이 여기에 해당하는데, 이런 '다름'도 생물적 다양성으로 인식하는 관점이 신경다양성이다. 그런데 왜 트렌드를 이야기하면서 신경다양성을 거론하는 것일까? 도대체 신경다양성이 우리의 욕망, 라이프스타일, 소비에 어떤 영향을 주는 것일까?

왜 인스타그램에서 신경다양성을 드러낼까?
▼

인스타그램에 해시태그 #neurodiversity 게시물은 141만 개, #neurodivergent 154만 개, #neurodiverse 32만 개, #neurodiver-

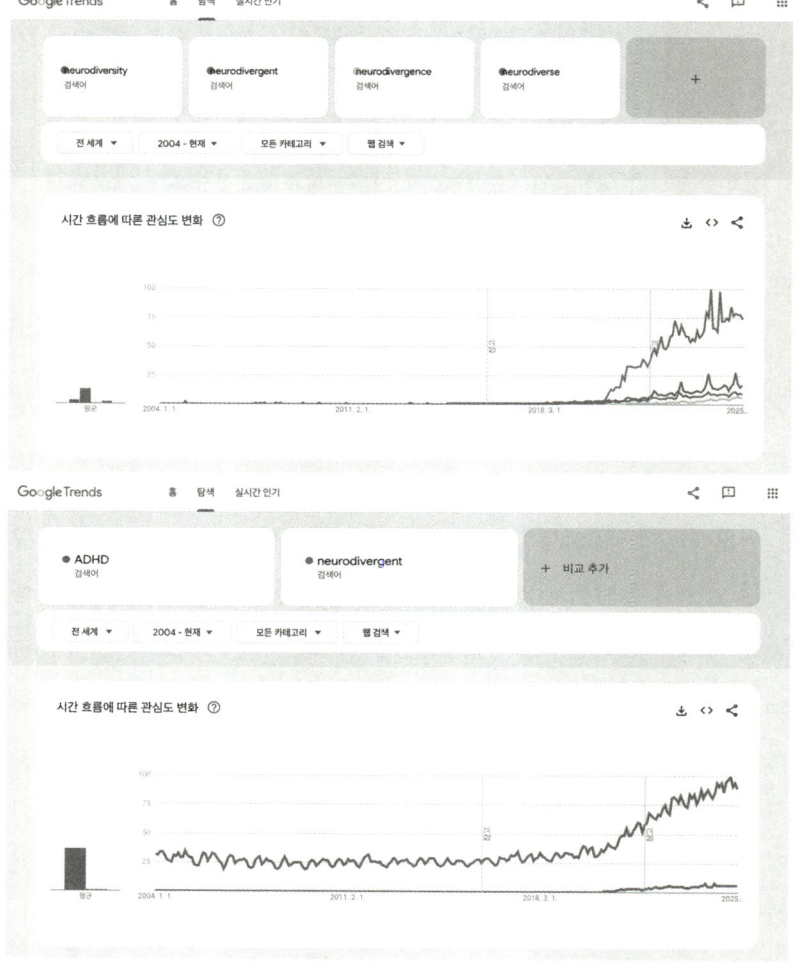

gence는 11만 개다. 신경다양성을 뜻하는 이들 키워드에 대한 게시물이 아주 많고, 2004년부터 현재까지 해당 키워드에 대한 구글 검색량을 보면 최근 5년 새 급격히 증가했다는 것을 알 수 있다. 신경다양성

중에서도 ADHD에 대한 검색량 변화는 더 놀랍다. #neurodivergent 검색량과는 비교도 안 될 만큼 폭발적 증가세가 지금까지 계속되고 있다. 분명 향후 이 흐름은 이어질 가능성이 크다.

사람들이 신경다양성은 몰라도 ADHD는 안다. 심지어 성인 ADHD가 이슈가 되면서 주의력이 떨어지거나 산만한 이들은 누구나 한 번쯤 자신이 성인 ADHD가 아닐까 생각해봤을 것이다. 인스타그램에 해시태그 #ADHD가 달린 게시물은 무려 560만 개이고, #ADHDawareness은 94만 개, #ADHDwoman 50만 개, #ADHDlife 49만 개, #ADHD-support 47만 개, #ADHDmom 26만 개, #adultADHD 20만 개 등 ADHD와 연관되는 게시물까지 다 합치면 1000만 개를 넘어갈 것이다.

인스타그램은 자신을 자발적으로 드러내는 공간이다. 자신의 치부를 보여주는 곳이 아니다. 과거 세대라면 자신이 신경다양성을 지니거나, ADHD를 겪고 있다는 사실을 애써 드러내려 하지 않았을 것이다. 더 이상 ADHD가 흠결이 아닌 것이다. 그냥 남과 다른 자신의 정체성이자 개성일 뿐이다.

왜 5년 전부터 갑자기 ADHD를 가진 사람이 크게 늘어난 걸까? 왜 ADHD에 대한 관심이 급등한 걸까? 이건 분명 ADHD가 늘어났기 때문이라고 봐야 한다.

식약처에 따르면 ADHD 환자에게 처방되는 치료제 메틸페니데이트 처방 횟수가 2019년 13만 3813명에서 2024년 33만 7595명으로 5년 새 252퍼센트 이상 증가했다. 메틸페니데이트가 집중력을 높여 공부에 도움을 준다고 잘못 알려지면서 학생들이 ADHD 처방을 받는 경우도 늘긴 했지만, 결정적으로 2030세대 성인 ADHD 환자가 늘어났다. 치료제를 처방받지 않더라도 자신이 ADHD인 건 아닌가 생각하는 잠재적 성인 ADHD 의심자도 크게 늘었다. 특히 다른 세대에선 소수였지만 Z세대에선 절반 정도가 스스로 신경다양성을 지녔다고 인식하고 있고, 그중 대표적인 특성인 ADHD도 그만큼 많은 Z세대가 가진 것으로 유추된다.

사람들이 인스타그램이나 구글에서 학술 연구를 하고 있는 것이 아니다. 관심사의 변화이자 욕망의 변화, 자신을 드러내는 키워드의 변화는 비즈니스 기회 차원에서 아주 중요하기 때문에 게시물과 검색량의 증가를 주목하는 것이다. 왜 신경다양성에 대한 사람들의 관심이 커지고 있는 걸까? 혹시 DEI(다양성, 형평성, 포용성)에 대한 관심 증대가 이유인 걸까? 그건 반은 맞고 반은 틀리다. 분명 DEI가 심화되고, 보편화되면서 신경다양성에 대해서도 관심이 커졌지만, 과거 세대와 달리 Z세대에게 신경다양성은 아주 중요한 요소이기 때문이다.

대개 차별은 비주류가 당한다. 성별, 인종, 국적 같은 대표적 차별 요소 말고도, 비장애인보다 장애인이 비주류고, 성적 정체성에 있어서는 성소수자가 비주류다. ADHD를 비롯한 신경다양성을 가진 사람들도 비주류다. 이들이 취업에서도 불이익을 당했고, 심각한 질병을 가지고 있는 것처럼 여겨지기도 했다.

하지만 시대가 바뀌고, 세대가 바뀌면서 신경다양성을 둘러싼 태도에도 변화가 나타났다. Z세대에선 신경다양성을 가진 이들이 더 이상 비주류가 아니다. 오히려 주류에 가깝다. 불이익을 당할 대상이 아니라, 새로운 차별성, 독특한 역량을 지닌 대상이 되고 있다.

왜 세계적인 광고회사는 신경다양성에 주목할까?

▼

세계적인 광고제 Cannes Lions 2025의 첫날 '신경다양성 마인드: 그들은 광고가 필요하지 않다 – 광고가 그들을 필요로 한다Neurodivergent Minds: They Don't Need Advertising – Advertising Needs Them'라는 세션이 있었다. 여기서 프랑스의 다국적 광고홍보회사 HAVAS의 CEO 야닉 볼로레Yannick Bollor는 자신들의 내부 연구 결과를 공개하면서 Z세대의 50퍼센트 이상이 신경다양성을 자각하고 있다고 밝혔다. 더 이상 소수의 문제가 아닌, 현재 비즈니스에 필수적인 과제라고 강조하면서 신경다양성을 가진 이들의 다양한 사고방식이자 독창성을 활용하는 것이 가치가 크다고 덧붙였다. 신경다양성이 Z세대의 절반에 해당하는 비중을 차지하고 있기에, Z세대의 인재를 확보하기 위한 접근에서도, Z세대 소비자를 공략하는 차원에서도 신경다양성을 전략적으로 활용하

고 대응하는 것은 중요하다고 세계적 광고회사 CEO가 주장하고 있는 것이다.

공교롭게도 이 세션이 진행된 날은 신경다양성 자부심의 날 Neurodiversity Pride Day이었다. 매년 6월 16일이 신경다양성 자부심의 날인데, 2018년 네덜란드에서 시작되었고 신경다양성을 지닌 사람들과 그들을 지지하는 사람들이 신경다양성에 대한 수용을 촉진하고 더 포용적인 사회를 만들기 위해 함께 모이는 날이다. 신경다양성에 대한 인식이 개선되고 관점이 변화한 지는 오래되지 않았다. 하지만 광고, 마케팅 분야에선 신경다양성을 좀 더 먼저 주목하고 있었다. Cannes Lions에서도 오래전부터 이 화두가 계속 제기되었는데, 그만큼 신경다양성이 중요한 비즈니스 기회라고 판단하기 때문이다.

HAVAS는 2025년 3월, 신경다양성 전문 센터 Havas's Neurodiversity Center of Excellence를 론칭했다. 이를 통해 자폐증부터 ADHD, 난독증까지 서로 다른 사고방식이 근본적으로 창의성에 어떤 영향을 주고, 신경다양성 인재를 통합하고 활용해 창의적인 마케팅이나 브랜드 전략 변화를 도모하려는 것이다. 그리고 HAVAS는 Cannes Lions 2025의 다른 세션 '새로운 창의성의 연금술: 신경다양성 사고와 AI가 산업의 촉매제로 The New Creative Alchemy: Neurcdivergent Minds & AI as Industry Catalysts'에도 참여했는데, 확실히 신경다양성을 통한 비즈니스 기회 창출에 적극적인 태도를 취하고 있다. 광고업계뿐 아니라, 화이자 Pfizer와 머크 Merck 등 일부 기업들은 신경다양성 인재에 대한 관심을 높이고 포용적 조직 구축에 뛰어든 상태다.

참고로, 미국에서는 마이크로소프트가 다양한 사고방식으로 혁신을 촉진할 수 있었던 것은 2015년부터 신경다양성을 가진 직원들을 위한 채용 프로그램을 만들었기 때문이라고 여겨진다. 때문에 테크 기업에서 신경다양성 인재에 대한 관심이 같은 이유로 확산되고 있다. 일본에선 2024년 일본 종합연구소가 기업들과 협력해 신경다양성을 가진 인재를 모집하기 위한 이니셔티브를 출범했다.

다양성을 존중하고 확보하려는 것은 명분 때문이 아니라, 실리가 오히려 더 크기 때문이다. 경영진의 다양성이 확보된 기업이 그렇지 못한 기업보다 실적과 주가에서 모두 우위에 있다는 연구는 맥킨지나 BCG 같은 경영컨설팅업계부터 투자금융계, 학계 등에서 이미 수없이 나왔고, 세계적 자산운용사들이 자신들이 투자한 기업에게 경영진 다양성을 확보하라고 요구하는 것도 모두 이런 이유다.

미국에서 트럼프 정부가 DEI를 철폐하고 있지만, 다양성의 패러다임을 바꾸지는 못 한다. 일시적으로 소나기를 피하는 심정으로 정부와 관계된 곳들이나 일부 미국 기업들이 DEI를 지우는 듯 행동하고 있지만 다양성과 포용성 자체가 글로벌 기업에선 인재 확보와 글로벌 소비시장 대응을 위해서 필수적이다.

가령 스타벅스나 애플 같은 회사는 전 세계에 제품을 판매하고, 전 세계의 다양한 직원들이 현지에서 일한다. 다양성이 기본이 되는 이런 회사에서 다양성 정책을 철폐하면 불매운동을 당할 수도 있고, 실적은 추락하기 쉽다. 실제로 이들 회사들의 주주총회에서 DEI 정책 철폐에 대한 안건을 미국 공공정책연구소National Center for Public Policy Research, NCPPR가 제출해 표결을 하는 경우들이 많은데 압도적 반대로 부결된다. 애플 주주총회(2025년 2월) 때는 주주 97퍼센트가 반대했다.

왜 이런 결과가 나왔을까? 주주들이 사회적 명분을 위해서 그런 것일까? 아니다. 이는 실리를 따진 결정이다. 스타벅스도 2025년 3월에 열린 주주총회 때 신임 CEO가 다양성이 사업의 핵심이라고 강조했다. 전 세계 88개국에 4만 개 매장을 운영하는 스타벅스가 모든 매장에서 고객과 직원의 다양성을 반영하는 것이 중요하다는 입장을 밝힌 것이다. 이전 CEO가 실적부진으로 물러나고 새로운 CEO가 트럼프 정부의 DEI 정책 철폐 기조에 반기를 든 메시지를 낸 것도 결국 실적을 위해서고 실리 때문이다.

트럼프 정부가 DEI를 싫어하니 JP모건은 DOI(Diversity, Opportunity, Inclusion(다양성, 형평성, 포용성)로 말을 바꾸었다. 사실 DEI 중에서 E(Equity(형평성, 기계적 평등이 아니라 일종의 보정, 조정을 해서 상대적 약자에게 좀 더 우대하는 정책)가 백인 역차별, 남성 역차별 같은 반발을 불러온 배경이기도 하다.

DEI는 끝났을까? 설마 그럴 리가! 구글 트렌드에서 지난 20여 년의 기록을 보더라도 DEI와 Diversity, Equity, Inclusion 검색어 모두 최근에 관심이 갑자기 증폭된 것이 아니다. 20여 년을 꾸준히, 지속적으로 관심도가 유지되고 있다. 사실 다양성 관리, 다양성 경영이라는 화두는 20세기 중후반부터 확산하고 있었고, 글로벌 기업들은 1980~1990년대부터 이에 대한 대응을 모색해왔다. 21세기에 DEI는 당연한 화두였고 의심하거나 고민할 만한 화두 자체가 아니었다. 트럼프로 인해 DEI가 조금 주춤하는 경향은 있지만, 임시방편으로 기업들이 DEI라는 단어를 연례보고서에서 삭제하고, DEI 부서를 없애는 등의 대응을 하는 것이지 근본적인 다양성 정책이 역행되지는 않는다. 여전히 미국 직장에서 인종차별, 성차별 등이 발생하면 막대한 소송에 직면하고, 수년째 확산된 급여투명화법도 차별을 묵인하지 않게 만든다. 21세기 들어서 다양성은 거의 모든 글로벌 기업에서 당연해졌다. 다양성은 명분이 아닌 실리를 따질 때에도 매우 중요해졌다. 스탠퍼드대학교 연구 결과, 미국 유니콘 창업자 1078명 중 44퍼센트가 미국 출생자가 아닌 해외에서 들어온 '이민자'였다. 이민자가 없으면 미국 혁신 생태계가 붕괴된다고 해도 과언이 아니다. 이것이 다양성의 힘이다.

신경다양성을 바라보는 관점도 이와 같다. Cannes Lions 2023에서 이미 신경다양성도 다양성이라는 메시지가 나왔었다. 다양성에서 성별, 인종, 국적, 나이 등이 먼저 부각되었고, 이제 신경다양성에 대해서도 관심이 커지고 있다. 미국에서 7000만 명이 난독증이나 ADHD와 같은 학습 및 사고 장애를 겪고 있으며, 이들을 더욱 포용하기 위한 조치가 필요해졌고, 마케팅 계획 수립이나 파트너십을 구축할 때 그동안 간과했던 이들을 포함시켜야 한다는 것이다.

이건 단지 다양성에 대한 사회적 포용 차원이 아니라, 크리에이티브 업계로선 자신들의 경쟁력을 위해서, 고객사를 위한 실질적 소비 성과를 위해서다. 유튜브와 틱톡의 시대, 동영상과 쇼츠에 길들여진 이들에게 어떻게 제품과 서비스를 팔 것인가? 집중력도 문해력도 떨어진 이들에게 어떤 메시지와 어떤 마케팅 전략으로 다가갈 것인가? 신경다양성 소비자를 잡기 위해 광고계, 마케팅업계를 비롯해 콘텐츠 업계, 리테일 업계, 서비스 업계 등 모두가 팔을 걷어붙이는 중이다.

당신이 생각하는 것보다
더 많은 사람이 신경다양성이다

▼

전 세계 인구의 15~20퍼센트 정도가 신경다양성 증상을 가진 것으로 추정된다. 대한민국의 인구가 약 5168만 명인데 이 비율로 대입하면 775만~1033만 명 정도가 신경다양성 증상을 가진 것이다. 생각보다 많지 않은가? 자폐 스펙트럼도 미국에선 50명 중 1명 정도로 추정된다(미국 질병통제예방센터CDC 자료). 미국 인구 3억 4114만 명을 대입하면 680만 명 정도다.

신경다양성 중의 가장 대표 격인 ADHD는 전 세계 인구의 2~5퍼센트 정도로 추정된다. 전 세계적으로 소아 중 6~12퍼센트(미국 CDC 자료에 따르면, 소아 ADHD 환자 중 남아 13.2퍼센트, 여아 5.6퍼센트로 남아가 2.4배 더 많다), 성인 중 2~5퍼센트가 ADHD 진단을 받은 것으로 추정되는데 성별로는 남성이 여성보다 2배가량 된다(2023년 국내 ADHD 환자 중에서는 남성이 64퍼센트, 여성이 36퍼센트로 남성이 약 2배 많다).

미국 질병통제예방센터가 ADHD 통계를 작성한 이래 2022년에 최고치를 경신했는데 미국 3~17세 아동청소년 중 11.4퍼센트가 ADHD 진단을 받았다. 국내도 매년 최고치를 경신하고 있는데, 건강보험심사평가원에 따르면, ADHD 진료 환자는 2019년 7만 8230명 대비 2023년 22만 5658명으로 3배 정도 증가했다.

2030세대 ADHD 환자가 급격히 증가하고 있는데, 이는 어릴 때 병원을 찾지 않았던 이들이 성인이 된 뒤 병원을 찾거나, 정신건강의학과에 대한 사회적 인식이 달라지면서 뒤늦게 병원을 찾아서다. 병원에서 진료받는 환자 수보다 실제 증상을 가진 잠재적 환자 수는 훨씬 더 많을 것이고, 이들이 속속 진료 환자로 전환될 것이다.

2024~2025년 ADHD 치료제의 품귀 현상도 있었는데, 공식적으로 제시된 이유는 스마트폰 사용량 증가, 질병에 대한 인식 개선 등으로 ADHD 환자 수가 늘어나며 약물 수요가 폭발적으로 증가했기 때문이었다. 스마트폰 사용이 ADHD 환자 수 증가에 영향이 주는 건 공공연한 사실이다. 신경다양성은 유전적 요인, 환경적 요인에 의해 영향을 받는다. Z세대는 '스마트폰' '소셜미디어' '개인주의' '헬리콥터 맘' 등 환경적 요인의 영향을 광범위하게 받아서 신경다양성이 그만큼 더 보편화되었을 것으로 추정된다.

요즘 정신과 진료를 받으려면 예약 대기가 평균 3개월이라고 한다. 심지어 소아청소년정신과는 6개월은 기본이고, 주요 대학병원의 소아청소년정신과는 3~5년을 대기해야 진료를 받을 수 있다고 한다. 그만큼 환자가 늘어서다.

정신과는 환자의 특성을 파악하기 위해 다른 과에 비해 상담 시간이 훨씬 많이 걸린다. 특히 새로운 환자가 받는 첫 진료인 초진은 더 많은 시간이 걸릴 수밖에 없다. 서울, 수도권의 정신의학과 병, 의원 55곳 중 초진 자체를 받지 않는 곳이 7곳으로 전체의 13퍼센트나 되었다. 정신과 상담 예약이 어렵다는 항의가 심해지자 일부 병원에선 예약을 받지 않기로 하면서 새벽부터 병원 앞에 줄을 서는 오픈런이 벌어지기도 했다.

기존 신경정신과 환자들은 취업난과 직장 내 괴롭힘 등으로 병원을 찾은 20~30대, 실직으로 인한 경제난과 부부 갈등을 호소하는

40~50대, 사회적인 고립과 고부 갈등으로 우울증을 겪는 60~70대들이 대부분이었다. 그러나 최근엔 학교 폭력, 입시 부담으로 우울증을 겪는 10대들도 급증하고 있다. Z세대의 신경다양성은 정신건강과 연관된 관리나 치료가 필요한 경우도 있다.

대한의사협회 의협신문에 따르면, 2024년도 전반기 전공의 1차 모집 지원율이 가장 높은 곳은 정신건강의학과다. 그다음이 안과, 성형외과, 재활의학과 순이다. 전통적인 3대 인기과인 피부과, 안과, 성형외과를 모두 제치고 정신건강의학과가 1위가 된 것이다. 피부과는 인기가 떨어지며 지원율 순위에서 6위로 밀려났다. 인기과는 근무 환경도 좋고, 법적 리스크도 적고, 개원 경쟁력도 좋고 돈도 잘 버는 과다. 개원도 힘들고 돈도 안 되는데 책임과 리스크가 큰 과는 기피과가 된다. 비인기과의 전문의가 자신이 개원해 운영하던 의원을 폐원하고 인기과로 다시 개원하는 일도 많은데, 그동안 전문의 자격을 따지 않은 일반의가 신규 개설하는 진료과 중 피부과, 성형외과가 단연 인기였지만 이제 정신건강의학과가 인기의 중심이 되고 있다.

정신건강의학과의 지원율은 2022년 138퍼센트, 2023년 159퍼센트, 2024년 178.9퍼센트로 지원율이 급등세를 보이며 결국 인기 진료과 1위가 되었다. 2024년도 빅5 병원의 전공의 모집에서 정신건강의학과 지원율은 서울아산병원 267퍼센트, 서울대병원 233퍼센트, 가톨릭중앙의료원 300퍼센트로 전체 과 중 1위였고, 서울삼성병원 150퍼센트, 세브란스병원 150퍼센트로 다른 병원에서도 높았다. 과거에 기피과이기도 했던 정신건강의학과의 놀라운 변신이 아닐 수 없다. 정신건강의학과에 대한 인식도 많이 개선되었고, 정신질환 환자도 크게 늘어나 개원 경쟁력이 크게 높아졌기 때문이다. 그럼에도 인구 1000명당 정신과 의사 수는 0.08~0.1 수준으로 OECD 평균의 절반 정도이며 OECD 국가 중 최하위권에 속한다. 정신건강에 대한 관심과 투자는 점점 더 늘어날 수밖에 없고, 정신과 의사의 인기도 계속될 가능성이 크다. 그리고 정신건강, 신경다양성에 대한 새로운 기회도 늘어날 것이다.

신경다양성을 자각한 Z세대, 취업보다 창업이 우선이다

▼

　Z세대는 전 세계 인구의 25퍼센트 정도다. 2025년 기준으로 20억 명 정도다. 미국 뱅크오브아메리카BoA가 2025년 3월 발간한《Z세대: 새로운 경제 주축Gen Z: A New Economic Force》보고서에 따르면 2030년이면 전 세계 노동 인구의 30퍼센트가 Z세대이고, 이들의 총소득은 36조 달러가 된다. 이후 계속 증가해 2040년이면 74조 달러로 급증한다. 이들의 소비력은 2024년 2조 7000억 달러에서 2030년 12조 6000억 달러로 크게 늘어난다. 분명 Z세대는 미래의 경제 주축이 맞다. 이런 Z세대가 절반이 스스로가 신경다양성을 지니고 있다고 말한다. 우리가 신경다양성을 비즈니스 관점에서 재해석하고 새로운 기회를 모색해야 할 결정적 이유가 바로 이 때문이다.

　온라인 플랫폼 ZenBusiness의 연구에 따르면, Z세대의 75퍼센트는 자신의 커리어 목표를 기업가 정신으로 삼고 있다. 취업을 우선하던 이전 세대들과 달리 창업에 가장 적극적인 태도를 가지는 Z세대 중 흥미롭게도 53퍼센트가 신경다양성을 지니고 있다고 밝혔다. '확실히

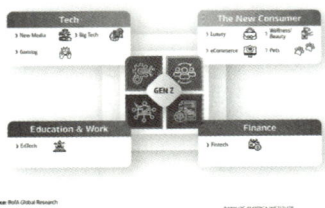

definitely' 가지고 있다고 대답한 사람이 22퍼센트, '어느 정도somewhat' 가지고 있다고 답한 비율이 31퍼센트다. 그 어떤 세대도 이렇게 많은 비율로 신경다양성을 가지지 않았고, 본인이 신경다양성을 지니고 있다는 사실을 이렇게 밝히지도 않았었다. 과거 세대들은 신경다양성은 자신이 가진 치명적 약점이라 여겼었다. 남들과 다른, 보편적이지 않은 본인의 특징 때문에 직장을 통한 경제활동에서 타인에게 차별당하거나 불이익을 받을 것이라는 우려 때문이었다.

하지만 취업이 아닌 창업이 우선인 사람에겐 좀 다르다. Z세대의 대다수는 신경다양성을 지닌 사람들이 기업가 정신에서 가장 중요하게 대두되는 창의성(90퍼센트), 진정성(80퍼센트), 근면성(72퍼센트), 인내심(72퍼센트), 허슬(64퍼센트)에서 다른 세대보다 더 잘할 가능성이 높다고 답했다. 단점으로만 인식했던 신경다양성을 Z세대는 장점이 될 수도 있다고 여기고 있다. 스마트폰과 소셜미디어를 태어나면서 쓰기 시작한 디지털 네이티브 세대로서 이전 세대에 비해 주의력 결핍이나 과잉행동, 난독이나 학습 장애, 성인 ADHD 등을 훨씬 더 많이 드러내고 있다. 이전 세대들이 오랫동안 검증하고 경험을 쌓아왔던 전통적인 직업에서 벗어나, Z세대들은 창의적이고 도전적인 일을 벌이며 새로운 기회를 만들어갈 수 있다.

아울러 이들이 가진 이런 신경적 특성은 AI를 비롯한 기술적 도구를 활용해 보완할 수도 있다. 자폐 스펙트럼을 가진 이들은 논리정연한 문장을 만드는 데 어려움을 겪는데, 대형 언어모델이 이 문제를 해소하는 데 도움을 준다. 신경다양성을 가진 사람들이 의사소통과 집중력, 논리적 문서 작성의 어려움 문제 등을 겪는 것을 AI 도구가 해결해준다면 그들이 가진 다른 능력이자 자질을 편견 없이, 손해 없이 발휘할 수 있게 된다. 신경다양성 때문에 자신의 능력, 개성, 창의력을 드러낼 기회를 가지지 못했던 이들이 많았을 것이다. 어쩌면 긁지 않은 복권이 될지도 모른다. 이제 AI가 신경다양성을 가진 사람들에게 새로운 기회를 만들어주고 있는 것이다. 가장 기술 친화적인 Z세대 중에 신경다양성을 지닌 사람이 가장 많은 데다 신경다양성을 단점이 아닌 장점으로 더 생각한다는 점을 우린 주목할 필요가 있다.

Z세대는 역사상 가장 창의적(기존의 방식과 틀을 가장 잘 깨는) 세대이자 가장 다양성을 지향하는 세대이며, 가장 기업가적인 세대다. 그런데

이들의 절반이 신경다양성을 지니고 있다. 물론 이건 ZenBusiness가 2023년 5월에 18세에서 25세 사이의 미국 Z세대 1000명을 대상으로 한 조사 결과일 뿐, 모든 Z세대의 절반이 신경다양성을 갖고 있다고 할 수는 없다. 설문조사이기에 응답한 사람이 자신의 신경적 특징을 과장해서 신경다양성으로 응답했을 수도 있다.

한국에서도 2030세대 중 자신이 성인 ADHD가 아닌가 하는 생각을 해보는 이들이 아주 많지만, 주의력이 산만하고 집중력이 떨어지고 과잉행동을 조금 한다고 다 ADHD라고 할 수도 없고, 무엇보다 의사의 진단이 필요하다. 그럼에도 불구하고 본인이 진짜 ADHD는 아닐지라도 ADHD에 가깝다고 인식하는 이들이 많아진 것은 사실이다.

기성세대와 디지털 네이티브는 다를 수밖에 없다. 취업이 우선인 인재가 많을수록 기업은 자사에 맞는 우수 인재를 확보하기가 수월해진다. 반면 창업에 우선인 인재가 많다면 인재 수급에서도 문제가 생긴다. 신경다양성 인재를 어떻게 활용할 것인가, 일하는 방식이나 조직문화, 인재관리에 신경다양성을 어떻게 녹여낼 것인가를 고민할 시기다.

그동안 기업들이 Z세대 직원들을 관리하기 힘들었던 이유 중 하나는, 그들이 이전 세대와 달리 완전한 디지털 네이티브이고, 취업보다 창업을 우선하며, 신경다양성을 보편적으로 갖고 있다는 점을 관리에 제대로 반영하지 못 했기 때문이 아닐까?

8장

어시 플레저,
즐겁게 지구하라

의식주 모두에서 드러나는 Earthy 욕망

Life_Trend_2026

#어시 플레저 #헬시 플레저 #오운완 #어시 에스테틱 #모스 그린 #머스타드 옐로우 #테라코타 #자연스러움 #에코패션 #슬로패션 #Earthy Cozy #슬로푸드 #Earthy Food #플렉시테리언 #어싱 #지오스민 #니치 향수 #데저트 던 #글로벌 풋프린트 네트워크 #지구 생태용량 초과의 날

LIFE TREND 2026

친환경은 불편한 의무가 아니라 새로운 소비 욕망으로 떠오르고 있다. 이제는 건강을 즐겁게 관리하는 '헬시 플레저'를 넘어 지구를 즐겁게 지키는 '어시 플레저'가 중요한 화두가 되었다. 패션과 인테리어에서도 자연 소재와 톤이 확산되고, 음식에서는 로컬푸드와 제철 식재료, 슬로푸드, 플렉시테리언 식단이 주목받는다. 향수 시장에서도 흙·비 냄새 같은 '어시'한 감각이 각광받고 있으며, 이는 자연으로부터 안정을 느끼는 인간의 본능과도 연결된다. 기후 위기의 심각성이 커질수록 불편한 환경주의는 힘을 잃고, 우리는 더욱 '어시 플레저'를 욕망하게 될 것이다.

    친환경은 좋지만 불편했다. 친환경을 위해선 내 욕망을 절제해야 하고, 다소 불편하거나 비용이 더 들더라도 감수해야 했다. 이런 건 오래가기 어렵다. 뭐든 욕망에 반하는 게 아니라 욕망에 부합해야만 오래간다.

    어시 플레저Earthy Pleasure는 친환경도 이제 욕망에 포함되었다는 증거다. 친환경에 대한 우리 사회의 진화이자 소비 욕망이 친환경을 흡수한 것이다. 텀블러는 일회용 컵을 쓰지 않기 위해서 들고 다니지만 처음엔 번거롭다고 여겼다. 그럼에도 불편을 감수한 이유는 환경을 지키고자 함이었다.

    그런데 이제 텀블러는 멋이 되고 스타일이 되었다. 누군가는 텀블러 수집이 취미가 되고, 텀블러를 사려고 줄을 서기도 하고, 텀블러를 패션 아이템처럼 자랑하기도 한다.

    여기서 한발 더 나아가 흙을 밟고, 땅에서 농작물이나 꽃을 키우는 것을 자랑하고 과시한다. 지금 시대의 여유는 오히려 흙에서 나온다. 자기 땅이 있고, 그 땅에서 뭔가를 키우고, 자연 그대로를 누릴 수 있다는 건 중요한 과시이자 욕망이다.

헬시 플레저? 이제 어시 플레저를 주목하라
▼

즐겁게 건강 관리한다는 의미로 만들어진 헬시 플레저Healthy Pleasure라는 신조어가 최근 몇 년간 많이 회자되고 마케팅에서도 활용되었다. 원래 건강 관리는 몸에 이롭지만, 힘들고 하기 싫은 것이었다. 먹고 싶은 것도 참아야 하고, 운동도 재미없다.

그런데 어차피 해야 할 운동이고 건강 관리라면 즐겁게 하자는 태도가 확산되며 #오운완을 인증하고, 식단도 공유하고, 함께 어울려 러닝도 하고, 운동으로 달라진 몸매도 자랑한다. 운동이 매력적인 취미로 떠오르고, 테니스 열풍, 러닝 열풍 등 2030세대 여성들이 운동 열풍에 빠지며 소셜미디어에는 운동하는 사진들로 도배가 되었다. 맛있는 걸 더 즐겁게 잘 먹기 위해 운동을 하고, 식음료 업계에선 제로 슈가, 제로 칼로리, 고단백 등의 말로 헬시 플레저를 지향하는 이들을 유혹한다. 헬시 플레저는 일상의 욕망이고 현재진행형 트렌드다.

그런 점에서 이제 우린 이제 어시 플레저를 주목해야 한다. 운동과 건강 관리가 우리 몸에 이롭듯, 친환경적 라이프도 우리 지구에(궁극적으론 우리 인간에게) 이롭기 때문이다. 어시 플레저는 흙(땅)냄새 나는 즐거움이 아니라 즐겁게 지구를 위하고, 자연 그대로의 소박함을 누리고, 땅에서 즐거움을 찾는다는 것을 의미한다.

　플라스틱 빨대 대신 종이 빨대를 쓰고, 에코백 좀 들고 다닌다고 친환경이 되는 건 아니다. 평소 에너지 사용과 물 사용량을 줄이고, 일회용품을 안 쓰는 생활 습관도 필요하고, 가공되지 않은 제철 음식을 먹고, 탄소발자국이 적은 로컬푸드를 먹는 것도 필요하다. 결국 입고, 먹고, 자고, 즐기는 모든 활동에서 어시 플레저가 필요한 것이다. 어시 플레저를 우리말로 바꾸면 아마도 '즐겁게 지구하라(지구를 구하라의 줄임말)' 정도가 될 듯하다. 불편한 환경주의가 가고, 즐거운 지구주의가 왔다.

　욕망은 남들보다 앞서고, 남과는 다른 것에 반응한다. 운동과 건강관리는 이제 누구나 하는 기본이 되었다. 헬시 플레저 덕분에 모두가 건강해지는 중이다. 소셜미디어로 자신이 운동하는 모습을 사진으로 찍어서 올리고, 식단도 보여준다. 운동과 건강 관리가 지금 시대엔 과시와 자랑거리가 되었기 때문이다.

이제 Earthy, Earth Friendly, Earth Positive가 새로운 과시, 자랑거리가 되고 있다. 화분 가꾸기와 정원에 대한 관심이 커지고, 숲과 산, 자연에서 즐기는 슬로우 라이프에 관심을 갖는다. 로컬푸드와 채식 위주의 식사를 하고, 운동하고 건강 관리를 잘하는 것도 궁극적으론 지구에 이롭다.

헬시 플레저와 어시 플레저는 사실 서로 연결되어 있다. 기후 위기에 대한 심각성을 더 실감하는 102030세대에게 어시 플레저는 선택이 아닌 필수다. 기업의 마케팅에서도 GREEN 타령은 이제 그만하고 EARTHY로 넘어가야 한다.

패션과 인테리어에서의 Earthy 트렌드
▼

어시 에스테틱Earthy Aesthetic은 하이 패션에서 일상 패션까지 꾸준히 확산 중인데 핵심은 자연의 색채와 소재다. 내츄럴 톤, 네이키드룩, 어스(흙) 톤 등 자연스러움을 지향하는 스타일이 계속 나왔다. 컬러에서는 이끼 녹색Moss Green과 머스타드 옐로우, 테라코타 등 대지와 식물에서 영감받은 컬러가 주목받고 있으며 심리적 안정감과 따뜻함을 준다. 소재에선 리넨, 면, 양모, 실크 등 천연 섬유가 주목받고 있으며 촉감, 통기성이 좋다. 스타일에선 보헤미안, 빈티지, 오버사이즈 등 자유롭고 자연스러운 개성을 추구한다. 패션의 어시 트렌드의 핵심은 자연스러움이다. 친환경을 구호처럼 외치는 게 아니라, 지구와 대지, 자연 그대로의 감성을 우리에게 준다. 소재와 컬러, 스타일이 과거로 회귀하면서 클래식하고 낭만적이었던 그 시절을 소환한다.

패션에서의 어시 트렌드와 에코패션은 비슷한 듯 조금 다르다. 에코패션Eco Fashion은 환경을 해치지 않고 지속가능성을 고려한 패션이다. 소재를 고를 때부터 친환경성뿐 아니라, 노동환경, 자원 순환 등을 전반적으로 고려한다. 소비자가 윤리적 소비를 지향하니 패션 기업은 에코패션을 꺼내 들었다. 업사이클링, 리사이클링으로 오래된 옷을 재활용하거나 버려진 폐플라스틱을 재가공해 옷과 신발, 가방을 만들었다.

기존의 재료가 아닌, 유칼립투스 섬유, 사탕수수, 대나무, 옥수수 등 친환경 소재를 활용해 옷과 신발을 만드는 시도도 전방위로 번졌다. 무농약, 무화학비료 재배로 환경오염을 줄인 유기농 면, 유기농 리넨도 활용했다. 동물성 가죽이 아닌 선인장, 버섯, 파인애플 껍질 등으로 만든 비건 레더도 유행처럼 번졌다.

패스트패션이 아니라, 질 좋은 소재의 옷을 오래 입는 슬로패션 Slow Fashion도 에코패션의 일환이다. 사실 패스트패션이 나오기 전 모든 패션은 슬로패션이었다고 할 수 있다. 과거로의 회귀인 셈이다.

인류는 진화라는 이름으로 환경을 파괴시켰고, 편리라는 이름으로 자원을 낭비했다. 패션산업이 에코패션을 들고나온 건 친환경을 위해서가 아니라 지속 가능한 생존을 위해서였다. 가장 환경을 해치는 산업 중 하나가 패션 산업인데, 스스로가 이 문제를 풀지 못하면 미래가 불투명해지기 때문이다. 그래서 에코패션을 대대적으로 시도하고 강조했는데, 생각보다 성과는 크지 않다. 아직까지는 그렇다.

에코패션은 패션 산업이 그들 앞에 놓인 친환경 과제를 풀어가는 방식이지, 엄밀히 말하자면 소비자의 스타일이 바뀌는 것은 아니다. 겉

보기엔 동물성 가죽이나 비건 가죽이나 모양이 비슷하고, 폐플라스틱 재활용해서 만드나 그냥 플라스틱으로 만드나 결과물이 비슷하고, 농약을 친 건지 안 친 건지 소비자가 소재에서 차이를 느끼지 못한다.

반면 어시패션은 스타일이 바뀌는 것이고, 눈으로 바로 차이를 느낄 수 있는 것이다. 아마 어시패션이 전방위로 확산되면, 에코패션도 더 잘 자리 잡을 것이다.

대지와 식물에서 영감받은 컬러는 인테리어 분야에서 먼저 활용했다. 자연스러운 분위기로의 회귀, 야외에 있는 자연의 컬러를 실내로 끌어들이는 어시 코지Earthy Cozy가 최근 수년째 인테리어 분야에서 관심을 받고 있다. 흙과 땅을 연상시키는 갈색, 모래색, 회색, 베이지, 초콜릿 브라운, 테라코타의 붉은색 등과 식물을 연상시키는 따뜻한 카키, 올리브, 녹색 등이 대표적인 어스톤이다.

소재에선 벽돌, 천연석, 테라코타, 원목 등이 각광받고 있다. 가장 클래식한 소재이자 컬러다. 채광과 환기도 중요한데, 자연광을 최대한 활용한다. 여기에 화분도 적극 활용한다. 물리적 안정감과 정서적 안정감을 주는 것이 어시 코지 인테리어의 의도다. 자연의 품으로 돌아가는, 가장 오래된 집의 원형으로 돌아가는 것이다. 그만큼 우리가 삭막한 회색 콘크리트 숲, 금속과 시멘트로 만들어진 건물, 도로와 차들 속에서 하루하루 바쁘고 치열하게 살아가기 때문이다.

욕망은 늘 현실의 불만을 해소하는 것을 지향한다. 집에서 우린 자연을 원하고 있다. 그만큼 자연과 멀리 떨어진 인공의 공간에서 일하고, 잠자고, 살아가기 때문이다. 모두가 정원 있는 단독주택으로 가진 못하지만, 아파트가 자연을 최대한 끌어들여 어시 코지를 충족하려 든다. 아파트 단지의 조경도 점점 더 중요해지고 있고, 아파트 분위기에서 삭막함을 지우려 애쓴다. 우리 주변에 자연이 흔하고, 모두가 산과 숲, 강에 쉽게 접근하던 시절에는 오히려 인공적인 것이 더 매력적이고 사람들이 욕망하던 것이었다.

우린 왜 어시 트렌드에 반응하나?
▼

식생활에서 어시 트렌드는 화학적 가공을 최소화한 자연적 재료, 제철 식재료, 지역 농산물 등 본연의 맛을 중요하게 다룬다. 우리의 입맛이 가공식품과 화학물질로 변질되었다면, 최소한의 손질로 재료 본연의 맛을 내어 인간이 가진 본능적인 미각을 회복하는 것이 음식에서의 Earthy다.

사실 이건 지구를 위해서가 아니라 나 자신을 위해서다. 내 건강을 위해 가장 안전하고 좋은 먹거리를 찾는 건 당연하다. 가까운 지역에서 난 로컬푸드로 푸드 마일리지도 최소화하고 제철 식재료를 먹는 것도, 직접 텃밭에서 제철 농산물을 키우는 것도 식생활에서의 Earthy다. 도시 정원/텃밭, 발코니 정원/텃밭, 옥상 정원/텃밭, 정원/텃밭 공동체 등은 모두 일상에 자연을 가까이 두고 직접 채소를 키우는 이들이 증가하며 확산시킨 개념이다.

패션에서 패스트패션이 아닌 슬로패션이 대두되듯, 음식에서도 패스트푸드의 반대인 슬로푸드가 대두된다. 특색 있는 식자재와 맛을 지키고 전통적인 요리법을 보존하는 것이 슬로푸드의 핵심인데, 사실 이것도 과거로의 회귀이면서 오리지널로 되돌아가는 일이다. 패스트푸드가 나오기 전엔 다 슬로푸드였으니까. 그것이 요리의 기본이기도 하고, 제철 음식과 집밥 문화가 우리가 일상에서 접하는 대표적 슬로푸드이기 때문이기도 하다. 발효, 저장 등 과거에 냉장고가 없던 시대의 요리법도 포함된다. 여기에 음식을 담는 그릇도 거친 도자기나 놋쇠, 원목 그릇을 쓰면 어시푸드 식탁의 완성이고, 산이나 숲이 보이는 식탁이라면 금상첨화다.

참고로 네이버 검색어 트렌드에서 2016년 8월에서 2025년 8월 사이에 '제철 음식'과 '배달 음식' 검색량 추이를 살펴봤다. 연령대는 19~39세만 봤다. 제철 음식에 가장 관심 없어 할 연령대로 보일 수 있겠지만, 이들마저도 최근 몇 년간 제철 음식에 대한 관심도가 크게 증가했다. 반면 배달 음식에 대한 관심도는 크게 줄어들었다.

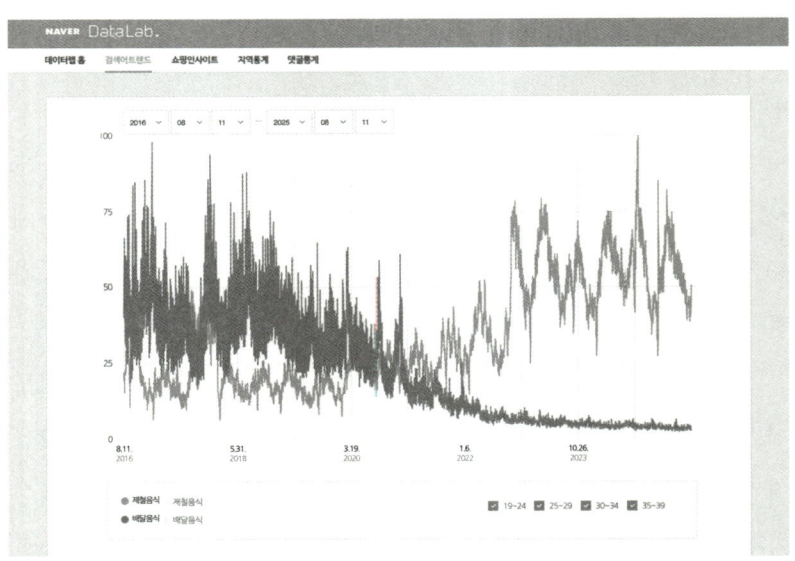

식물성 식단 확대도 중요하다. 지속가능성, 친환경을 위해선 채식은 필수다. 엄밀히 말하자면 고기를 끊자는 게 아니라 줄이자는 것이다. 우리는 이미 고기를 너무 과잉 섭취하고 있다. 비건처럼 엄격한 채식주의자가 아니라 필요시 고기도 먹는 유연한 채식주의자인 플렉시테리언Flexitarian이 되는 것도 식생활에서의 어시가 된다.

건강에 대한 관심이 높아지면 자연스럽게 인간의 본성에도 더 주목할 수밖에 없다. 현대에 만들어낸 인공적 식품이 아닌 수백 년 전에도 먹었던, 가장 자연에 가까운 음식에 대한 관심이 커지는 것도 어시다. 《라이프 트렌드 2025》에서 '본격적 Climateflation 시대 & 소비 대상이 된 heirloom' 이슈를 통해 Heirloom Vegetable(에어룸은 조상 대대로 물려온 보물, 즉 '가보'를 뜻하는 말로, 에어룸 베지터블이란 유전자 변형이나 근대적 농업 기술을 거치지 않고 대대로 전해 내려온 전통 품종의 채소를 말한다) 과 고대 작물 소비를 다룬 바 있는데, 이것도 어시 트렌드의 일환이다.

맨발 걷기가 유행하며 전국에 수많은 맨발 길, 황톳길이 만들어졌는데, 맨발 걷기를 영어로 하면 어싱Earthing이 된다. 땅에 우리의 몸을 직접 연결시키는 것이다. 물론 어싱에 대한 유사 과학도 있지만, 중요한 건 신발이 존재하기 전 인류에게 맨발 걷기는 일상이었고, 땅에 발을 닿게 하는 행위는 건강을 떠나 다양한 심리적, 문화적 효과도 있다. 신발로 인해 과잉보호 받은 발을 자연 그대로의 상태로 되돌리는 것이기도 하다. 맨발 걷기는 한국뿐 아니라 전 세계로 번졌다.

그렇다면 왜 우린 어시 트렌드에 반응하는가? 어시 트렌드는 '자연 친화'나 '에코 라이프'와는 수준이 다르다. 어시 트렌드는 친환경이 주인공이 아니라, 인간의 욕망이다. 심리적, 정서적 안정을 원하고, 원

초적이고 근원적인 만족으로 돌아가려는 것이다. 인간과 자연의 경계가 유연해지고 내부와 외부와 조화로운 연결이 강화된다. 이것이 진정한 지속가능성이다. 어시 플레저는 삶의 태도다. 이 태도는 의식주를 비롯해 공간, 소비, 예술, 쾌락, 취미 등 모든 분야로 확장된다. 지구를 위해서 불편하더라도 친환경을 하자는 접근에서, 우리의 행복과 안정 편안함을 위해 어시 플레저를 누리겠다는 접근이 된 것이다.

인간의 본능과 지오스민

▼

인간은 직립을 하면서 후각의 중요성이 크게 감소했다는 이론이 있다. 땅바닥에 붙어서 다니는 동물들이 코의 위치나 구조에서 후각이 발달하기 더 유리하다. 인간은 1000여 개의 후각 수용체 유전자 중 300여 개 정도만 작용하고 나머지는 체내에서 화석 유전자로 남아 있을 정도로 후각이 퇴화, 약화되었다. 그래서 다른 동물에 비해 후각이 떨어진다.

그런데 인간이 웬만한 동물들보다 더 잘 감지해 내는 특정 냄새가 있다. 그게 바로 지오스민Geosmin이다. 지오스민은 흙GEO과 냄새Osme가 합쳐진 그리스어로 흙의 냄새라는 의미를 가진다. 인간은 공기 중에서 0.005ppb의 농도의 지오스민도 감지하는데, 이 정도면 상어가 피 냄새를 감지하는 것보다 더 민감한 수준이다.

비가 오고 나면 특유의 비 냄새이자 흙냄새가 난다. 비 자체에서 이런 냄새가 나는 것이 아니다. 땅이나 바위 틈새에 식물들이 발산한 식물성 기름이 저장되어 있고, 이 기름이 땅속 박테리아에 의해 지오스민이라는 알코올성 유기화합물(화학식은 C12H22O)로 만들어지는데, 빗방울이 이들과 합쳐서 공기 중에 뿜어지며 우리가 아는 비 냄새를 만들어낸다. 신선한 풀 내음으로 느껴지기도 하고 흙 내음으로 느껴지기도 한다. 지오스민은 향수 원료로도 활용된다.

2022년 미국 국립보건원에 발표된 연구 결과에 따르면, 지오스민 냄새를 맡은 사람들은 혈중 세로토닌(행복 호르몬) 수치가 높아지고, 우울증과 관련한 염증 지표인 C 반응성 단백질 수치가 감소한 연구도 있다. 이런 연구를 보면 건강이 안 좋은 사람들이 숲이나 외곽으로 가서 땅과 나무 가까이서 요양하는 것이 건강에 영향을 준다고도 볼 수 있는 것이다.

늦가을에서 겨울로 넘어가는 시기, 낙엽이 흙에서 분해되는 과정에서 지오스민이 많이 방출되는데, 가을의 비 냄새, 흙냄새가 더 짙은 셈이다. 아스팔트 도로와 콘크리트 빌딩, 아파트에 있을 때보단 산이나

숲이 가까이 있거나, 정원이 있는 단독주택에서 특유의 비 냄새가 더 나는데, 사람들이 흙냄새, 자연의 향기에 대한 관심이 높아지면서 향수나 야외 활동, 집에 대한 선호도에도 영향을 준다.

흙냄새, 비 냄새 말고도 인간이 민감한 냄새는 과일의 과즙 향과 과일의 상한 냄새다. 특히 사과가 썩을 때 나는 냄새에 대해선 개보다 더 민감했다.

그런데 동물에 비해 후각이 떨어진다는 인간이 유독 흙, 비(물), 과일 냄새에는 민감할까? 물이 부족한 아프리카에서 인류가 시작되었으므로 물에 민감한 것으로 추정되고, 당시 과일 채집이 중요 식량이었기에 과일과 식물에서 생성되는 향기에도 민감한 것으로 추정된다. 이 때문에 인간은 흙냄새, 비 냄새, 풀 냄새, 과일 냄새 등 가장 자연에 가까운 냄새를 맡으면 심리적으로 안정되고 편안해진다. 향에서도 어시는 본능적인 것이다.

국내 향수 시장은 2019년 5000억 원 규모에서 2024년 1조 원을 넘어설 정도로 크게 성장했다. 2022년에 급성장했고 2023~2025년에도 성장세는 이어지고 있다. 글로벌 명품 브랜드(샤넬, 크리스찬디올, 톰포드 등) 향수가 아닌 니치 향수(소수 고객의 취향에 맞춘 고급 향수)가 이런 성장세의 원동력이다. 영국의 조말론, 프랑스의 딥티크, 스웨덴의 바이레도 등이 전 세계에서 인기 많은, 가장 대중적인 니치 향수 브랜드다.

이 중 바이레도는 전 세계에서 한국인이 가장 좋아한다고 해도 과언이 아니다. 바이레도 전체 매출에서 국가별 순위 1위가 바로 한국이다. 2014년 신세계인터내셔널이 바이레도의 판권을 확보해 국내 시장에서 판매하기 시작했는데, 10년 만인 2024년 9월 바이레도가 직접 한국 시장에 직접 진출했다. 그만큼 중요한 시장으로 인식해서다.

바이레도는 좋은 천연재료를 찾아 최소한의 조합으로 만든다는 철학으로 자연에 가까운 향을 주로 만든다. 2024년 9월 바이레도가 선보인 향수는 사막의 새벽이라는 의미인 '데저트 던 Desert Dawn'이다. 건조한 사막과 나무를 연상시키는 향이다. 바이레도를 설립한 벤 고햄이 2006년에 첫 번째로 만든 향수는 그린빈 Green Bean(풋강낭콩)이었는데, 본인이 기억하는 어릴 적 아버지의 체취가 그린빈 냄새였기 때문이다.

결과적으로 자연의 향을 지향하는 바이레도는 대중의 호응을 받았다. 계속 커지고 있는 향수 시장에서도 어시는 중요하게 바라볼 화두다.

올해 지구 생태 용량 초과의 날은 언제?

▼

어쩌면 우리가 대도시의 인공적인 건축 속에서 살지 않고, 기후 위기도 심각해지고 있는 상황이 아니었다면 어쩌는 욕망이 되지 않았을 수 있다. 뭐든 자신이 충분히 가진 것은 소중함을 모른다. 자연이 흔할 때는 몰랐다가, 자연이 귀해지니까 다시 과거의 삶을 욕망한다.

글로벌 풋프린트 네트워크Global Footprint Network는 2003년에 설립된 생태 발자국 분야의 국제기구이자 독립 싱크탱크다. 우린 생각보다 더 지구를 과잉 소비해왔다. 현재 인류는 지구 생태계 재생 속도보다 2배 가까이 빠른 속도로 자연을 이용하고 있는데, 매년 인류는 지구 1.8개 분량의 자원을 사용하는 셈이다. 하나밖에 없는 지구인데, 그곳에 사는 82억 명 세계 인구가 매년 지구 2개가 재생할 양의 자원을 써버리고 있는 셈이다.

과도한 자연 고갈은 생물다양성 손실, 극심한 기상이변, 식량 생산

감소 등의 결과를 초래하고 결국 우리가 겪을 위기가 된다.

글로벌 풋프린트 네트워크가 매년 지구 생태 용량 초과의 날Earth Overshoot Day을 발표하는데 2025년엔 7월 24일이었다. 즉 지구 전체가 7월에 벌써 그해에 재생될 생태 용량을 다 써버린단 얘기다.

1971년부터 2025년까지 매년 지구 생태 용량 초과의 날을 보면 심각성이 확연히 드러난다. 50년 전까지만 해도 지구 생태 용량 초과의 날이 12월이었는데, 20년 전엔 9월, 10년 전에는 8월이다가 5년 전부터 7월이 되었다. 생태적 피해를 감당할 수 있는 한계를 넘어서고 있는 것이다. 가정 경제로 비유하면 한 해 벌이의 2배를 써버리는 것이다. 부채가 쌓인다는 이야기인데, 벌이가 늘어날 가능성이 없는 상황에서 계속 초과 소비하게 되면 결국 가정 경제는 무너지게 된다.

지구는 50년 가까이 생태 용량의 부채를 계속 늘려오고 있다. 결국 현재 감당해야 할 문제를 미래로 미룰수록 탄소 감축을 비롯한 기후 위기 대응에 필요한 재원은 기하급수적으로 늘어난다. 다음 세대에게 폭탄을 떠넘기는 셈이다.

각 나라별로도 지구 생태 용량 초과의 날이 발표되는데, 자연 고갈이 심하고 탄소 배출량이 큰 나라일수록 훨씬 앞당겨진다. 한국은 4월 9일이다. 지구의 모든 사람들이 한국인처럼 지구를 쓴다면 지구는 3.7개가 필요하다. 물론 한국인이 유독 심한 것은 아니다. 미국은 3월 13일이고, 주요 경제 선진국이 3~5월에 포진되어 있다.

매년 우리는 더 심해지는 폭염을 겪는다. 매년 기상이변으로 인한 피해도 겪는다. 매년 대기 온도는 높아지고, 바다의 온도도 높아진다. 이건 다른 누구 때문도 아닌 인류 때문에 생긴 일이다. 기후 위기 대응,

2025년 나라별 지구 생태 용량 초과의 날

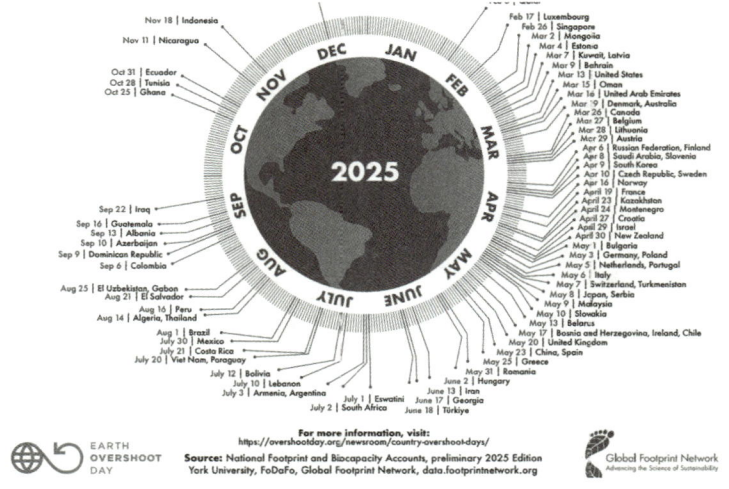

 탄소 감축, 친환경의 필요성에 대한 목소리는 점점 더 커질 수밖에 없다. 나중에는 더 심각한 현실을 만날 것이기 때문이다. 이때 우리의 욕망은 어디를 지향해간다. 위기 속에서도 누군가는 욕망을 해석해 기회를 만들어낸다.

9장

귀여움 경제

왜 요즘 어른들은
귀여움을 적극 소비하는가?

Life_Trend_2026

#귀여움 경제 #글로벌 굿즈 #봉제 인형 #팬더 문화 #글로벌 애니메이션 시장 #글로벌 장난감 시장 #산리오 #라부부 #팝마트 #리셀 시장 #디즈니 #헬로 키티 #키덜트 #베이비 스키마 이론 #키링 #백꾸 #다꾸 #신꾸 #폰꾸 #카꾸 #인꾸 #별다꾸

LIFE TREND 2026

귀여움은 이제 하나의 경제이자 거대한 시장이 되었다. 인스타그램과 틱톡에서 '#cute' 해시태그 콘텐츠가 수천억 회 조회되고, 장난감·피규어·키링으로 이어지는 귀여움 소비는 성인들의 일상과 취향 속에 깊숙이 들어왔다. 랜덤박스와 한정판 구조는 희소성과 리셀 시장을 형성하며 귀여움 소비를 반복이고 중독적인 욕망으로 강화한다. 과거에는 유치하거나 미성숙한 것으로 치부되었던 키덜트 문화도 자기 치유와 취향 소비의 보편적 방식으로 받아들여지고 있다. 불안과 고독이 커지는 시대에 귀여움은 인간 본능과 정서적 안정에 기댄 가장 합리적 소비이자, 무한히 확장 가능한 마케팅 수단이 되었다.

    틱톡에 귀엽다는 뜻의 해시태그 #cute가 붙은 영상은 8950만 개가 있고, 이 영상들의 조회수는 9000억 회 정도다. #cutecat(영상 개수 480만 개)처럼 cute가 들어간 영상을 다 합치면 수억 개 이상일 듯하다. 인스타그램에서도 cute가 들어간 해시태그로 검색하면 수천만 장의 사진이 나온다. 소셜미디어에서도 자신의 일상 모습에서부터 반려동물, 자녀, 취미, 자신의 물건 등으로 '귀여움'을 적극 드러낸다.

    사람들이 귀여워 하는 대상에는 고양이, 동물, 아이들도 많지만, 장난감이나 키링, 굿즈 등 귀여움을 내건 소비재도 많다. 우리가 주목해야 할 부분은 귀여움을 소비하는 사람들이 아주 많고, 귀여움 경제 Cute Economy라고 불릴 정도로 중요한 시장이 되었다는 것이다.

귀여움 경제 규모는 400조 원?

▼

귀여움 경제 규모는 어느 정도 될까?

우선 귀여움 경제에 포함될 대표적인 분야가 글로벌 굿즈다. 2025년 글로벌 굿즈(라이선스 엔터테인먼트 및 캐릭터 상품) 시장 규모는 약 1668억 달러(약 2290조 원) 정도로 추정된다. 주요 시장 참여 기업은 디즈니, 해즈브로, 워너브라더스, 포켓몬 컴퍼니, 매텔, 산리오 등이 있으며, 주요 매출의 절반 정도가 상위 5개 업체에서 발생한다.

굿즈 시장은 애니메이션, 만화, 게임, 아이돌 등 다양한 콘텐츠 IP를 기반으로 한 상품과 팬덤 문화에 의해 빠르게 성장하고 있다. 2025년 기준으로 글로벌 애니메이션 시장은 약 367억 달러(약 48조 원)로 추정되고, 글로벌 장난감 시장 규모는 약 757억 달러(약 100조 원대), 봉제 인형 시장 규모는 약 130억 달러(약 19조 원)로 각기 추정된다. 이걸 다 합치면 2922억 달러(약 405조 원)다. 물론 서로 중복되는 것들도 있어서 실제 합은 이보다 적을 것이다.

그런데 귀여운 고양이를 비롯한 반려동물, 아이 등 귀여움 경제에 포함될 시장은 더 있다. 그리고 이들 시장에서도 돈을 쓰는 것도, 소비를 주도하는 것도 다 어린이가 아닌 성인이다. 귀여움을 내세운 비즈니스지만 귀여움 경제의 사이즈를 보면 결코 귀엽고 만만하게 볼 사이즈가 아니다.

귀여움 소비는 전염이 빠르다. 특히 소셜미디어를 통해 인플루언서가 귀여움을 소비하면 놀라운 파급력이 생긴다. 2024년 4월 블랙핑크 멤버 리사가 가방에 라부부Labubu 키링을 달고 있는 모습(라부부 박스

를 인증한 것도 여러 번)이 노출된 후 주목을 받았고, 태국을 필두로 아시아 전역에서 선풍적 인기를 얻었으며 미국과 유럽에서도 인기다. 블랙핑크 로제, 미국에서 인기 많은 영국 래퍼 센트럴씨, 팝스타 리한나, 미국 배우 엠마 로버츠, NBA 스타 딜런 브룩스 등 글로벌 스타들도 라부부 인형과 키링을 가방에 달고 있는 모습이 전 세계에 퍼졌다. 스타들 중에는 50세 데이비드 베컴과 44세 킴 카다시안도 있다. 심지어 미국 LA에선 마스크 쓴 도둑이 매장에서 7000달러어치 라부부를 훔치는 사건도 발생했고, 영국 팝마트에서 라부부를 사러 너무 많은 사람이 몰려와 안전 문제로 라부부 판매를 중단하기도 했다. 더현대 서울에 입점한 팝마트 매장에서도 라부부 판매를 중단하기도 했다.

라부부의 인기가 하늘로 치솟으며 짝퉁도 많아졌는데, 유명 연예인들이 라부부를 선물 받아서 좋아서 인증했더니 그게 짝퉁인 경우도 많았다. 입소문을 타고 관심을 증폭시킬 이슈가 계속 나오니 라부부와 관련한 밈이 쏟아져나온다. 해시태그 #labubu는 틱톡에 270만 개, 인스타그램에 162만 개가 있고, 최근 1년 새 크게 늘었다.

라부부는 홍콩 출신 디자이너가 북유럽 신화에서 영감을 받아서 만든 그림책의 일러스트레이션인데, 2019년부터 중국 완구 기업 팝마트와 라이선스 계약을 맺었다. 처음엔 플라스틱 피규어로 인기를 조금 얻었고, 2023년부터 봉제 인형으로 나오며 세계 시장으로 퍼졌다.

리사 덕분에 가는 말에 날개를 단 격이 된 라부부는 전 세계 Z세대의 뜨거운 사랑을 받고 있다. 라부부 덕분에 팝마트는 글로벌 기업으로 도약했고, 세계 IP 시장에서도 약진했다.

참고로 2024년 팝마트 전체 매출은 130억 4000만 위안(약 2조 5330억 원)이었고, 그중 라부부 인형의 매출은 30억 위안(약 5830억 원)이었다. 특히 팝마트의 중국 외 지역 매출이 375.2퍼센트 급증한 50억 7000만 위안(약 9850억 원)이었는데, 라부부가 매출의 일등 공신이다. 미국 내 매출은 900퍼센트 정도 성장한 것으로 추정된다. 홍콩 증권거래소에 상장한 팝마트 주가도 고공행진 중인데 2025년 1월부터 8월까지만 200퍼센트 정도 올랐다.

라부부는 랜덤박스로 판매된다. 열어보기 전까진 어떤 디자인의 캐릭터가 들어있는지 모른다. 라부부는 시리즈마다 차이가 있긴 하지만 대개 6~12종의 일반 캐릭터와 1종의 시크릿 캐릭터가 있다. 시크릿 캐릭터가 나올 확률은 72분의 1에서 144분의 1 정도다. 원하는 캐릭터를 얻기 위해선 사고 또 사야 한다.

갖고 싶은 것을 쉽게 가질 수 없는 건 강렬한 욕망이 된다. 리셀 거래 플랫폼에서 시크릿 캐릭터는 원래 판매가의 20배 정도로 거래되기도 하고, 한정판 라부부 키링이 34배 오른 값에 거래되기도 했다. 리셀 플랫폼 크림에서 2025년 6월 라부부 거래액은 전월 대비 121퍼센트 증가했고, 전년 동기 대비 7711퍼센트 급증했다. 리셀 시장은 현시점에서 어떤 상품이 인기와 희소성이 큰지를 볼 수 있는 바로미터다.

랜덤과 희소성은 욕망의 트리거가 되는데, 라부부 말고도 포켓몬빵의 띠부씰도 그랬다. 1020대가 주로 반응했고, 3040대도 나섰다. 띠부씰은 이들에게 수집의 대상이 되어 반복 구매하게 만들었다.

한번 사면 그만인 상품과 계속 새로운 시리즈가 나올 때마다 사게 만드는 상품은 다르다. 누구나 후자를 원하지만 아무나 그렇게 될 수는 없다. 다만, 되기만 한다면 엄청난 성과를 만들어낼 수 있고, 롱런할 수도 있다. 분명 라부부의 인기도 언젠가 식겠지만, 팬덤은 유지될 것이다. 그리고 팬덤은 계속 나이를 먹어간다. 어릴 때 좋아했던 캐릭터를 어른이 되어서도 계속 좋아할 수 있는 것이다.

사실 미키 마우스와 푸는 100살 정도고 헬로키티는 50살이 넘었다. 디즈니가 1926년에 만든 위니 더 푸, 1928년에 만든 미키 마우스, 1974년에 만들어진 헬로 키티와 1996년에 나온 포켓몬(특히 피카츄) 등은 아주 오래되었지만 여전히 글로벌 캐릭터 상품 가치에서 최상위권에 있고, 세대를 막론하고 소비된다.

왜 어른들이 귀여운 굿즈와 장난감에 열광하나?

▼

아이Kid+성인Adult을 합친 말이 키덜트Kidult다. 영어사전Cambridge Dictionary에 Kidult의 정의는 '아동용으로 만들어진 것을 좋아하거나 구매하는 성인An adult who likes doing or buying things that are intended for children'이다. 1950년대 미국에서 나온 말인데, 아동을 대상으로 만들어진 방송을 시청하는 성인을 지칭했다. 실제로 방송사에서 키덜트를 겨냥해 아동용 방송을 (아이들이 학교 갔다 온 오후 시간이 아닌) 저녁 시간에 하기도 했다.

처음에는 키덜트가 미성숙한 성인Immature Adult이나 어린이 같은 성인Childish Adult으로 여겨졌으나, 점점 콘텐츠와 놀이에 대한 취향이자 취미로 보며 마케팅의 중요 대상으로 삼게 되었다. 감수성이나 놀이방식, 좋아하는 것들이 어린 시절의 취향을 유지하고 있다고 철들지 않은 어른으로 볼 필요는 없다. 어린 시절에 먹었던 과자를 여전히 좋아하는 중장년도 있고, 어린 시절 봤던 애니메이션을 여전히 좋아하는 노인도 있다. 아이답고 어른답고의 문제는 감수성이나 취향이 아니라, 문제를 해결하는 방식이나 책임성, 포용성 등이 기준이 되어야 하기 때문이다. 그래서 키덜트를 바라보는 시각도 더 이상 철들지 않거나, 유치한 어른으로 보지 않는다.

우리말로는 '어른이'라고도 부르고, 키덜트를 보편적 문화로 보지 않고 그들만의 리그로 봐서 '키덜트족'이라고도 많이 썼다. 국내에선 2000년대 초중반부터 키덜트라는 말이 회자되기 시작했고, 2010년대 중반부터 본격적으로 '키덜트족'을 주목했다. 비주류 마이너에서 새로운 마케팅 타깃으로 바라보기 시작했고, 사회적으로도 '철 안 든 어린애 같은 어른'에서 '자기만의 세계가 있는 취향 소비자'로 인식하기 시작했다. 2020년대 들어서는 스스로를 키덜트라고 드러내는 이들이 아주 많아졌고, 키덜트의 보편화, 즉 누구나 키덜트가 되는 시대가 되었다.

이전에는 키덜트를 얘기하면서 피터 팬 신드롬을 거론하는 경우가 많았는데, 성인이 되면서 겪게 되는 책임과 도전을 거부하거나 회피하고 정서적 또는 심리적 미성숙 상태를 유지하는 개인을 일컫는 것이 피터 팬 증후군(영원한 소년 증후군)이다. 사실 키덜트라서 장난감도 좋아하고 애니메이션을 좋아해도, 어른으로서 겪는 책임과 도전을 잘 받아들이는 이들도 많다. 그래서 키덜트와 피터 팬을 같은 선상에서 놓는 것은 지금 시대엔 맞지 않을 수도 있다. 어른의 삶의 태도는 태도이고, 장난감이나 귀여운 인형을 좋아하는 취향은 취향일 뿐 둘을 하나로 묶을 필요는 없다.

흥미롭게 팬데믹 기간(2020~2022년)에 미국에서 장난감 판매량이 37퍼센트 증가했는데, 업계 관계자들은 부모들이 팬데믹으로 외부 활동이 줄어들고 봉쇄된 환경에서 아이들을 위해 많이 사준 것으로 분석했었다. 그런데 막상 미국 장난감 협회 Toy Association가 실시한 조사에서 성인 응답자의 58퍼센트가 팬데믹 기간 중 개인적인 용도로 장난감과 게임을 구매했다고 응답했다. 사실 아이들은 스마트폰이나 온라인에 익숙하다. 오히려 장난감에 익숙한 건 지금의 성인들이다.

키덜트의 증가 이유 중 가장 먼저 꼽히는 것은 어린 시절 향수와 위안 심리다. 현대인은 팍팍하고 각박한 현실에서 스트레스를 풀고, 심리적 안정감을 가지기 위해서 자신들이 어릴 적 즐겁고 편안했던 상황을 떠올리려고 한다. 그리고 여기서 큰 역할을 하는 것이 장난감이다. 장난감이나 인형은 내 손으로 직접 가지고 노는 것이고, 내가 통제하며, 내가 그들을 보살핀다. 이런 것이 대리만족과 감정적 치유가 된다는 해석이 많다.

그리고 자기 취향과 개성을 존중하는 시대에 살면서, 소비와 라이프스타일에서 자신을 중심에 두는 경향이 강해진다. 남이 어떻게 볼 것인지보다 내가 즐겁고, 내가 좋아하는 자기중심적 취향 추구가 주류가 되었다. 시대의 흐름에 따라 키덜트도 자연스럽게 음지에서 양지로 나왔다. 과거엔 키덜트를 덕후(오타쿠)나 철이 안 든 이상한 아이, 특이한 아이 같은 시각으로 보기도 했다면, 이제 그런 시각은 거의 자취를 감췄다. 이러니 누구나 키덜트 욕망을 쉽게 표출하게 된다.

결정적으로 1인 가구 증가와 경제적 여유 증가가 키덜트를 증가시켰다. 혼자 사는 사람은 자신의 공간에 둘 소품을 자신이 좋아하는 물건들로 채운다. 다른 가족과 살거나 부모와 살 때는 하지 못 했던 것들을 1인 가구에선 더 자유롭게 한다. 어릴 때는 비싸서 엄두도 내지 못했던 고가의 피규어나 레고 블록 세트, 프리미엄 굿즈를 사더라도 누가 뭐라고 할 사람도 없다. 특히 고가의 제품들은 구매력 높은 3040대 키덜트들이 주요 소비자다. 단지 귀엽다는 이유로, 단지 내가 좋아한다는 이유로 '실용성'과는 무관한 물건도 살 수 있다.

실용주의가 확산하는 시대이고 가성비를 따지는 실용세대가 분명히 많아졌지만, 자신을 즐겁게 만드는 것에 대한 소비는 포기하지 않는다.

귀여운 것에 끌리는 것은 본능일까?
▼

1943년 동물학자 콘래드 로렌츠Konrad Lorenz가 베이비 스키마Baby Schema 이론을 제시했는데, 인간이 귀엽다고 느끼는 것은 진화적으로 부모가 아이를 돌보는 본능적 반응 때문이라는 주장을 담고 있다. 동물 중 포유류가 가장 독립적 생존 능력이 떨어진다. 포유류는 태어나자마자 혼자서 살아갈 수 없고, 그중 인간은 가장 오랜 기간 부모의 양육이 필요하다. 어린아이로선 부모가 자신을 돌보게 만들어야 생존이 가능한데, 그래서 결국 부모에게 귀여움을 어필하도록 진화했다는 것이다. 귀여움을 느끼면 인간의 두뇌 보상회로가 활성화되고, 돌봐주고 싶다는 감정과 쾌감이 동반된다고 한다. 귀여운 것을 가까이 두고, 만지고, 돌보려는 욕구는 인간의 본능인 셈이다. 인간에게 종족 보존을 위해 어린아이의 외모는 귀엽게 태어나고, 어른은 이를 보며 귀여움을 느껴서 기꺼이 양육한다는 것이다.

콘래드 로렌츠가 귀여움을 유발하기 위한 7가지 조건을 제시했는

콘래드 로렌츠의 귀여움을 유발하는 조건들

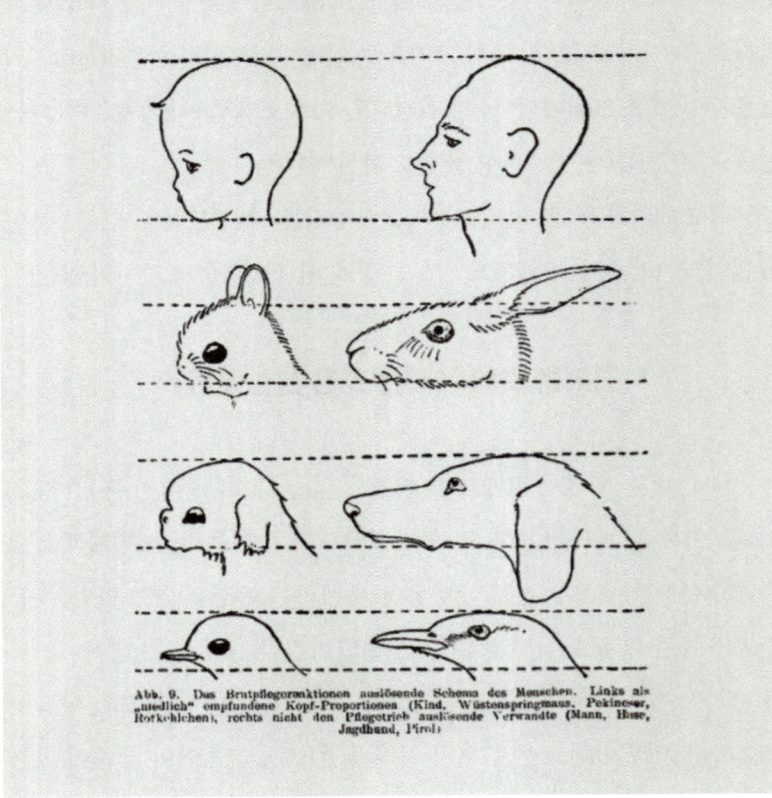

데, 상대적으로 두껍고 큰 머리, 돔형 이마(둥그란 앞짱구), 크고 깊은 눈, 상대적으로 짧고 두꺼운 팔다리와 큰 손과 발, 전반적으로 동글동글한 몸의 형태, 부드럽고 탱탱한 피부 질감, 둥글고 튀어나온 볼 등이다. 이 조건은 어린아이와 포유류의 새끼에 보편적으로 적용된다. 인형과 애니메이션 캐릭터에 등장하는 사람이나 동물은 이런 조건을 가진 경우가 많다. 어린아이와 동물의 새끼에서 드러난 외형이 결국 인간에게 귀여움을 어필할 디자인 가이드가 되는 셈이다.

인형과 캐릭터, 굿즈가 귀여움을 어필하면 '돌보려는 본능' 때문에 '구매'부터 해야 한다. 귀여움은 일상의 소소한 행복이자 심리적 안정감을 준다. 귀여움은 공격적이지 않아, 견제하거나 방어할 필요가 없기에 우리가 더 편안하게 다가간다. 어른이 귀여움에 빠져드는 건 '유치해서' 그런 것도 아니고, '철없어서' 그런 것도 아니고, 단지 심리적 안정과 즐거움을 위한 정서적 본능에 가까운 것이라고도 볼 수 있는 것이다. 문화적 유행이나 심미적 취향에 앞서 인간의 생물학적, 심리적 본능에 이미 '귀여움에 대한 끌림'이 존재한다.

콘래드 로렌츠의 이론에선 외모적 특징으로 귀여움을 설명하고 있지만, 행동으로 유발되는 귀여움도 있다. 귀여움은 모든 어린아이, 어린 동물에게서는 외모의 특징으로 드러나고, 어른들은 주로 행동에서 귀여움이 드러난다. 외모에서 귀여움을 나타내려는 경우 사람들은 화장, 헤어스타일과 옷을 활용한다.

아이의 귀여움이나 어른의 귀여움이나 모두 상대에게 호감을 주고, 자신을 보살피고 우호적으로 행동하게 유도하려는 의도를 품고 있다. 귀여움은 남녀 사이엔 애교가 되기도 한다. '귀여우면 끝'이란 말이 괜히 있는 게 아니다.

덧붙이면 다정함도 인류의 생존 무기다. 듀크대학교 진화인류학 교수 브라이언 헤어Brian Hare와 듀크대학교 진화인류학 연구원 버네사 우즈Vanessa Woods가 공저한 세계적 베스트셀러《다정한 것이 살아남는다Survival of the Friendliest》(2020)에서 '인류 생존 비결은 강함이 아니라 다정함, 즉 친화력에 있다'라고 주장한다. 개와 늑대는 같은 뿌리에서 진화했지만 개는 반려동물의 대명사로 불리며 인류 옆에서 번성했고, 늑대는 멸종위기종이 되었다. 둘의 결정적 차이가 바로 다정함이다(핵심은 인지능력인데, 이를 부르는 여러 이름으로 친화력, 소통, 협력 등이 있다). 이것 덕분에 서로 소통하고 협력하고 교류하며 기술적, 문화적 진화를 이뤄 내 현생 인류가 된 것이다. 가장 넓은 지역으로 진출했던 호모 에렉투스도 아니고, 신체능력이 뛰어난 네안데르탈인도 아닌 호모 사피엔스만이 이 지구에 생존한 이유다.

왜 최근 들어 귀여움에 더 반응하는가?

▼

인간의 유전자 속에 본능적으로 귀여움이 있다고 해도, 분명한 건 과거에 비해 요즘 귀여움에 대한 사람들의 소비 활동이 더 적극적이라는 사실이다.

귀여움을 소비로 연결된 것은 현대의 일이다. 현대사회의 고독과 불안이 귀여움에 더 끌리게 했다고도 볼 수 있다. 가족을 이루고, 아이를 낳으면서 귀여움의 감정을 느끼는 라이프스타일이 아닌 1인 가구, 비혼, 미혼, 혹은 결혼했어도 아이 없이 살아가는 이들에겐 귀여움의 본능을 해소할 대상이 필요했다. 반려동물도 애니메이션 캐릭터도 인형도 장난감도 귀여움이 필요한 상황에서 좋은 대안이 된다. 1인 가구는 더 늘어가고, 결혼도 출산도 역대 최저 수준인 한국 사회에서 귀여움에 돈을 쓸 성인은 계속 늘어갈 것이다.

귀여움을 당당하게 소비하고, 귀여움에 대한 욕구를 드러내는 어른들은 자신에게 솔직한 사람들이기도 하다. 기성세대에겐 타인의 시선이 중요했었고, 그 때문에 자신이 좋아하는 것에 덜 솔직했다면 지금의 102030세대는 다르다. 40대도 다르다. 당당하게 자신의 취향을 드러낼 수 있다 보니, 더 적극적으로 귀여움을 소비한다.

현실이 즐겁지 않은 것도 귀여움이 필요한 이유다. 사회적 불안과 불확실성 속에 우린 너무 피곤하다. 스트레스와 긴장, 피로를 달고 사는 어른들에게 귀여움을 돈으로 살 수 있는 상품은 아주 합리적이다. 특히 코로나19 팬데믹을 겪었고, 전 세계의 지정학적 갈등과 전쟁 발발도 겪고, AI발 구조조정도 겪는 상황에서 귀여운 장난감이나 굿즈를 통해 위안을 받고자 하는 욕망은 더 커졌다.

럭셔리 명품 패션 시장도 주춤하고, 수입 자동차 시장도 하락세고, 과시적 소비와 남과의 비교에서 오는 피로도 이미 한계점에 왔다. 내 집 마련을 엄두도 못낼 정도로 집값이 높아진 상태에서 내 집에 대한 욕망을 접은 2030세대들도 많다. 이전 세대처럼 결혼하고 애 낳고 집 사는 전형적 공식을 포기한 이들로선, 작지만 일상의 소소한 즐거움을 누리는 것에 더 집착한다. 그런 차원에서 굿즈나 인형 등 귀여움 소비재는 욕망에 부합한다.

이미 과자, 라면, 아이스크림 등 일상 소비재 브랜드들은 귀여운 캐릭터를 적극 도입해 친근함과 친화력을 어필하고 있고, 제약회사마저 귀여운 캐릭터를 만들어 2030세대와 소통하고 있다. 대웅제약의 아르미를 비롯해 제약회사들이 만든 캐릭터가 수없이 많다.

K팝은 음악 산업이면서 동시에 굿즈 산업으로 불러도 될 정도로 수많은 굿즈를 만들고 판매하는데, 팬덤을 자극하며 소장 욕구를 채워

주고 있다. 굿즈의 쓰임새는 중요하지 않다. 귀여우면 된다. 그것만으로도 팔릴 이유가 된다.

인스타그램에 해시태그 #키링은 156만 개 게시물이 있고, #키링추천은 21만 개, #키링제작은 20만 개, #키링선물은 11만 개 게시물이 있다. 키링은 열쇠고리라는 원래 이름과 달리 열쇠가 아닌 가방에 주로 달고 다닌다. 가방에 귀엽고 예쁜 인형이나 캐릭터를 달고 다니는 건 1020대뿐 아니라 3040대도 마찬가지다. 자신을 귀엽게 표현하는 도구일 뿐 키링이 가진 실용성은 없다.

키링 유행은 백꾸(가방 꾸미기) 유행도 낳았다. 다꾸(다이어리 꾸미기), 신꾸(신발 꾸미기), 폰꾸(스마트폰 꾸미기), 카꾸(신용/체크카드 꾸미기), 인꾸(인스타그램 스토리 꾸미기), 별다꾸(별걸 다 꾸미기) 등 꾸미기 열풍도 수년째 전방위적으로 확산하고 있는데, 이 모든 꾸미기의 공통점에 귀여움이 있다. 자신의 개성과 취향을 드러내는 게 꾸미기인데, 드러내는

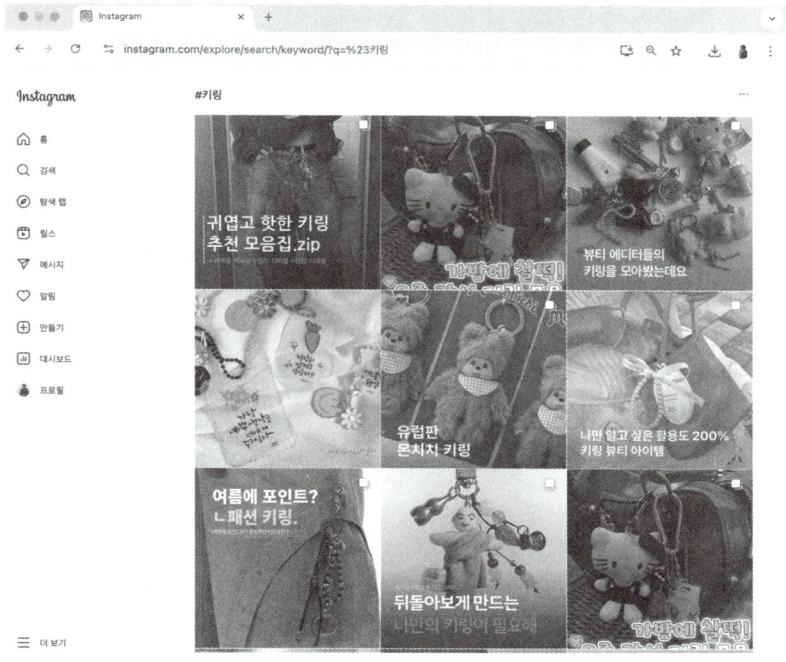

대상이 자신의 주변 사람들이나 소셜미디어의 사람들이다. 즉 누군가에게 자신을 드러내는 행위에서 귀여움이 중요 코드가 되고 있다.

어쩌면 흉흉한 세상, 믿을 사람이 없는 세상에서 '나는 안전한 사람이야'를 '귀여움'으로 어필하고 있을 수 있다. 묻지마 범죄(2023년부터 경찰청은 '이상 동기 범죄'로 명명했다. 묻지마 범죄의 4분의 3이 강력 사건이다.)의 증가는 사람들을 더 불안하게 만들고, 이런 불안감은 사람과의 관계를 줄이고 동물이나 사물(인형, 굿즈)과의 관계를 증가하게도 만든다. 인형과 굿즈를 통해 '자신도 보호받고 싶고, 사랑받고 싶다'는 욕구를 대리 충족하는 경우도 많다.

귀여움에서 심리적 쉴 틈을 찾는 이들이 많아질수록 귀여움을 활용한 마케팅은 확대되고, 귀여움 경제는 커지게 된다. 인간의 본능 속에서 돌보고 아껴주고 싶은 '귀여움'이, 이제는 사고 싶게 만드는 힘이 되었다.

'귀엽다'는 말은 이제 단순한 감탄사나 미적 판단이 아니라, 경제적 가치이자 사회적, 문화적 트렌드다. 지금 우리는 귀여움이 지배하는 시대를 살고 있고, 그만큼 우린 불안하고 위험하고 외롭다는 증거다. '귀여움'이 기준이 된 사회에서 마케팅 기회는 아직 무한하다. 우리의 현실은 점점 더 팍팍해지고, 일자리나 경제, 환경, 미래는 더욱 불안해질 것이기 때문이다.

10장

연애하지 않는 사회

모태 솔로와 무성애자, 그리고 마노스피어

Life_Trend_2026
#연애하지 않는 사회 #모태 솔로 #관찰 예능 #결혼정보업체 #자발적 비연애 #무성애자 #데이팅앱 #정치적 견해 #성차별 #마노스피어

LIFE TREND 2026

연애하지 않는 시대는 현실이다. 미혼남녀의 70프로 이상이 연애하지 않고 있으며, 특히 여성은 연애 자체에 무관심하거나 자발적으로 비연애를 선택하는 비율이 높다. 남성은 연애를 하고 싶어도 경제적 부담과 연애 상대 부족을 이유로 못하는 경우가 많아, 성별 간 태도 차이가 뚜렷하다. 스마트폰과 소셜미디어에 익숙한 Z세대는 인간관계의 과정 자체를 피곤하게 여기며, 연애의 빈도도 역사상 가장 낮아졌다. 여성이 커리어·취미에 집중하는 사이, 남성은 마노스피어로 대표되는 보수화·여성혐오 담론에 몰려 성별 간 정치적·문화적 간극은 더욱 깊어지고 있다. 결국 연애는 더 이상 필수가 아니며, 사회적 갈등과 기술 변화가 맞물리며 '연애 없는 사회'는 앞으로 더욱 심화할 것이다.

역사상 이보다 더 연애에 소극적인 20대가 있었을까? 우린 그동안 한 번도 보지 못한 연애하지 않는 사회 Society Without Romance를 맞이했다. 결혼하지 않고, 출산하지 않는 건 이미 겪어서 낯설지 않다. 그런데 연애마저 필수가 아닌 선택이 되어버렸고, 무성애자, 모태 솔로가 주류가 될 기세다. 왜 지금의 20대는 연애에 흥미를 잃었을까? 정말 이성에 대한 호기심이 사라진 걸까? 섹스에 대한 욕망이 줄어든 걸까?

모태 솔로가 계속 늘어난다
▼

〈환승연애〉〈나는 솔로〉〈모태 솔로지만 연애는 하고 싶어〉〈연애남매〉〈돌싱글즈〉〈끝사랑〉 등 연애를 내건 관찰 예능이 2020년대 들어서 쏟아져나왔고, 인기를 얻다 보니 방송사마다 연애 관찰 예능을 만들고 있다. 한때 노래 경연 프로그램이 인기를 얻어 붐이 생겼던 것처

럼 지금은 수년째 연애 프로그램이 대세다. 연애의 간접 체험이자 대리 만족 욕구가 연애 예능 열풍을 만들었다. 과거엔 모태 솔로가 희귀한 존재였다면 지금은 보편적 존재다.

    연애를 자꾸 하다 보면 잘 맞는 상대를 찾아 결혼까지 할 수 있다는 건 옛날 생각이다. 모태 솔로로 있다가 결혼 정보 업체를 통해 조건 맞는 상대를 찾아 결혼해도 된다. 굳이 연애를 많이 한다고 좋은 것도 아니고, 모태 솔로라고 문제 있는 사람도 아니란 시각이 보편화되었다. 결혼이 선택인 시대, 굳이 결혼을 안 해도 된다는 사람이 늘어날수록 연애 예능이 인기를 끌고, 결혼정보업체도 성황을 이룬다. 이왕 결혼을

할 거라면 조건을 따져 결혼정보업체를 통해 최적의 상대를 찾아서 하겠다는 '계산적' '합리적' '실용적' 태도의 영향이다.

2025년 2월, 데이터 컨설팅 기업 피앰아이PMI가 진행한 전국 미혼 남녀 1000명을 대상으로 한 설문조사에 따르면, 응답자의 71.7퍼센트가 현재 연애를 하지 않고 있다고 답했다.

현재 연애를 하지 않는 이유에서 남녀의 차이가 드러난다. '관심이 없거나 필요성을 느끼지 않는다'를 이유로 꼽은 여성은 51.2퍼센트인데, 남성은 23.1퍼센트였다. '연애할 상대를 만나지 못했다'를 이유로 꼽은 여성은 27.5퍼센트인데 남성은 44.5퍼센트였다. '경제적 부담을 피하고 싶다'는 이유를 꼽은 여성은 10.2퍼센트, 남성은 23.5퍼센트였다.

이것만 보면 여성은 연애의 필요성도 관심도 없는데, 남성은 관심과 필요성은 있지만 경제적 부담도 있고, 결정적으로 자신과 연애할 상대를 만나지 못했기 때문에 못하는 것이다. 여성은 자발적으로 연애를 원치 않는데, 남성은 하고는 싶지만 잘 안되는 셈이다. 여성은 연애보다 커리어와 자기 계발을 더 우선시하고, 고양이를 키우거나, 친구끼리 놀거나, 공연과 전시 등 취미와 취향을 누리고 있다. 아주 마음에 드는 남성이 아니고선 굳이 연애를 할 필요가 없는 셈이다.

연애는 무조건 해야 한다는 게 기성세대의 사고방식이었다면, 지금의 여성은 연애 무관심 상태다. 연애와 개인의 삶 중 무엇이 더 중요하다고 생각하냐는 질문에 '개인의 삶이 중요하다'고 답한 여성은 49.4퍼센트인 반면, 남성은 31.3퍼센트였다.

앞서 연애하지 않는 이유에서 남성이 경제적 부담을 중요하게 꼽은 것과 달리, 실제 데이트 비용 부담에선 '경제력이 높은 쪽이 더 많이 낸다'가 32.7퍼센트, '상황에 따라 조정한다'가 31.9퍼센트, '번갈아 가며 부담한다'가 19.8퍼센트, '더치페이를 선호한다'가 15.6퍼센트여서 남성이 일방적으로 데이트 비용을 부담하는 분위기도 아니다. 연애가 시간, 감정, 돈을 소모하는 건 과거나 지금이나 마찬가지다. 다만 과거 세대는 이걸 당연히 감수해야 할 과정이자 투자로 봤다면, 지금은 그렇지 않다.

연애는 관계를 배우는 과정이고, 갈등도 배려도 이해도 배운다. 그런데 디지털 네이티브는 사람과 어울리며 관계를 배운 시간이 짧고, 스마트폰과 소셜미디어에서 시간을 많이 보내고, 관계도 거기서 쌓고 배운 경우가 많다 보니 일방적으로 감정을 느끼고, 일방적으로 행동하는 경우가 많다. 사람과 사람이 하는 연애는 게임이 아니고, 계산이 아니다. 지금 세대가 연애에 무관심해지는 이유는 연애가 주는 즐거움(결과)을 얻기까지 치러야 할 과정을 실패라 여기고, 감정과 돈의 낭비라고 여기기 때문이다.

상황이 이렇다 보니 20대 응답자 중 29.8퍼센트는 연애 경험조차 없다고 답해, 20대 10명 중 3명이 모태 솔로였다(피앰아이가 2024년 2월에 실시한 조사에선 모태 솔로라고 답한 비율이 20대 35.4퍼센트, 30대 21.9퍼센트였고, 40대도 16퍼센트였다). 한국 사회에서 이렇게 20대 모태 솔로가 많았던 적이 또 있었을까?

인구보건복지협회의 《청년의 연애와 결혼 그리고 성 인식 조사(2022년, 비혼 청년 1047명을 대상으로 한 설문조사)》 통계에 따르면 청년의 65.5퍼센트가 비연애 중이며 그중 70퍼센트(남성 61.4퍼센트, 여성 82.5퍼센트)가 자발적으로 비연애를 선택했다. 자발적 비연애의 비율이 높은 것도 주목할 일이지만, 여성의 자발적 비연애율이 82.5퍼센트나 된다는 점도 놀랍다. 여성에게 연애에 대한 무관심, 기피가 확실히 존재하는 셈이다.

연애에 무관심해지는 건 과정을 생략한 채 결론부터 내리고 해서는 아닐까? 이런 태도면 계산만 하고 따지기만 하다가 관둔다. 연애를 필수로 여기던 시대에는 이런 것을 따지지 않았다. 그냥 좋으면 사귀었고, 갈등하고 헤어졌다. 그럼에도 또 시도했다. 그렇게 사람을, 관계를, 연애를 경험으로 배워갔다.

하지만 연애가 선택이 된 시대엔 경험으로 배우려 하지 않는다. 운동을 잘하고자 한다면서 체력 단련과 연습은 하지 않고 머릿속으로 시뮬레이션만 하는 셈이다. 그러니 실제로 운동을 했을 때 잘 될 수가 있을까? 그건 운동 자체가 문제가 아니라 운동을 대하는 태도, 바로 사람의 태도가 문제다.

너무 오래 가지고 놀아서 식상해진 MBTI 대신 2025년부터 남성호르몬 테스토스테론과 여성 호르몬 에스트로겐의 특징을 토대로 한 성격 유형 판단이 유행하고 있다. 줄임말로 테토남, 테토녀, 에겐남, 에겐녀 4가지 유형으로 나누어 연애 먹이사슬과 궁합을 본다. 과학적 근거는 없다. 어차피 MBTI도 과학적 근거가 없기는 마찬가지다. 그전에 혈액형으로 성격 유형을 나눴던 것도 과학적 근거가 없었지만 수십 년째 회자된다.

사실 이렇게 사람의 유형을 나누는 가장 큰 이유는 사람과의 관계가 어렵기 때문이다. 서로 다른 환경에서 나고 자란 사람이 쉽게 교집합을 이루고 친밀해지기가 어렵다. 그럼에도 예전이나 지금이나 연애를 하거나 인간관계를 맺을 때에는 쉬운 답을 원했다. 그것이 자신을 지키는 일이고, 관계에서 유리한 방법이라고 생각했다.

주목할 것은 연애마저도 가성비, 효율성을 따지는 시대가 되면서 비과학적이지만 쉽게 성격 유형을 파악하고자 하는 콘텐츠를 더 적극 소비한다는 것이다. 연애를 글로 배우겠다는 사람이 늘어나니, 모태 솔로도 늘어날 수밖에 없지 않을까?

왜 Z세대의 섹스 횟수는 이전 세대보다 줄었을까?
▼

시카고대학교가 2021년 실시한 《종합사회조사General Social Survey》와 킨제이연구소가 2021년 실시한 설문조사 결과에 따르면 Z세대의 성관계 빈도와 욕구 모두 이전 세대보다 낮은 수준이었다.

밀레니얼 세대가 20대였을 때도 이전 세대보다 성관계 빈도가 줄었다는 연구가 많았다. 그중 국내 연구 사례인 서울대학교 보라매병원 비뇨기과 연구팀 논문에 따르면, 2014년 20대 여성의 한 달 평균 성관계 횟수는 2004년 대비 38퍼센트 정도 감소했다. 밀레니얼 세대가 20대일 때 이미 성관계 횟수가 이렇게 줄었는데, Z세대는 더 줄어드는 것이다. 왜 그럴까?

스마트폰, 소셜미디어 사용 증가가 가장 주요한 원인이고, 치열한 경쟁 사회에서 자기 계발과 학업에 많은 시간을 보내야 하는 라이프스타일과 현실에서 진짜 사람을 만나는 것에 소극적인 경향 등이 또다른 원인으로 꼽힌다. 그동안 우리 사회는 결혼을 안 해도, 출산을 안 해도 연애는 했다. 결혼과 출산이 제도적, 사회적 산물에 가깝다면 연애는 개인적 욕구와 관계의 산물에 가깝다. 그런데 이제 개인적 욕구마저 줄어든 것이다. 섹스의 감소는 사람과 만나고 관계를 형성하는 과정에 대한 피로감이자 불신의 영향이다. 불안하게 사람을 만나는 대신 혼자서 노는 게 더 안전하다고 느끼는 것이다. 이러다가 누구에게도 성적 끌림을 느끼지 않는 무성애자無性愛者, Asexual가 늘어나는 건 아닐까?

연애는 더 이상 필수도 아니고, 관심사도 아니다. 특히 여성에겐 더더욱 그렇다. 왜 키링과 굿즈 소비에 2030세대 여성이 더 적극적일까? 왜 팬덤과 덕질에 2030세대 여성이 더 적극적일까? 왜 전시, 공연, 심지어 프로야구 직관(직접 관람)까지 2030세대 여성이 가장 중요한 소비자일까? 반려동물에 대한 관심도 2030세대 여성이 높다. 독서 모임이나 취향 공동체에도 2030세대 여성의 비중이 높고, 미라클 모닝하면서 자기 계발하는 사람들 중에서도 2030세대 여성이 많다. 연애보다 더 재미있는 것이 많을수록, 불확실성도 있고 변수도 많은 사람과의 연애에 시간과 돈을 쓸 필요는 없을 것이다.

그런데 2030세대 남성은 도대체 어디에 있는 걸까? 다들 게임만 하고, 유튜브만 열심히 보고, 코인 투자만 하거나 아니면 다들 공부만 하고 있는 걸까? 2030세대 사이에서 이슈가 되는 전시나 공연, 각종 행사나 핫플레이스를 가도 여성 비중이 압도적이다. 2030세대 여성이 같이 어울릴 만한 2030세대 남성이 그만큼 적은 것이다.

이러니 2030세대 여성의 연애에 대한 관심이 떨어질 수밖에 없다. 2030세대 여성에게 연애는 스킨십과 섹스가 핵심 목적인 행위가 아니다. 감정을 공유하고, 취향도 취미도 함께 하는 것이 더 중요하다. 연애의 진화다. 이제 2030세대 여성과 남성의 연애에 대한 생각과 태도는 같지 않다. 누군 과거에 멈췄지만 누구는 현재로 진화했다. 이런 괴리와 부조화가 연애 기피의 핵심이다. 경제적 부담? 그건 핑계에 불과하다. 왜 하필 경제적 부담 얘길 남성들이 더 많이 할까? 이미 여성은 더치페이도 적극적으로 받아들이고, 자기가 좋아하는 것에도 돈을 잘 쓰고 있다. 기성세대 때와 달리 2030세대는 경제활동에서도 남녀 차이가 없을 정도다. 사실 2030세대 여성이 연애에 관심이 떨어지고, 연애 무관심 사회가 되는 것은 이미 10년 전부터 주목하고 있던 주제였다. 《라이프 트렌드》 시리즈에서도 종종 이 이슈를 다뤘다. 그리고 이 현상은 한국뿐 아니라 전 세계에서 비슷하게 일어난다.

여성이 연애에 무관심하고 기피하니까, 연애하고 싶은 남성이 데이팅 앱에 가득하다. 데이팅 앱 산업은 성장세가 2020년 들어 더 커졌다. 팬데믹도 큰 영향을 미쳤지만, 연애에 대한 남녀의 태도 차이도 한몫했다. 2025년 기준 전 세계에서 데이팅 앱을 사용하는 사람은 3억 6000만에서 4억 명(MAU는 1억 5000만 명 이상) 정도다. 전 세계에 8000개 정도의 데이팅 앱이 있는데, 데이팅 앱 사용자의 절대다수는 남성이다. 남녀 성비가 7 대 3인 것으로 보고 있지만, 9 대 1에 가까운 곳도 꽤 많을 것이다. 데이팅 앱에선 일상과 취향, 감정을 공유하고 관계를 쌓아가는 연애보다 단기간에 스킨십과 섹스로 이어지는 연애가 중심일 수밖에 없다.

20대가 연애하기 어려운 또 하나의 이유

▼

2025년 6월 대통령 선거 성별, 연령별 출구 조사 결과를 보면 20대

남녀의 차이가 확연히 드러난다. 20대 이하 남성 중 개혁신당 이준석 후보를 지지한 사람은 37.2퍼센트, 국민의힘 김문수 후보를 지지한 사람은 36.9퍼센트, 더불어민주당 이재명 후보를 지지한 사람은 24.0퍼센트, 민주노동당 권영국 후보를 지지한 사람은 1.6퍼센트였다. 반면

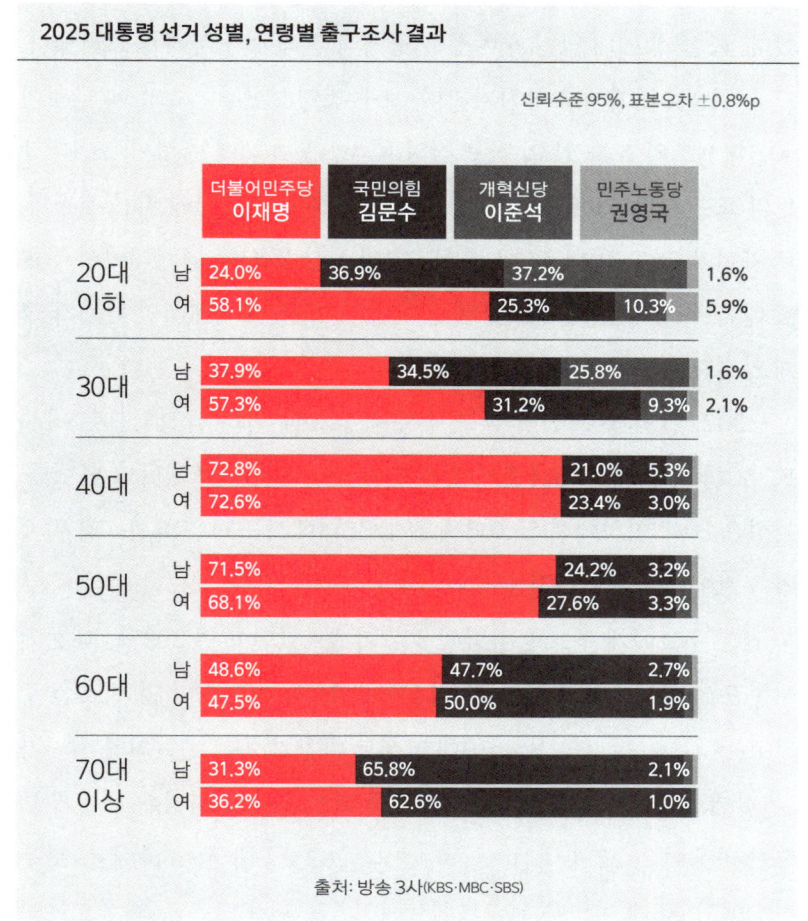

20대 이하 여성에게는 이재명 후보가 58.1퍼센트, 김문수 후보가 25.3퍼센트, 이준석 후보가 10.3퍼센트, 권영국 후보가 5.9퍼센트 순으로 표를 얻었다. 소위 보수 진영이라고 할 수 있는 김문수, 이준석 후보를 합치면 20대 남성의 득표율은 74.1퍼센트지만 20대 여성은 35.8퍼센트였다. 진보 진영이라고 할 수 있는 이재명, 권영국 후보를 합치면 20대 여성의 득표율은 64퍼센트지만, 20대 남성의 득표율은 25.6퍼센트였다. 확실히 20대 남성과 여성은 정치적 견해에서 차이를 드러냈다.

이는 30대에서도 마찬가지다. 보수 진영(김문수+이준석)에 남성이 60.3퍼센트의 표를 줬고, 진보 진영(이재명+권영국)에 여성이 59.4퍼센트의 표를 줬다. 20대에 비해 덜하긴 해도 30대도 성별에 따른 지지 후보 차이가 크다. 40대, 50대, 60대, 70대 이상 등 모든 연령대에서 성별에 따른 투표 성향 차이가 별로 없다. 유독 2030세대에서만 남녀가 크게 엇갈린다.

2022년 대통령 선거 출구 조사에서 20대 이하 남성의 58.7퍼센트, 30대 남성의 52.8퍼센트가 윤석열 후보에게 투표했다고 답했다. 여성은 20대 이하에서 58.0퍼센트가, 30대에서는 49.7퍼센트가 이재명 후보에게 투표했다고 답했다. 20대 이하 남성은 2022년 대선 때 보수 진영 후보에게 투표한 사람이 58.7퍼센트였던 반면 2025년 대선에서는 74.1퍼센트에 달해 이전 대선보다 보수 진영에 더 많은 표를 주었고(15.4퍼센트포인트 상승), 30대 남성도 마찬가지로 보수 진영 지지가 7.5퍼센트포인트 상승했다. 반면 20대 여성은 진보 진영 후보에게 투표한 비율이 2022년 대선(58.0퍼센트)과 2025년 대선(58.1퍼센트) 모두 비슷했고, 30대 여성은 49.7퍼센트에서 57.3퍼센트로 7.6퍼센트포인트 상승했다. 2030세대 남성은 더 보수화되었고, 2030세대 여성은 더 진보화되면서 둘의 차이가 더 벌어진 것이다. 2030세대 남성과 여성의 정치적 견해이자 가치관의 차이가 더 벌어졌다는 것은 둘 사이의 교류나 교감이 더 쉽지 않아졌다는 의미로도 볼 수 있다.

사람은 원래 유유상종이라고 했다. 같은 정치적 견해를 가진 사람들끼리 어울리면 문제가 없다. 다른 모든 연령대는 그게 가능하다. 지지 후보이자 정치적 견해가 남녀에게 비슷한 비율로 드러나기 때문이다. 하지만 2030세대는 극명하게 엇갈린다. 보수 진영을 지지하는 남성들에게 같은 정치적 견해를 가진 여성은 너무 적고, 진보 진영을 지지한 여성들에게 같은 정치적 견해를 가진 남성은 너무 적다. 보수 진영 내에서는 심각한 남초 현상이, 진보 진영 내에서는 여초 현상이 벌어진 것이다.

한국 사회에서 가장 심각하게 여겨지는 차별 문제는 바로 성차별이다. 여전히 유리천장지수는 OECD 국가 중 최악이고, 남녀 임금 격차도 마찬가지다. 경력 단절도 데이트폭력도 여전히 여성에게만 심각한 문제로 인식된다. 그럼에도 불구하고 이는 기성세대의 문제이지 2030세대에서는 남성이 유리한 점이 없다며 역차별당한다는 생각을 가진 이들이 많다. 정치권이 이들을 공략해서 표를 얻었고, 온라인에서는 여성혐오가 확산되었다. 역차별을 이용한 갈라치기는 한국뿐 아니라 전 세계적으로도 정치권에서 악용된다. 2030세대 남성과 여성 사이에 좁혀지지 않을 간극이 생겼고, 특히 한국 사회에서 이 간극은 쉽게 해소되지 않을 것이다.

마노스피어와 남성 고립

마노스피어Manosphere는 남성Man+영역Sphere을 합친 말로, 남성 중심의 온라인 커뮤니티를 말한다. 처음엔 남성 권익을 주장하며 시작했지만 지금은 여성혐오, 반페미니즘을 주로 주장한다. 남성성을 강조하려고 여성성을 공격하는 셈이기도 한데, 이들은 자신들이 겪는 취업 문제, 연애 문제, 경제력 문제, 불안한 미래 등의 이유를 여성의 탓으로 돌린다. 이걸 일부 정치인이 이를 이용해 선거에서 표를 모았고, 그 결과 마노스피어 문제는 더 심각해졌다. 젠더 갈등만 부추기는 게 아니라, 사회 전체에 대한 불신과 갈등도 만든다. 내란 사태 때에도 한국의 마노스피어가 극우적 행태를 보였다. 확실히 마노스피어는 사회적 병폐이다.

마노스피어는 전 세계적 흐름이다. 한국의 20대 남성들만 별난 것이 아니다. 여성혐오, 페미니즘 반대는 왜 국가와 상관없이 보편적으로 확산되는 걸까? 마노스피어가 확산될수록 이들 남성과 어울리려는 여성은 줄어들 수밖에 없고, 남성과 여성의 분리는 가속화된다.

1인 가구가 늘고, 사람과의 관계 단절도 심해지며, 출산율도 감소하는 것도 전 세계적 흐름이다. 왜 연애를 하지 않고, 결혼도 출산도 거부하는 이들이 국가와 상관없이 늘어나는 걸까? 도대체 최근 전 세계가 가진 공통 분모가 무엇이길래, 국가와 지역, 문화가 다른 이들이 비슷한 태도를 가지게 된 걸까?

결국 답은 소셜미디어와 스마트폰이다. 인터넷 접근성이 좋은 유럽과 동아시아, 라틴아메리카 등에서는 2030세대의 싱글 라이프가 주

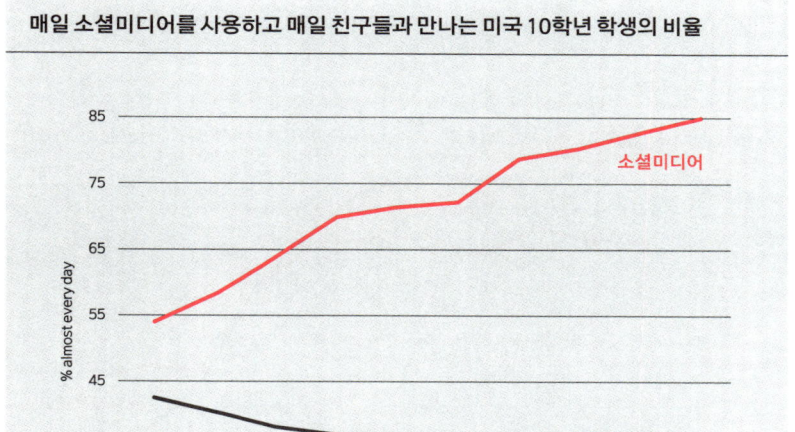

매일 소셜미디어를 사용하고 매일 친구들과 만나는 미국 10학년 학생의 비율

류가 된 것과 달리, 인터넷 접근성이 낮은 남아시아는 싱글 라이프가 상대적으로 적다. 소셜미디어가 자유주의적 가치 확산을 촉진하고 여성의 권한 강화를 촉진한다는 연구 결과도 있다. 소셜미디어가 개인주의적 가치 확산에 영향을 미친다는 연구 결과도 많다. 소셜미디어와 스마트폰 사용이 일상화되며 남성과 여성의 관계 형성에서 국가적 차이가 거의 사라졌다. 여성은 더 이상 남성에 의존하려 하지 않는다. 전통적인 남녀 관계 구도를 따르던 남성이라면 지금의 여성과 관계를 형성할 가능성이 적어질 수밖에 없다. 과거에서 벗어나지 못 한 시대착오적인 남성이 마노스피어가 된다. 모든 남성이 그러는 건 아니지만 마노스피어 때문에 남성에 대한 불신이 여성들에게 커지기에, 마노스피어의

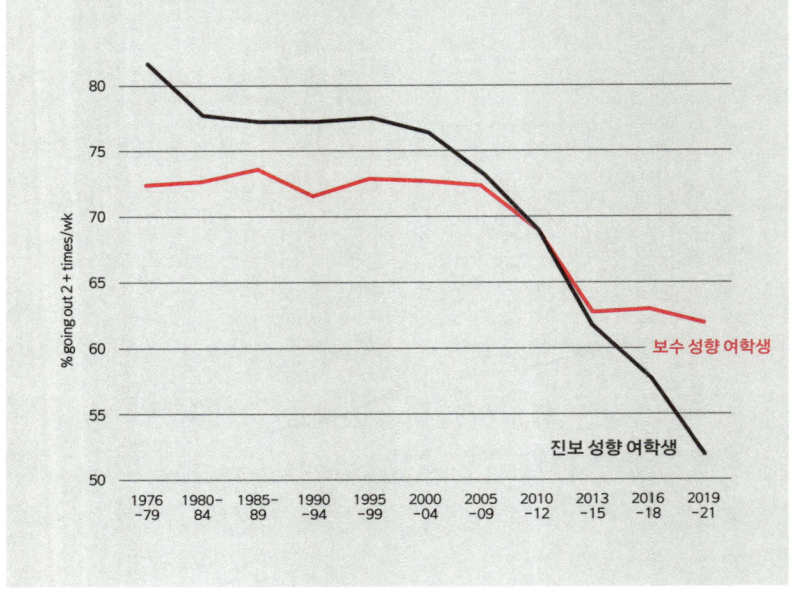

최대 피해자는 사실 선량한 남성이다.

미국의 심리학자이자 샌디에이고 주립대 심리학 교수 진 트웬지Jean M. Twenge 박사는 세대 변화에 대한 최고 전문가로 꼽히는데, 저서 《#i세대iGen》(2018), 《제너레이션: 세대란 무엇인가Generations》(2023)를 출간하며 반향을 일으켰다. 진 트웬지 박사는 스마트폰과 소셜미디어로 인해 밀레니얼 세대, Z세대의 우울증이 증가한다고 주장한다. 2012년경부터 청소년 우울증이 증가했는데, 이 시기가 청소년들의 교제 방식이 오프라인에서 소셜미디어로 전환된 시점이다.

아래 그래프는 매일 소셜미디어를 사용하고, 매일 친구들과 만나는 미국 10학년(고1) 학생의 비율(2008~2017년)을 나타낸다. 이 데이터는 미국이나 한국이나 다를 바 없을 것이다. 소셜미디어에서 더 많은 시간을 보내고, 오프라인에서 사람들과 어울리는 시간은 더 줄어들고 있는 건 우리도 마찬가지다.

여기서 흥미로운 접근 하나가 있다. 소셜미디어 소비 시간과 정치적 성향과의 관계를 본 것이다. 데이터를 보면 진보 성향의 여학생이 보수 성향의 여학생보다 소셜미디어에 소비하는 시간이 더 많았다.

미국 12학년 여학생 중 주 2회 이상 친구와 외출하는 비율과 정치적 이데올로기 그래프는 1976년부터 2021년까지 미국 12학년(고3) 여학생들이 주 2회 이상 친구들과 외출하는 비율을 정치적 이념별로 추적했다. 스마트폰과 소셜미디어가 대중화된 2010년 이후, 외출 비율은 급격하게 감소했다. 특히 진보 성향 여학생들이 보수 성향 여학생들에 비해 친구들과 얼굴을 맞대며 시간을 보내는 빈도가 더 크게 감소했다. 2010년 이전에는 이런 이념별 차이가 거의 없었으나, 그 이후 스마트폰 사용과 온라인 소통 증가가 진보 성향 학생들에게 더 큰 영향을 미친 것으로 나타났다. 과거의 관성이 아니라, 새로운 변화, 더 나아간 진보를 지향하는 성향을 가진 여학생이라면 여성의 권리, 페미니즘에도 더 적극적으로 눈뜰 가능성이 있다. 소셜미디어 소비 시간이 많을수록 진보적 성향을 가지고, 이들은 마노스피어를 경멸할 수밖에 없을 것이다. 마노스피어로 인한 남성에 대한 불신이 상대적으로 더 커질 가능성도 있다.

여성혐오적이고 권위적인 태도는 진짜 남성성이 아니다. 편향적이고 폭력적인 마노스피어에 의해 남성성이 왜곡되는 건 결국 남성에게 손해다. 이 문제를 풀지 못하면 연애하지 않는 사회 문제는 더 심화할 것이고, AI/로봇의 진화로 섹스 산업이 급성장하면 돌이킬 수 없는 지경까지 갈 것이다. 사람이 사람과 어울리고, 협력하고, 관계를 맺는 것이 점점 시들해지면 우리의 인간다움도 점점 위기에 처할 수 있다.

11장

실용주의자의 시대

트렌드가 된 실용주의,
당신은 Practical People인가?

Life_Trend_2026

#실용주의 #피펫 소비 #탭샵바 #제로웨이스트 #소량화 #소분화 #리필 #1인용 #구독 #다이소 #연애하지 않는 태도 #AI 실용주의 #경제 불확실성 지수 #유연한 실용 정부 #실용적 시장주의 정부 #미국 우선주의 #흑묘백묘 #코스피 5000

LIFE TREND 2026

실용주의가 한국 사회의 핵심 태도로 부상했다. Z세대를 중심으로 '실용세대'가 등장하며, 소비 패턴은 소분화, 구독형, 가성비로 나뉘고 있다. 이들은 허세나 과시보다 효율성과 안정성을 중시하며, 직업·관계·주거·소비 전반에서 실용적 기준을 따른다. AI와 자동화는 업무와 일상에서 실용주의를 강화하며, 기업과 정부의 의사결정 역시 데이터 기반 실용주의로 전환되고 있다. 불확실한 세계 경제 속에서 한국 정보 또한 '유연한 실용 정부'를 표방하며 구조조정과 개혁, 자산 구조 변화를 추구하고 있다. 실용주의는 더 이상 철학적 개념이 아니라, 정치·경제·라이프스타일까지 관통하는 시대정신이 되었다.

    실용주의를 내세운 정부가 들어섰다. 하는 말이나 행동에서 실용주의자인 것이 티가 나는 대통령이 집권 2년 차가 되는 해는 2026년이다. 2025년은 집권의 시기가 절반 정도였다면, 온전히 한 해를 다 집권하는 첫해기도 하다. 관성이나 허례가 존재하던 한국 사회에서 실용주의가 어떻게 변화를 만들어내는지 지켜볼 해다.

    한편 대선에선 현재 대통령에게 가장 적은 표를 준 20대가 사실은 가장 실용적인 세대다. 과연 이들은 어떤 변화가 생길지, 이들의 욕망, 소비, 태도도 주목해봐야 한다. 사실 나는 실용주의자다. 지극히 현실주의자이기도 하다. 그래서 실용주의자의 시대가 온 것이 반갑고, 그만큼 많은 변화를 기대한다. 실용적인 태도를 가지려고 실용주의 사상과 철학을 이해할 필요는 없다. 프래그머티스트Pragmatists(실용주의자)가 아니라, 그냥 실용적인 사람Practical People이면 된다.

확산하는 피펫 소비
▼

피펫Pipette은 과학 실험에서 정확한 부피의 용액을 정밀하게 옮길 때 쓰는 기구다. 우리나라에선 스포이트라고도 불리는데, 이건 일본식 외래어다. 주사기를 가리키는 네덜란드어 Spuit를 일본에서 피펫의 일종으로 썼고, 우리도 그렇게 불렀다.

피펫은 다들 학교 다닐 때 한 번쯤 만져봤을 것이다. 한 번에 많이 사서 쌓아두는 대신, 먼저 소량을 소비하고 괜찮으면 필요한 만큼 구매해 쓰는 것을 피펫 소비라고 한다. 1인 가구가 주류가 되면서 한 끼 먹을 만큼만 구매하겠다는 소비자가 늘었고, 심지어 냉장고조차 두지 않겠다는 소비자도 등장했다. 그동안 냉장고의 용량은 점점 대형화되어

    4인 가족이 1~2주일 먹을 식량을 가득 채워둘 수 있는 정도의 크기가 되었다. 대형마트에서 대량으로 장 보는 게 하나의 문화가 되기도 했다. 하지만 이젠 이런 풍경도 과거형이 되었다.

    당장 먹을 것은 새벽 배송으로 주문하는 방식으로 바뀌었다. 새벽 배송이 일상이 되어버린 시대에는 이것이 곧 합리적이고 실용적인 소비다. 경기 침체와 물가 상승도 소비자의 씀씀이를 줄이게 했다. 여기에 경험 소비에 대한 욕망도 커지면서 피펫 소비가 확산하는 환경이 갖춰진 것이다.

    한 병이 아닌 한 모금, 한 잔 단위로 술을 시음해본 뒤, 입맛에 맞는 것을 병째 구매해서 마시는 탭샵바Tap Shop Bar도 실용주의 소비의 사례다. 와인, 위스키, 사케 등 자기 입맛에 맞는 술을 찾으려 여러 병을 다 사보는 게 아니라, 한 잔씩 맛만 보면서 입맛에 맞는 것을 찾아간다. 합리적인 선택이 가능해진 것이다. 탭샵바는 2030세대가 먼저 찾기 시작했고, 지금은 40대 이상으로도 확대 중이다.

샴푸, 세제, 컨디셔너, 핸드워시 등 위생, 뷰티 제품에서도 리필 소비가 확산하고 있다. 리필 소비는 친환경적 소비이기도 하면서 가격도 절약되고, 결정적으로 내가 원하는 만큼만 구매할 수 있다. 특히 여행 가기 전에 비행기에 가져갈 수 있는 작은 사이즈의 리필 용기를 가져와서 필요한 만큼 여행용으로 구매하는 소비자들도 많다.

식재료 매장에서도 그램 단위로 파는 식료품 전문점이 있다. 친환경적 접근인 포장 제로 마켓이면서, 필요한 양만큼만 구매할 수 있는 장점이 있다. 벨기에 출신 방송인 줄리언 퀸타르즈가 이태원에 차린 제로웨이스트 복합문화공간 '노노샵No Plastic No Animal Product'이 대표적이다. 우리나라에서 제로웨이스트 가게가 처음 문을 연 건 2016년 성수동에서 시작한 '더피커'였다. 현재 전국에 제로웨이스트 매장이 200곳 정도 된다. 친환경으로 시작했지만, 지금은 피펫 소비로 주목받는다.

사실 이런 소비는 어시 플레저에 해당하기도 한다. 1인 가구나 소식가들에겐 귀리나 오트밀 같은 곡물부터 파스타, 건조 과일, 커피 원두, 쿠키, 젤리, 견과류까지 소량씩 살 수 있는 장점이 있다. 대형마트에서 파는 포장 단위는 너무 많은 양이라 여기는 사람들이 많다. 냉장고에 쌓아두고 먹는 시대가 아니라, 필요한 만큼만 사서 먹으며 일상의 무게감을 줄이는 것도 지금 시대의 욕망이다.

디저트를 100그램 단위로 파는 카페도 있다. 아이스크림도, 커피도, 만두도, 어쩌면 우리가 먹는 모든 것에서 피펫 소비의 시도가 나타날 수 있다. 맛있는 한 가지를 배불리 먹고 싶을 때도 있지만, 여러 가지

음식이 있는 뷔페에 가서 이것저것 하나씩 맛보고 싶을 때가 있다. 피펫 소비는 실용적 소비면서, 경험치를 확대시키는 데 유용한 소비다.

소비 트렌드에서 드러나는 실용주의는 소량화, 소분화, 리필, 1인용, 렌탈(구독), 미니멀(기능 중심), 가성비, 맞춤형, 자동화 등이 있다. 소비자는 불필요함을 걷어내고 진짜 효용과 경제적 이득, 거기에 친환경까지 다 충족하면서 소비하고 있다. 브랜딩과 마케팅에서 실용주의 코드를 적극 반영할 필요가 커졌다.

당신은 실용세대인가?

▼

실용實用은 추상적이거나 이론적인 것이 아니라 실천, 실행, 행동을 의미한다. 생각은 실천을 위한 수단에 불과할 뿐, 실천과 실행 없는 생각은 무용하다. 실용은 실제 생활에 적용 가능한가, 얼마나 유용한가를 중요한 판단 기준으로 삼는다. 기성세대는 대학 졸업장 강박증, 사무직 선호가 강했다면, Z세대는 기술계 고등학교, 블루칼라에 대한 선호도가 이전보다 높다. 이것이 바로 실용이다. 취업도 안 되고 써먹을데도 없는 것을 배우는 것보다, 기술을 배우고 직업교육을 받는 것이 합리적이라 여긴다. 있을지 없을지도 모르는 미래의 행복을 위해 현실의 행복을 포기하는 것보다 당장 작지만 소소한 행복을 누려가겠다는 것도 실용이다. 누군가는 가성비를 중요하게 따지며, 허세를 버리고 실속, 내실을 중요하게 여기는 것을 실용세대Practical Generation로 정의하고 있지만, 사실 실용의 반대말은 허세, 과시만 있는 게 아니다. 비실용적(실제로 사용하거나 활용하기 어려운), 무용적(쓸모없는), 형식적(겉모습이나 절차에 치중), 이상적(현실성이 부족하고 관념에 치우친), 낭비적(비효율, 불필요한) 등이 다 실용의 반대말이다.

혹자는 '플렉스FLEX' '욜로YOLO' '인스타그래머블Instagrammable' 등이 퇴조하고 실용세대가 부상했다고 말한다. 플렉스와 욜로 같은 표현은 흔해지며 식상해져 실제로 퇴조한 것이 맞지만 여전히 사람들에게 자신의 일상을 멋지게 드러내는 인스타그래머블 욕망은 유효하다. 비싼 명품은 안 사지만 쓸데없는 굿즈는 잔뜩 사고 덕질(팬 활동)에도 돈을 쓴다. 빚내서 자동차를 사는 카푸어가 되지는 않지만, 해외여행도 다니고 공연과 전시도 보러 다닌다. 이건 과연 실용일까 아닐까? 돈을 아끼면 다 실용인가?

아니다. 비싼 것은 비실용, 싼 것은 실용이라는 구도는 난센스다. 저소비나 절약만으로 실용세대를 규정하기에는 한계가 있다. 오히려 직업에 대한 태도에서 자발적으로 타일공, 배관공, 전기기술자 등 블루칼라를 선택해 당당히 자신의 미래를 만들어가고, 남들의 평판이나 시선보다는 나의 적성과 직업의 안정성, 효율성을 따지는 것이 실용이다. 인간관계도 인맥을 최대한 많이 쌓아야 유리하다는 과거 세대식 발상에서 벗어나, 불필요한 인간관계를 정리하고 시간과 에너지를 아껴 자신에게 더 집중하는 것도 실용이다. 술이나 담배 대신 건강 관리와 운동에 적극적인 것도 실용이다. 더 좋은 기회가 있다면 다니던 직장을 언제든 관두거나 조용한 사직을 하는 것도 실용이고, 배울 것이 있는 상사와는 친하게 지내고, 배울 것이 없는 상사와는 거리를 두는 것도 실용이다. 연애나 결혼 상대를 찾을 때도 데이팅 앱이나 결혼정보회사를 적극 활용하고, 연애 자체가 감정 낭비, 돈 낭비가 될 수 있다 여겨서 늘 연애하는 대신 선택과 집중을 하는 것도 실용이다. 결혼에 대한 태도, 내 집 마련에 대한 태도, 여행에 대한 태도 등 모든 것에서 효율성과 유용성을 중요시하는 것이 실용세대다.

Z세대 중 실용세대가 많은 게 사실이지만. 나이에 상관없이 태도가 실용주의를 지향한다면 누구든 실용세대라고 해도 무방하다.

중요한 건 과거의 관성이 아니라, 현시점에서의 유용성, 효율성을 기준으로 판단하고 행동하고 소비하는 사람들이 늘어났다는 점이다. 실용이 소비 트렌드이자 라이프 트렌드, 심지어 진학과 취업 트렌드이기도 하고, 의식주 트렌드가 되기도 한다. 수년간 확산하는 기업들의 상시적 구조조정도 실용적 접근이다. 기술 진화에 따른 일하는 방식의 변화, 조직의 변화를 인정하고 자신의 길을 빨리 찾아 움직이는 것도 실용이다. 밀려나지 않으려 버티는 것도 좋지만 자신의 역할이 더 이상 유효하지 않은데 성과 없이 억지로 버티는 것은 비실용이다.

실용주의는 갑자기 부각된 게 아니다. 디지털 네이티브가 등장하면서 현실주의, 실용주의, 개인주의는 대세가 될 수밖에 없는 운명이었다. 참고로 SNS(인스타그램, 유튜브, X, 커뮤니티, 블로그, 카페 등)에서 키워드 '실용'에 대한 소비자 언급량(출처: AI 기반 빅데이터 분석 플랫폼 Quettai)이 2024년 2분기 14만 9133건에서 2025년 1분기 39만 9388건으로 1년이 채 안 되는 기간 동안 2.7배 정도 증가했다. 앞서 'No Middle Tier, 중간은 없다' 파트에서 다뤘듯이 다이소의 매출은 10년 새 4배가 되었고, 무신사 스탠다드는 2018년 대비 2024년 매출이 무려 20배 정도(무신사 전체로는 11배 정도) 늘었다. 화장품 OEM 1위 기업 코스맥스는 10년 새 매출이 7배 정도 늘었고, 뷰티 시장에선 가성비 높은 제품들이 대기업 제품을 압도하고 있다. 대기업 2곳이 시장의 90퍼센트 이상을 차지하던 화장품 수출도 지금은 인디 브랜드(중소기업)가 70퍼센트 이상을 차지하고 있다. 실용세대는 한국만이 아니라 전 세계 Z세대의 보편적 특성이기도 하다. 이들은 가성비를 소비의 기본값으로 두고 있다.

다이소를 좋아한다고 오해하지 말 것

▼

세대별 브랜드 선호도를 보면, Z세대와 X세대가 확연히 구분된다. 사실 Z세대는 X세대의 자녀 세대다. 밀레니얼 세대는 두 세대의 선호 브랜드가 섞여 있다. X세대에겐 샤넬, 구찌, 루이비통, 에르메스, 롤렉스, 벤츠, BMW 등 전통적인 럭셔리 명품 패션, 프리미엄 자동차 브랜드가 선호도 최상단에 들어간다면, Z세대에겐 나이키, 애플, 테슬라,

무신사, 이케아, 다이소, 틱톡, 삼양식품 등이 선호도 상단에 들어간다.

이것만 보고 X세대는 과시를 좋아하고 허세적이며, Z세대가 가성비를 좋아하고 실용적이라고 이분법적인 해석을 하면 곤란하다. 특히 무신사, 이케아, 다이소가 있다고 절약이나 높은 가성비를 생각하면 안 된다. Z세대는 이전 세대들이 좋아했던 이름값, 유명세를 관성적으로 따르지 않는다. 자신이 직접 써보고 경험, 검증해야 한다. 그들에게 이케아, 무신사, 다이소는 얼마든지 경험도 하고 검증도 했지만, 럭셔리 브랜드는 그렇지 않다. 비싸기도 하지만 부모님 세대의 브랜드라 여겨지는 것도 문제다. Z세대는 다이소에서 화장품도 사고, 옷도 사고, 식음료도 산다. 생필품만 사러 가는 곳이 아니라, Z세대의 대형마트인 셈이다.

다이소에서 많은 것을 소비한다고 해서 그들을 가성비만 따지는 절약 소비자로만 규정하면 안 된다. 그들에게 다른 싼 제품을 팔 궁리를 하지 마라. 이미 그들이 입고, 바르고, 먹고, 쓸 것들은 다이소, 무신

사, 올리브영이 다 장악했다.

실용세대인 Z세대는 선택과 집중에 더 능하다. 사실 소비에서의 선택과 집중은 갑자기 나온 것이 아니다. 밀레니얼 세대도 잘 했다. 그런데 실용주의, 현실주의로 더 무장한 Z세대는 이전 세대처럼 술을 마시지도 않고, 카푸어가 될 생각도 없고, 내 집 마련한 뒤 평생 대출 갚으며 살 생각도 없다. 연애도 결혼도 출산도 다 필수가 아닌 선택일 뿐이다.

가성비를 따지며 돈을 아끼는 이유는 자신이 집중한 분야에 더 잘 쓰기 위해서다. 의식주에서 일상 소비를 저렴한 것으로 줄여서, 여행이나 취미 등 경험에 쓸 여력을 확보해두는 것이지, 아낀 돈을 저축해두려는 게 아니다. 이는 앞서 다룬 '경험사치'와 연결된다. 플렉스가 소유, 소비지향적 과시여서 짧은 유행에 그쳤다면, 경험사치는 다르다. 올드 머니 트렌드에 적극 반응한 것도 Z세대다.

실용세대인 Z세대에게 가장 주목하는 것은 '연애하지 않는' 태도다. 연애만큼 시간과 감정, 돈, 에너지가 총체적으로 많이 드는 일이 없는데, 모든 연애가 다 자신의 의도대로 결과가 나오는 것이 아니다.

쏟은 것에 비해 결과가 신통치 않을 때도 많다. 지난 대선에서는 20대가 성별에 따라 표심이 가장 엇갈렸다. 40대 이상은 지지 성향에서 성별 차이가 크지 않았다. 그런데 2030세대는 성별 차이가 컸고, 20대가 극단적으로 컸다.

Z세대들은 연애가 쉽지 않다. 정치 성향도 안 맞고, 취향이나 눈높이도 안 맞고, 돈도 없다. Z세대 남성에겐 게임, e스포츠, 쇼츠, AI 챗봇이 연애 없이도 즐겁게 살도록 도와주고, Z세대 여성에겐 덕질, 굿즈, 프로야구, 고양이가 있어서 연애를 안 해도 된다. 사실 이건 농담 섞인

이야기지만, 실용적인 Z세대에겐 더 이상 연애가 청춘의 특권으로 여겨지지 않는다. 기성세대는 연애하지 않는 세대를 보며 안쓰러운 시선을 가질지 모르겠지만, 전혀 그럴 필요 없다.

분명한 건 역사상 가장 실용적인 세대가 보여줄 삶의 태도와 욕망은 계속 진화하고 있는 중이라는 것이다. Z세대는 X세대와 완전히 다르고 밀레니얼 세대와도 다른, 처음 보는 유형임이 틀림없다.

AI가 실용주의를 더 강화시킨다
▼

AI와 로봇, 자동화는 일상과 업무 전반의 효율성을 극대화한다. 반복적이고 단순한 작업은 자동화로 처리되며, AI와 로봇이 사람의 역할을 일부 대체한다. 사람은 창의적이고 전략적이며 본질적으로 '가치' 있는 일에 더 집중할 수 있다.

사람과 AI의 역할 분담은 AI발 조직구조 개편과 상시적 구조조정 시대를 열었다. 기업으로선 AI at Work를 통해 비용 절감, 효율성 증대, 업무 속도 향상, 품질 강화 등의 효과를 얻는다. 개인도 AI at Work를 통해 시간을 절감하고 단순 반복 업무에서 벗어날 수 있다. 기업이나 개인 모두 실용적 효능감을 느끼는 것이다. 아울러 AI 기반 비서와 같이 개인의 상황과 니즈에 최적화된 맞춤형, 개인화 서비스도 가능하다. 업무에서 실용성, 효율성은 극대화되는데, 실용적 가치관은 업무뿐 아니라 일상에까지 적용된다. 이런 업무 환경에서 일하고 살아가면 전혀 실용적이지 않은 사람조차도 실용주의자가 될 것이다.

AI 실용주의는 경영 스타일 및 의사결정 스타일을 바꾼다. AI는 재무, 마케팅, 공급망, 인사 등 전 부문에서 실시간 데이터 분석을 통한 '사실 기반' 의사결정을 강화한다. AI를 통해 방대한 데이터를 분석해 최적의 선택지를 찾고, 데이터에 기반한 실용적 의사결정을 가능하게 해준다. 과거의 '직관'이나 '경험' 중심에서 AI를 활용한 데이터 기반의 분석으로 경영과 의사결정 기조가 바뀌는 것인데, 시장과 트렌드 변화에 실시간 대응도 가능하다. AI를 통해 리스크 관리 효과를 높이고, 업무 효율을 높이고, 비용을 절감시킨다. 아울러 AI 자동 감시나 의사결정 기록 시스템으로 경영의 투명성과 책임성도 강화한다.

의사결정과 경영의 실용주의는 기업에서만 적용되는 게 아니라 정부에서도 적용된다. 가뜩이나 실용주의를 표방하는 정부에선 더더욱 그럴 수밖에 없다. AI 3대 강국이 되겠다는 이재명 정부의 국정 과제가 AI 기술과 산업뿐만 아니라 AI를 통한 업무, 리더십에도 영향을 줄 수 있다. AI와 실용주의는 아주 궁합이 잘 맞는다.

2025~2026년 한국 경제는 저성장이 고착화되고, 불확실성도 높아졌다. 과감한 개혁이 필요한 만큼, 사양산업을 내려놓고 미래산업을 위한 갈아타기도 해야 한다. 이 과정에서 구조조정이자 인력 재편은 불가피하다. 수년 전 빅테크가 먼저 시작해서 글로벌 기업 전체로 번진 AI발 구조조정은 한국 사회에서도 본격화된다. 기업도 정부도 노동자도 실용주의적 태도가 필요하다. 그렇지 않으면 과거의 관성에서 벗어나지 못한다. 한국은 저성장의 늪에서 결코 빠져나오지 못한다.

한국의 주요 수출 품목 상위 10개는 25년 전이나 지금이나 비슷하다. 그 어떤 정부도 과감한 구조조정과 개혁에는 소극적이었다. 욕먹지 않고서 할 수 있는 개혁은 없다. 그런데 욕을 안 먹으면 변화도, 발전도,

기회도 없다. 욕을 먹더라도 해야 하는 일에는 실용주의자의 결단이 필요하다. 지금 한국 사회는 실용주의가 대두될 이유가 100가지는 넘는 듯하다.

불확실성이 커질수록 실용주의는 대두된다

▼

전 세계 국가들의 경제 정책 불확실성을 측정하는 경제 정책 불확실성 지수Economic Policy Uncertainty Index(www.policyuncertainty.com)가 역대 가장 높은 수준이다. 경제 정책의 미래 방향이 불확실해 리스크가 커졌으며, 미국의 트럼프 대통령 당선 이후 급등세를 보였고, 2025년 4월에는 관세 정책으로 극단적으로 높아졌다. 트럼프 때문에 전 세계 경제성장률이 떨어졌다고 해도 과언이 아니다. 이후 불확실성 지수가 내려오긴 했지만, 여전히 2020년 팬데믹 초기만큼 불확실성이 크다. 아래 그래프는 FREDFederal Reserve Economic Data에서 제시한 1997년 1월

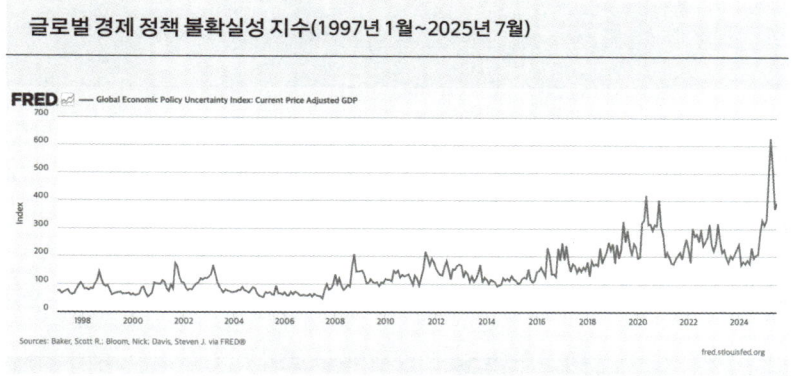

부터 2025년 7월까지의 글로벌 경제 정책 불확실성 지수Global Economic Policy Uncertainty Index 추이다. 현재 전 세계 경제가 얼마나 불확실성이 큰지 확연히 드러난다.

이 지수는 주요 경제 대국 20개 국가의 국가별 경제 정책 불확실성 지수EPU를 국내총생산GDP 가중평균으로 산출한 지수다. 스콧 R. 베이커Scott R. Baker 노스웨스턴대학교 켈로그경영대학원 교수, 닉 블룸Nick Bloom 스탠퍼드대학교 경제학과 교수, 스티븐 J. 데이비스Steven J. Davis 후버연구소 연구 담당 디렉터와 스탠퍼드대학교 경제정책연구소SIEPR 선임 연구원이 개발한 모델에 따르며, 20대 국가에는 미국, 중국, 독일, 일본, 인도, 영국, 프랑스, 이탈리아, 브라질, 캐나다, 러시아, 호주, 멕시코, 스페인, 스웨덴, 칠레, 네덜란드, 아일랜드, 그리스, 그리고 한국이 있다.

다음은 KDI 한국개발연구원이 매달 집계해 발표하는 경제 불확실성 지수(한국개발연구원이 2020년을 100으로 두고, 미국의 경제 불확실성 지수를 2010년 한국 상황에 맞게 개선해서 만들었다)의 2013년 1월~2025년 7월까지 추이다. 과거 이 지수가 200을 넘은 적이 두 번 있었다. 2016년 11월(201.95) 도널드 트럼프 미국 대통령 당선과 박근혜·최순실 국정농단 사건이 겹쳤을 때와 2019년 8월(279.55) 일본의 수출규제 조처 때였다. 그 후에는 2024년 11월 트럼프 대통령 당선(2기)으로 222.62로 급등했고, 12월 12.3 내란 사태로 485.1까지 치솟았다. 이후 탄핵을 지나 조기 대선을 치르며 차츰 내려왔지만, 7월 207.7로 과거와 비교했을 때 불확실성이 아주 높은 시기다. 내란에 의한 불확실성은 해소되었지만, 여전히 트럼프 관세와 글로벌 지정학적 이슈가 남아

있어서다. 결국 경제 불확실성이 높은 상황에서 정부는 좀 더 실용적인 경제정책과 외교정책을 구사할 수밖에 없다.

사람들은 자신이 나고 자란 시기의 주요 이슈와 환경에 영향을 받는다. 세대가 존재할 수 있는 것도 이런 이유다. 불확실성의 시대를 살아간 1020세대는 실용세대가 될 가능성이 아주 높고, 이런 시대의 정치 지도자나 기업 경영자는 실용적 리더가 될 가능성이 아주 높다.

유연한 실용 정부 : 한국만의 상황이 아니다
▼

한국 역사상 가장 실용주의적인 정부가 2025년 6월 들어섰다. 이재명 대통령은 취임 선서에서 정부의 지향점을 '유연한 실용정부' '실용적 시장주의 정부'라고 밝힌 바 있고, 국회 첫 시정연설에서도 '국민의 삶을 지키는 정부' '위기 앞에 실용으로 답하는 정부'를 강조했다.

경제 성장에서도 실용, 외교·안보에서도 실용을 지향하고 있는

데, 특히 첫 내각의 장관 인사에서도 실용주의가 두드러졌다. 교수, 학자 출신이 2명으로(비율로는 7.1퍼센트) 역대 정부 중 가장 적다. 윤석열 정부에서 교수, 학자 출신의 장관은 23.1퍼센트, 문재인 정부는 34.5퍼센트, 박근혜 정부는 28.6퍼센트, 이명박 정부는 48퍼센트였다. 교수, 학자 출신은 정부 행정을 장악할 실무 능력이 검증되지 않는다는 단점이 있다.

반면 기업인 출신은 17.5퍼센트로 역대 정부 중 가장 높다. 현직 국회의원 비율이 32.1퍼센트로 역대 가장 높고, 관료 출신은 25퍼센트 정도다. 필요하다면 보수 진영 인사도 발탁하고, 심지어 전임 정부 정관을 유임시키기도 했다. 당장 일할 수 있는 현장 전문가가 많고, 실제로 정부 초기부터 업무처리 속도는 역대 정부와 비교할 수 없을 정도로 빨랐다. 모든 것이 '실용'으로 통했다.

2026년은 본격적으로 이재명 정부의 색깔을 드러낼 시기다. 2025년은 이미 전임 정부가 만들어 놓은 예산과 정책을 집행하는 상황이다 보니 근본적 변화를 불러오기 어렵지만, 2026년은 다르다. 그런 점에서 2025년 연말에 확정될 2026년 정부 예산안을 잘 들여다봐야 한다. 트렌드에 가장 큰 영향을 미치는 요소 중 하나가 정치, 정책이기 때문이다.

평소 정치와 우리 일상의 관계를 유심히 생각하지 않는 사람들도 꽤 많다. 하지만 어떤 정책, 어떤 법, 어떤 제도가 나오고, 어떤 사업에 예산이 투입되느냐에 따라서 누군가는 새로운 기회를, 누군가는 위기나 변화를 맞기도 한다.

참고로 2025년 국가 예산(총지출)은 656조 6000억원이다. 기획재

정부가 2025년 3월에 밝힌 예산안 편성 지침을 보면 2026년 예산은 700조 원을 넘는다. 우리나라 GDP의 3분의 1 정도의 큰돈이 9000개가 넘는 예산 사업을 통해 쓰인다.

역대 가장 실용주의적 정부이니 예산 사업도 다를 수밖에 없다. 이재명 대통령이 성남시장이던 시절과 경기도지사이던 시절, 과감하게 관성을 버리고 예산을 절감하고 필요한 부분에 적극 투입할 수 있었던 것도 실용주의적 행정 덕분인데, 2026년에 이 기조가 정부에서 재현될 가능성이 크다.

한국 사회는 원래부터 실용주의였다. 한국전쟁으로 폐허가 된 나라가 단기간에 고속 성장하며 선진국이 된 데에는 한국인 특유의 '빨리빨리'와 '될 때까지' 하는 행동력, 실행력이 있었다. 기업이든 국가든 성과와 실용주의는 관계가 깊다. 위기일수록 더더욱 실용주의가 필수다.

사실 실용주의는 미국의 가치다. 실용주의實用主義, Pragmatism는 19세기 후반, 미국의 찰스 샌더스 피어스, 윌리엄 제임스, 존 듀이 등에 의해 시작되었다. Pragmatism의 어원은 행동, 실행이라는 뜻의 그리스어 '프라그마Pragma'다. 그만큼 행동과 실천을 중요하게 여기는 철학이다. 얼마나 유용한가가 중요한 판단 기준이다. 미국에서 시작되어 전 세계로 퍼진 거의 유일한 철학 사상이 실용주의다. 미국의 정신이자 가장 미국다운 사상이라고 할 수 있다.

트럼프는 대통령 취임사에서 앞으로 말만 많고 행동은 안 하는 정치인들은 더 이상 발을 못 붙일 것이라고 말한 바 있다. 기성 정치권에 대한 불신이 담긴 메시지를 던지며 그가 가진 실용주의 태도를 드러낸 것이다. 트럼프 정부의 미국 우선주의America First도 실용주의를

기반으로 하고 있다. 그의 미국 우선주의는 '미국 물건을 사고 미국인을 고용하는 것Buy American and Hire American'이다. 트럼프는 2016년 대선과 2024년 대선에서 모두 '미국을 다시 위대하게Make America Great Again, MAGA'를 슬로건으로 썼다. 미국 국익을 위해서라면 얼마든지 보호무역주의를 강화하고, 무역전쟁도 일으킬 수 있다. 우리는 트럼프 대통령의 실용주의를 2029년 1월까지 겪어야 하고, 이재명 대통령의 실용주의를 2030년 6월까지 겪어야 한다. 미국도, 한국도 각자가 처한 위기를 극복할 무기로 실용주의가 필요했다.

중국이 세계 빅2 국가가 된 것도 실용주의 때문이다. 검은 고양이든 흰 고양이든 쥐만 잘 잡으면 된다는 '흑묘백묘黑猫白猫론'은 수단이나 방법에 구애받지 않고 실질적인 결과를 내는 것이 중요하다는 실용주의를 잘 보여준다(원래는 쓰촨성 격언인 '황묘흑묘'를 덩샤오핑이 인용해서 썼다). 덩샤오핑은 1960년대 낙후된 중국의 경제 수준을 올리기 위해서 공산주의나 자본주의 등 이념에 매몰되지 않고 유연한 정책 추진이 필요하다는 취지로 흑묘백묘론을 말했다. 흑묘백묘는 경제 분야의 개혁개방을 상징하는 말로 쓰였고, 나중에는 실용주의를 상징하는 개념이 되었다. 실용주의를 표방하는 리더 중 흑묘백묘 표현을 안 써본 사람은 아마 없을 것이다.

중국은 2025년 내부 권력다툼을 통해, 과도한 이념적 통치에서 다시 실용주의로 회귀할 가능성이 커졌다(시진핑의 몰락이냐 장유샤의 부각이냐에 따라 달라질 것이다). 중국과 미국과의 관계, EU와 중국과의 관계, 그리고 중국과 대만과의 관계 등에서 변화가 일어날 수 있다. 남의 나라 이야기가 아니다. 이런 변화는 한국 경제에도 영향을 준다. 그리고 전 세계 경제와 외교에서의 실용주의가 더 대두될 가능성이 있다.

이재명 효과? 코스피 5000 갈까?

▼

이재명 대통령은 역대 가장 국가 행정에 대한 이해도와 업무 장악력이 높은 인물일 것이다. 성남시장, 경기지사를 거치면서 쌓은 실용적 내공이 지금 발휘되고 있다. 시장과 도지사 시절에도 그는 관행, 관성과 맞서 싸우며 효율성과 실용성을 내세웠었다. 그동안 정치인 대통령은 많았어도 행정가 대통령은 처음이다. '늘공(9급이나 7급 공채로 시작해서 정년퇴직까지 공직을 천직으로 여기는 '늘상 공무원')'이 가장 적극적으로 협조할 수밖에 없는 정부다. 그래서 가장 큰 변화가 가능할 것으로 예상된다.

흥미롭게도 이 정부는 아주 도발적인 목표를 내세웠다. 코스피 지수 5000. 역대 어느 정부도 구체적인 코스피 지수를 목표로 설정한 적은 없었다. 목표가 구체적이다 보니 달성하지 못 했을 때도 즉각적 비판을 받을 수 있다. 그럼에도 코스피 5000을 제시한 건 하기 쉬워서가 아니라 꼭 해야 할 일이라고 판단해서다.

이재명 정부의 5년 국정 과제에는 개헌, 권력기관 개혁, AI와 바이오 산업 육성 등과 함께 코스피 5000 시대가 포함되어 있다. 경제 분야 핵심 국정 과제로 코스피 5000 시대를 명시하고, 이를 실현하기 위해 자본시장 혁신(불공정거래 원스트라이크 아웃제 도입 등)을 추진하고 있다. 글로벌 투자자들의 신뢰를 사고, 그들의 투자를 확대시키는 건 주식시장뿐 아니라 한국 경제를 위해서도 필수적인 과제다.

한국 주식시장의 고질적 문제는 코리아 디스카운트다. 한국 증시는 주가수익비율PER, 주가순자산비율PBR 등에서 글로벌 주요국 대비 낮게 평가된다. 한국 경제 구조상 성장 동력이 약한 기업이 많아 미래에 대한 기대치가 낮기도 하고, 정치 문제나 남북 관계, 글로벌 무역 갈등 등 대내외 불확실성이 큰 것도 이유가 된다. 하지만 무엇보다 지배구조와 경영에서의 투명성이 부족한 것이 가장 크다. 물적분할 후 쪼개기 상장, 중복 상장은 지배주주나 오너에게는 막대한 이익을 주지만, 투자자에겐 손해를 끼치는 경우가 많다.

반면 국내 어떤 대기업 그룹사보다 규모가 크고 사업성도 좋은 엔비디아, 애플, 구글, 아마존 같은 기업이 자신들의 서비스를 자회사로 떼어내 상장시키는 것을 본 적이 있는가? 이러니 한국 주식시장에서 미래 가치나 장기투자를 고려하는 게 가능하겠는가?

한국의 주식시장이 저평가되었다고 늘 말하지만, 한국 기업들의 투명성 수준을 보면 저평가가 아니라 그에 걸맞은 평가를 받고 있다고도 볼 수 있다. 주주가 손해 볼 것이 뻔한 선택을 쉽게 하는 기업을 믿고 장기 투자를 하기란 불가능하다. 소극적인 배당 정책, 낮은 자사주 매입도 코리아 디스카운트를 만든다. 이런 문제는 기업이 알아서 해결하지 못 한다. 정부 정책이 받쳐줘야 한다. 모든 정부가 코리아 디스카운트를 해소하길 원했지만 막상 필요한 법적, 제도적 개선에는 소극적이었다.

하지만 이재명 정부에선 코스피 5000을 내걸고 주식시장과 연관된 법과 제도를 바꿔가고 있다. 상법 개정을 통해 대주주 중심에서 벗어나 투명하고 선진화된 기업 지배구조를 만들고, 자사주 소각 의무화 등 주주환원 정책도 포함시킨다.

주식 관련 세법도 개정하는데 그중 하나가 배당소득 분리과세다. 미국, 일본, 프랑스, 독일 등 주요국은 배당소득에 대한 단인세율 분리과세를 적용해 장기 투자와 주주환원을 장려하고 있다. 대통령 본인도 과거 주식 투자를 한 경험이 있고, "국민이 주식 투자를 통해 중간 배당도 받고 생활비도 벌 수 있게 하겠다"라는 메시지를 강조하고 있다.

부동산 시장을 안정화하기 위해서라도 주식시장을 활성화해야 한다. 코리아 디스카운트가 해소되어 글로벌 투자자의 신뢰가 높아지고, 투자자의 권한이 확대되면 투자자의 저변도 확대되고, 이는 국내에서 부동산에 집중된 자금이 주식시장으로 이동하는 효과도 만들어낸다. 이재명 정부는 부동산 정책에서 공급 확대와 시장 친화적 규제 완화를 장기적 방향으로 제시하면서, 2025년 6월부터 수도권과 규제 지역에

서 6억 원 초과 주택담보대출을 금지하는 등 초강력 대출 규제도 단기 대책으로 두고 있다.

이 밖에도 대출 규제를 우회하는 꼼수를 막는 규제책을 비롯해 토지거래허가구역 등 규제 지역 확대 등도 이어진다.

주식시장에 대한 정책과 부동산에 대한 정책은 서로 영향을 주고받는다는 측면에서, (저평가된) 주식시장은 띄우고 (과하게 높아진) 부동산 시장은 붙잡는 기조는 이재명 정부 내내 이어질 것이다. 대통령의 발언에서도 그가 가진 부동산과 주식시장에 대한 인식이 두드러진다.

"부동산보다 금융시장으로 (투자 수요가) 옮겨가는 게 훨씬 더 낫지 않나."(2025년 7월 3일 취임 30일 기자회견에서)

"대한민국의 투자 수단이 주택 또는 부동산으로 한정되다 보니까 주택이 투자 수단 또는 투기 수단이 되면서 주거 불안정을 초래해왔

다."(2025년 7월 1일 제28회 국무회의에서)

통계청과 한국은행의 《2024 가계금융복지조사》 자료에 따르면, 한국의 가구당 평균 자산 중 부동산(실물자산) 비중이 75.2퍼센트이고 금융자산 비중은 24.8퍼센트 정도다. 미국은 우리와 거의 정반대다. 부동산 비중이 28.5퍼센트, 금융자산 비중이 71.5퍼센트다. 일본은 부동산 비중이 37퍼센트, 금융자산 비중이 63퍼센트이고, 영국은 부동산 비중이 46.2퍼센트, 금융자산 비중이 53.8퍼센트다.

주요 선진국과 달리 한국의 부동산 쏠림이 심한 상황은 한국 경제에도 위험 요소다. 환금성이 낮은 부동산에 자산이 묶이면서 내수 경제가 위축되고, 가계 대출이 늘어나 금융시스템의 불안정성이 커진다.

결국 우리도 금융자산 비중을 높이려면 한국 주식시장에 대한 코리아 디스카운트를 해소해야 한다. 말뿐이 아닌 법과 제도 개선을 통한 실질적인 해소로 글로벌 투자자들의 신뢰를 얻는 것이 중요하다. 배당도 늘려 국내 주식시장을 활성화하고, 투자자들에게 주식시장에 대한 관심을 더 높이면 부동산에만 쏠려 있던 투자금이 분산되어 국내 주식시장도 커지고 그에 따라 국내 기업도 육성할 수 있으며, 집값도 안정되는 효과를 만들어낼 수 있다.

이재명 정부 출범 이전, 코스피 지수 역대 최고점은 2021년 6월 25일 3316.08이었다. 이재명 정부 출범 직후 3000을 넘고(대선 전날 지수는 2698.97) 한 달여 만에 3200선에 안착했고, 100여 일 만에 3380을 넘으며 역대 최고점을 넘어섰다. 이 책이 나올 시점에 어느 정도까지 지수가 오르거나 내릴지 모르겠지만, 분명한 건 이 대통령이 역대 대통령 중 주식시장에 대한 가장 적극적인 발언을 하고, 가장 주식 투자 경험이 많고, 친주식 투자자 성향을 가졌다고 해도 과언이 아니다. 대통령 혼자서 정책을 다 바꾸지는 못 하겠지만, 적어도 바꿔야 할 포인트에 대해선 명확히 말하고 있다. 2026년에 당장 코스피 5000까지 갈 것은 아니지만, 적어도 국내 주식시장에서 코리아 디스카운트가 해소될 가능성은 역대 정부 중 가장 높아졌다.

여기서 핵심은 코스피가 5000 간다 안 간다가 아니다. 불합리하고, 문제 있는 제도를 얼마나 바꿀 수 있느냐의 문제이면서, 동시에 부동산 중심의 자산 구조에서 주식과 금융자산으로 자산의 무게 중심을 옮길 수 있느냐의 문제다. 이건 투자의 문제로 끝나지 않고 라이프스타일에 변화를 준다. 2026년을 비롯해 향후 수년간 가장 흥미롭게 지켜볼 관전 포인트다.

참고자료

1장 인간증명과 휴머니티 비즈니스
: 당신은 진짜 인간인가? 얼마나 인간적인가?

〈'결별' 통보 받은 AI "혼외관계 폭로" 협박… 극단 행동 현실화〉, 2025. 6. 3,《한겨레신문》

〈"AI가 안 썼다" 증명해야 하는 시대… '인간 인증' 없인 글도, 음성도 의심 받는다〉, 2025. 6. 21,《조선경제》

〈인간과 구별 불가"… 인간 글과 100퍼센트 똑같은 AI 나왔다〉, 2025. 7. 16,《ZDNET Korea》

〈'인간증명 시대'의 초상〉, 2024. 3. 17,《월간중앙》

〈"지식보다 인간력" 염재호 총장, AI 시대 대학의 역할을 말하다〉(인터뷰), 2025. 5. 12,《조선에듀》

〈국내 코인 투자자 1600만 명 넘어서〉, 2025. 3. 31,《조선경제》

〈유명 암호화폐 기업 '코인베이스', 사이버 해킹 공격으로 최대 6000억 원 손실〉, 2025. 5. 16,《BBC코리아》

〈기후변화 부정하는 트위터리안, '트위터 봇'일 수 있다〉, 2021. 1. 24,《한겨레신문》

〈트위터 계정의 최대 15퍼센트는 '트위터 봇'〉, 2017. 3. 11,《연합뉴스》

〈월드코인, '월드'로 리브랜딩… 글로벌 확장 위한 신기술 선보여〉, 2024. 10. 18,《한경코리아마켓》

〈한국 온 월드코인 창시자 "전 세계서 홍채 정보 모으는 이유는…"〉, 2024. 9. 30,《매일경제》
〈샘 올트먼 참석한 TFH 'At Last' 행사… 월드, 미국 시장 공식 진출〉, 2025. 5. 2,《Newstap》
〈'홍채인식' 월드코인, 세계시장 공략 박차〉, 2025. 5. 2,《헤럴드경제》
〈월드·스토리, 온체인에서 '인간 고유 창작물 소유권' 검증 파트너십 체결〉, 2025. 7. 10,《헤럴드경제》
〈스토리 재단, '월드ID'와 맞손… AI 시대 창작물 진위 검증 강화〉, 2025. 7. 10,《StartupN》
〈탈레스 '2025년 임퍼바 악성 봇 보고서', AI 발전으로 탐지 어려운 봇 증가… 이러한 봇이 전 세계 인터넷 트래픽의 절반 이상 차지〉, 2025. 5. 9,《Newswire》
〈금융사 해킹 시도 작년 6800만 건, 올해 1100만 건… "北 소행 최다"〉, 2025. 5. 1,《서울신문》
〈AI Index Report 2025 주요 내용과 시사점〉, 2025. 4, 소프트웨어정책연구소
〈AI 시대, 인간증명이 핵심… 월드ID, 글로벌 신원 프로토콜 될 것〉, 2025. 4. 15,《한국경제신문》
〈트위터서 스팸봇 없애겠다던 머스크, 알고 보니 그 수혜자〉, 2022. 5. 9,《연합뉴스》
〈AI가 만들고 SNS가 실어 날라… 국내 플랫폼도 '비상'〉, 2023. 11. 26,《한국경제신문》
〈가트너, "AI 에이전트로 계정 탈취 쉬워진다… 해킹 시간 50퍼센트 빨라져"〉, 2025. 3. 20,《전자신문》
〈스토리와 월드가 손잡았다… 월드ID로 AI 시장 장악한다〉, 2025. 7. 10,《BTCC Academy》
〈"61조 달러 시장 재편"… 스토리, 'IP 포털' 기대감에 시선 집중〉, 2025. 3. 12,《한경코리아마켓》
〈스토리 프로토콜, 8000만 달러 투자 유치… 기업가치 2년 만에 3조 원〉, 2024. 8. 22,《디지털타임스》
〈인터넷 줄이면 항우울제보다 효과… 뇌는 10년 젊어져〉, 2025. 2. 28,《한겨레신문》
〈내 남자친구는 AI "지금부터 너를 '자기'라고 부를게"〉, 2025. 2. 10,《조선일보》
〈플러팅 장인도 꺾은 마력… 블라인드 소개팅의 섬뜩 경고〉, 2025. 4. 13,《SBS 뉴스》
〈2024 스마트폰 과의존 실태조사〉, 2025. 3, 과학기술정보통신부 한국지능정보사회진흥원
〈Blocking mobile internet on smartphones improves sustained attention, mental health, and subjective well-being〉, Noah Castelo, Kostadin Kushlev, Adrian F Ward, Michael Esterman, Peter B Reiner, 18 February 2025, PNAS NEXUS
〈A New Headache for Honest Students: Proving They Didn't Use A.I.〉, May 17, 2025,《New York Times》

〈Disintermediating your friends: How online dating in the United States displaces other ways of meeting〉, Michael J. Rosenfeld(Stanford University), Reuben J. Thomas(University of New Mexico), Sonia Hausen(Stanford University), PNAS, 2019, 116(36): 17753-17758

〈Artificial Intelligence Index Report 2025〉, Stanford HAI

〈2025 Bad Bot Report〉, 2025. 4, Imperva(Thales Group)

〈Identity Fraud and Scams Cost Americans $47 Billion in 2024〉, march 25, 2025, AARP

https://www.zealid.com/en/blog/identity-safety-and-fraud-in-2030

https://academic.oup.com/pnasnexus/article/4/2/pgaf017/8016017?login=false

https://www.absrbd.com/post/top-fintech-unicorns-overview

https://programs.sbs.co.kr/culture/unansweredquestions/vod/55075/22000592209

https://zdnet.co.kr/view/?no=20250716183801

https://www.nytimes.com/2025/05/17/style/ai-chatgpt-turnitin-students-cheating.html

https://www.btcc.com/ko-KR/square/Decenter/605066

https://www.newswire.co.kr/newsRead.php?no=1010835

https://incidentdatabase.ai/

https://www.mckinsey.com/capabilities/risk-and-resilience/our-insights/fighting-back-against-synthetic-identity-fraud

https://www.pqi.or.kr

https://aimojo.io/ko/tinder-statistics/

https://trends.google.co.kr/

https://www.newswire.co.kr/newsRead.php?no=1010835

https://www.aarp.org/money/scams-fraud/javelin-identity-theft-report-2024.html

2장 새로운 소비 스타일, 경험사치
: 럭셔리의 재정의, 소유에서 경험으로!

〈이제 명품보다 맛집… 백화점, 식품관 공들이는 까닭은〉, 2025. 3. 12, 《뉴스핌》

〈백화점 '양극화 현상' 뚜렷… 상위 10개 점포, 매출 54.2퍼센트 비중 차지〉, 2025. 7. 30, 《뉴스핌》

〈"백화점, 이젠 먹으러 간다"… 명품 지고 식품관 매출 성장〉, 2025. 3. 3, 《한국경제신문》

〈강남 백화점 식품관 대변신 '리뉴얼의 신세계 vs 이벤트의 현대'〉, 2025. 3. 7, 《THE PR》

〈업계 3위 현대백화점, 트렌드 선도는 1위〉, 2024. 7. 8, 《신동아》

〈'777명·999명'… 백화점업계, 최상위 VIP 고객 관리에 사활〉, 2025. 5. 29, 《연합뉴스》

〈철로를 달리는 특급 호텔… '오리엔트-익스프레스' 열차가 돌아왔다〉, 2024. 1. 8, 《조선일보》

〈한 달 살기 여행, 로망은 크지만… 팍팍한 현실 속 인기 시들?〉, 2024. 4. 11, 《여행신문》

〈2025년 부활한다는 '오리엔트 특급 열차' 내부 들여다보니〉, 2023. 3. 17, 《매일경제》

〈신세계百, 여행의 격을 높이는 '비아신세계' 론칭〉, 2025. 7. 17, 신세계그룹 뉴스룸

《라이프 트렌드 2024: OLD MONEY》, 김용섭, 부키(2023)

《라이프 트렌드 2014: 그녀의 작은 사치》, 김용섭, 부키(2013)

https://www.vml.com/insight/cannes-lions-2025-the-age-of-experiences?

https://medium.com/@alinabirjuk/luxury-redefined-from-ownership-to-experience-4e1f0386b6e0

https://www.shinsegaegroupnewsroom.com/157767/

https://www.shinsegaegroupnewsroom.com/157767/

https://www.traveltimes.co.kr/news/articleView.html?idxno=413374

https://www.vml.com/insight/cannes-lions-2025-key-trends?

https://design.co.kr/article/102055

https://nypost.com/2024/11/15/lifestyle/nyc-shoppers-marvel-at-louis-vuittons-temp-store-during-flagships-reno/

https://eu.louisvuitton.com/images/is/image/lv/1/PP_VP_L/louis-vuitton--StFi_Louis_Vuitton_UFA_5_DI3.jpg

https://www.sortiraparis.com/en/what-to-do-in-paris/shopping-fashion/articles/299836-louis-vuitton-to-open-a-new-address-on-the-champs-elysees

https://www.jpmorgan.com/insights/family-legacy/lifestyle/when-it-comes-toluxury-travel-experience-is-king

https://www.bain.com/ko/industries/retail/fashion-luxury/

https://www.bain.com/insights/luxury-in-transition-securing-future-growth/

https://www.bain.com/insights/luxury-stumbles-in-2024-but-can-still-return-to-solid-growth-snap-chart/

https://www.bain.com/about/media-center/press-releases/20252/luxury-confronts-slowdown-amid-economic-headwinds-and-market-disruptions-while-industry-resilience-and-strong-fundamentals-underpin-future-prospects/

https://altagamma.it/en/studi-e-ricerche/

https://trends.google.co.kr/trends/

https://www.instagram.com/via_shinsegae/

https://group.accor.com/en/news-stories/orient-express-momentum-trains-hotels-yachts

https://www.architecturaldigest.com/story/step-inside-all-new-art-deco-orient-express-train

3장 이유 있는 불교힙
: 탈종교의 시대, 왜 불교는 20대의 선택을 받고 있을까?

〈오픈런에 '굿즈' 품절까지… '힙한 K컬처' 상징된 국립중앙박물관〉, 2025. 7. 14,《한겨레신문》

〈"이런 불교 굿즈는 처음이야"…2025 서울국제불교박람회 굿즈 품절대란〉, 2025. 4. 5,《불교신문》

〈[K-Buddhism 세계 중심에 서다] 2. K팝 스타 '최애' 불교 굿즈〉, 2022. 12. 28,《법보신문》

〈이 시대 가장 힙하고 핫한 종교, 불교의 매력은 도대체 어디까지?〉, 2025. 1. 24,《BAZAAR》

〈부처핸섬 '뉴진스님'〉, 2024. 5. 13,《연합뉴스》

〈MZ세대와 불교, 종교를 믿지 않지만 소비한다〉, 2025. 6. 4,《국제신문》

〈'힙한' 불교의 대유행? 알고 보면 이런 사정이 있습니다〉, 2025. 6. 18,《오마이뉴스》

〈"무소유 하러 갔다가 풀소유로 돌아왔어요"〉, 2025. 4. 19,《연합뉴스》

〈템플스테이 62만 명 '역대 최대'… 선명상·외국인·공익 프로그램 늘린다〉, 2025. 2. 11,

〈《헤럴드경제》
〈승복 입고 셔플댄스 '뉴진 스님', 조계종이 '밀어주는' 이유〉, 2024. 5. 14,《경향신문》
〈"요즘 반가사유상 없는 집도 있나요?"… 213억 원 대박난 '뮷즈'〉, 2025. 2. 13,《농민신문》
〈까치 · 호랑이 · 갓 배지에 줄 섰다… 'K-컬처 핫플'된 국립중앙박물관〉, 2025. 7. 3,《동아일보》
〈제니도 감탄한 스님 "불교가 힙해도 되냐고? 부처도 죽이라 가르치는 종교" [부처, 깨달음이 트렌드가 되기까지]〉, 2025. 5. 5,《한경비즈니스》
〈한국리서치 주간리포트(제260-3호) 여론속의 여론 – 2023년 종교인식조사 : 종교인구 현황과 종교 활동〉, 2023. 12. 13, 한국리서치
〈한국리서치 주간리포트(제3103호) 여론속의 여론 – 2024년 종교인식조사 : 주요 종교 호감도와 종교 영향력〉, 2024. 12. 18, 한국리서치
〈2024년 국민문화예술활동조사〉, 2024. 12, 문화체육관광부
https://www.ibulgyo.com/news/articleView.html?idxno=412615
https://www.ibulgyo.com/news/articleView.html?idxno=424477
https://www.harpersbazaar.co.kr/article/1876535
https://www.museumshop.or.kr/kor/product/product_view.do?str_bcode=001003001&str_goodcode=202210250018
https://www.museum.go.kr/MUSEUM/contents/M0201070100.do?showHallId=631120&showroomCode=DM0075

4장 No Middle Tier, 중간은 없다
: 당신은 '무난하고 어중간한 것'과 이별하고 있는가?

〈마이크로소프트, 약 7천 명 구조조정 단행… 2023년 이후 최대 규모〉, 2025. 5. 14,《ZDNET Korea》
〈중산층 분명히 더 늘었는데… 중산층 절반이 "난 하위층" 실망〉, 2024. 3. 19,《중앙일보》
〈중산층 여윳돈 70만 원 붕괴… 집 사고 교육비 내느라 5년 만에 최소〉, 2025. 3. 24,《연합뉴스》
〈이상한 한국, 중산층 60퍼센트인데… 그중에 절반이 "나는 하위층" [2025 중산층 보고서]〉, 2025. 5. 28,《중앙일보》
〈서울 꼴찌 집값〉지방 1등 집값… 두 고교 동창, 재산 10억 차이 [2025 중산층 보고서]〉,

2025. 5. 28,《중앙일보》

〈月 700만 원 넘게 버는 고소득 가구 76퍼센트 "나는 중산층"〉, 2024. 5. 7,《조선일보》

〈한국의 중산층은 누구인가〉, 2024. 1. 22, KDI

〈1분기 하위 10퍼센트 적자액 첫 70만 원 넘어… 소득은 줄고 지출 늘어〉, 2025. 7. 22,《연합뉴스》

〈'연봉 1억' 이젠 상위 5퍼센트에도 못 낀다… 10년 새 3배↑〉, 2025. 07. 26,《중앙일보》

〈휘청이는 LVMH… 에르메스에 처음 '명품 왕좌' 내줬다〉, 2025. 4. 16,《한국경제》

〈COMPANY UPDATE : 무신사〉, 2025. 5. 21, 삼성증권

〈무신사 2024년 거래액 4.5조 기록하며 매출 25.1퍼센트↑… 영업이익 흑자전환〉, 2025. 3. 31, 무신사 뉴스룸

〈무신사, 패션업계 불황에도 '나홀로 성장'… 매출·영업익 두자릿수↑〉, 2025. 5. 23,《뉴스1》

〈이제 찐부자만 산다? '불황 패싱' 명품마저 양극화〉, 2024. 4. 12,《헤럴드경제》

〈샤넬, 매출↓ 영업익↓ 순이↓… "가격 올린 탓 아니거든?"〉, 2025. 5. 21,《ZDNET Korea》

〈명품도 양극화… 에르메스만 '불티' 루이비통·구찌마저 '시들'〉, 2025. 8. 8,《매일경제》

https://www.techfocus.kr/fs_interview/20

https://m.hrinsight.co.kr/view/view.asp?in_cate=112&bi_pidx=37975

https://www.cnbc.com/2025/07/02/microsoft-laying-off-about-9000-employees-in-latest-round-of-cuts.html

https://kr.investing.com/equities/microsoft-corp

https://newsroom.musinsa.com/newsroom-menu/2025-0331

https://kosis.kr

5장 View 병에 걸린 사람들
: 탁 트인 전망에 대한 욕망이 만든 도미노

〈파노라마 창을 통해 탁 트인 전망 만끽… 새로운 주거 공간의 가치를 제시〉, 2025. 3. 25,《중앙일보》

〈거실서 자연을 한눈에… 청약시장 강자로 떠오른 '뷰세권'〉, 2025. 2. 19,《브릿지경제》

〈'전세의 월세화' 심화 속 비용도 상승세… 주거비 부담 가중〉, 2025. 6. 30,《세계일보》

〈마돈나도 퇴짜, 미국 고급 아파트의 비밀〉, 2025. 1. 23,《한경비즈니스》

〈베젤 거의 없는 창호 '뷰프레임'으로 더 넓어진 뷰 제공〉, 2024. 6. 24,《조선일보》

〈얇아진 프레임으로 더 넓게 즐기는 뷰… 창호업계 너도나도 '베젤리스 디자인'〉, 2024. 6. 23,《파이낸셜뉴스》

〈미래 주거트렌드 연구〉, 2016. 12, 주택산업연구원

〈2025 주택시장 전망과 정책방향〉, 2024. 12, 주택산업연구원

〈갤럽리포트_부동산 트렌드 2024 (2) 살고 싶은 주택〉, 2024. 3, 한국갤럽

〈갤럽리포트_부동산 트렌드 2024 (1) 주거 관련 인식, 선호 공간·주택 특화 유형〉, 2024. 3, 한국갤럽

https://www.offthemrkt.com/lifestyle/why-homes-with-mountain-views-are-in-very-high-demand-right-now

https://www.hyundairehau.co.kr/products_view/r-900.php

https://www.lxzin.com/zin/product/101603

6장 블루칼라 로망과 워크웨어
: 배관공은 왜 트렌드의 중심이 되었나

〈블루칼라 시대 왔다… 직업계高로 몰리는 Z세대〉, 2025. 5. 20,《조선일보》

〈화이트칼라 시대는 갔다… '블루칼라'의 역습 [스페셜리포트]〉, 2024. 6. 28,《매경이코노미》

〈美 배관공 연봉, 대졸의 3배… AI 시대 대박난 블루칼라들〉, 2024. 9. 14,《국민일보》

〈"직장인 친구들 안 부럽다"… 月 600만 원 버는 'AI 대체불가' 직업〉, 2025. 7. 15,《한국경제》

〈블루칼라 열풍 설문조사해보니… 취준생 10명 중 7명 '블루칼라' OK〉, 2024. 7. 11,《매일경제》

〈"자격증 따서 일찍 돈 벌자"… 직업계고 입학 경쟁률 '쑥쑥'〉, 2025. 7. 15,《한국경제신문》

〈도배·타일공… 'AI 대체 불가' 블루칼라로 몰리는 MZ〉, 2025. 5. 2,《조선일보》

〈블루오션 '워크웨어' 시장을 장악하라〉, 2024. 12. 30,《어패럴뉴스》

〈1.5조 시장 놓고 격돌… 더 핫해지는 '워크웨어 大戰'〉, 2025. 7. 9,《한국섬유신문》

〈'남자들의 다이소' 떴다… 매출 1조 원 앞둔 워크업, 없는게 없다는데〉, 2025. 4. 21,《매일경제》

〈딱 '이것'만 배우면 AI도 무릎 꿇는다?… 노벨상 수상자가 던진 생존 로드맵〉, 2025. 6. 18,

《서울신문》

〈작업복인 줄 알았는데 350만 원? 명품 패션쇼 도배한 최신 트렌드〉, 2024. 2. 27,《조선일보》

〈"그래도 대학 나왔는데 그런 일은 좀"… 중졸 백수보다 많아진 비경제활동인구〉, 2025. 7. 23,《매일경제》

〈[2025정시충원율] 상위 6개대 최종추합 65.4퍼센트(4867명) '상승'… '의대증원에 다군 신설 영향까지'〉, 2025. 2. 20,《VERITAS알파》

〈Blue-collar bonanza: Why conventional wisdom on inequality is wrong〉, dec 2nd 2023,《The Economist》

〈It's a blue-collar bonanza as the income gap keeps closing〉, Dec 6, 2023,《AFR》

〈Floral workwear is the surprising trend you should try〉, 2025. 4. 24,《Financial Times》

〈The 'office siren' is over: why gen Z are succumbing to dull workwear〉, 2025. 4. 2, 《The Guardian》

〈Blue-Collar vs. White-Collar Pay: Why a Decadeslong Trend Is Flipping〉, August 28, 2023,《Wall Street Journal》

〈Blue-Collar Workers Make the Leap to Tech Jobs, No College Degree Necessary〉, April 26, 2022,《Wall Street Journal》

〈Gen Z Plumbers and Construction Workers Are Making #BlueCollar Cool〉, June 9, 2024,《Wall Street Journal》

https://plc.pearson.com/en-GB/news-and-insights/pearson-skills-outlook-powerskills

https://www.youtube.com/TheDiaryOfACEO

https://www.youtube.com/watch?v=giT0ytynSqg

https://www.instagram.com/lextheelectrician/

https://www.youtube.com/@lextheelectrician

https://trends.google.co.kr/trends/

7장 신경다양성, 어쩌면 놀라운 기회의 땅
: 새로운 창의성을 위한 긁지 않은 복권이 될까

〈'피안성' 인기 넘은 정신과⋯ 선배 전문의가 본 비결?〉, 2023. 12. 12, 《의협신문》

〈'스마트폰 때문에' ADHD 치료제 품귀⋯ 환자들 '한숨'〉, 2025. 1. 9, 《비즈워치》

〈애플, 트럼프 압박에도 DEI 정책 유지⋯ 주주총회서 97퍼센트 반대〉, 2025. 2. 28, 《임팩트온》

〈애플 이어⋯ 스타벅스 CEO도 'DEI' 옹호〉 2025. 3. 14, 《연합뉴스》

〈"현대의학 안 되면 시선 바꿔야"⋯ 신경다양성이 진화다〉, 2024. 11. 27, 《BRIC》

〈칼럼 | AI 개발에 신경다양성 관점이 필수적인 이유〉, 2025. 4. 11, 《CIO Korea》

〈일본의 기업들, 신경다양성을 포용하다〉, 2025. 3. 6, 《NHK World》

〈10대부터 전 연령 '마음의 병'⋯ 초진 예약대기만 3개월〉, 2025. 5. 17, 《조선일보》

〈예약조차 힘든 청소년 정신과, 4년간 65퍼센트↑⋯ 강남 3구 최다〉, 2024. 10. 25, 《한겨레신문》

〈챗GPT, 신경다양성 가진 사람들 언어 구사력 보완〉, 2023. 12. 2, 《포춘코리아》

〈마케터는 대자연의 변화와 신경다양성, 리퀴드 리얼리티에 어떻게 대응해야 할까〉, 2023. 6. 21, 《BrandBrief》

《불안 세대》, 조너선 하이트, 웅진지식하우스(2024)

〈The majority of Gen Z is neurodiverse: Is your company ready?〉, 2025. 3. 18, 《Fast-company》

〈Gen Z: A new economic force〉, 14 March 2025, Bank of America

〈AI can be a game changer for neurodivergent employees〉, November 28, 2023, 《Fortune》

〈JPMorgan trades DEI for 'DOI'〉, March 27, 2025, 《HRDIVE》

https://www.hrdive.com/news/jp-morgan-doi-dei-changes/743707/

https://fortune.com/2023/11/28/a-i-can-be-a-game-changer-for-neurodivergent-employees/

https://www.canneslions.com/

https://www.havas.com/

8장 어시 플레저, 즐겁게 지구하라
: 의식주 모두에서 드러나는 Earthy 욕망

〈Does grounding work? The science behind the TikTok trend〉, 09 May 2025, 《INDEPENDENT》

〈Sustainability trends for 2025〉, 10 January 2025, 《Economist IMPACT》

https://ifdesign.com/en/trend-report

https://www.retaildive.com/news/thredup-2025-resale-report-tariffs-fast-fashion/743095/

https://www.ecogreenvision.com/blog/sustainable-living-trends-2025/

https://theconversation.com/what-is-grounding-and-could-it-improve-my-sleep-heres-the-science-behind-this-tiktok-trend-253347

https://www.independent.co.uk/life-style/health-and-families/grounding-does-it-work-tiktok-b2747835.html

https://www.libertylondon.com/uk/features/fashion/어시-tones-fashion-trend.html

https://www.innovamarketinsights.com/trends/consumer-trends-2025/

https://www.innovamarketinsights.com/trends/global-natural-flavor-trends/

https://overshoot.footprintnetwork.org/newsroom/country-overshoot-days/

https://www.socialjustice.ie/article/earth-overshoot-day-2025-humanity-exhausts-natures-annual-resources-july-24

https://ifdesign.com/en/trend-report

https://www.libertylondon.com/uk/features/fashion/어시-tones-fashion-trend.html

https://amberchiclife.com/어시-aesthetic-outfits/

https://homeandtexture.com/어시-cozy-trend/

https://havenly.com/blog/earth-tones

https://www.techtube.co.kr/news/articleView.html?idxno=4669

9장 귀여움 경제
: 왜 요즘 어른들은 귀여움을 적극 소비하는가?

〈"못생겼는데, 또 귀여워"… 요즘 젠지가 꽂힌 인형 3대장〉, 2025. 5. 23, 《이투데이》

〈로제, 리사, 리한나가 선택한 라부부. 뭐가 특별해?〉, 2025. 6. 9, 《BAZAAR》

〈다꾸·백꾸·카꾸, 별걸 다 꾸민다고요?〉, 2024. 1. 15, 《경향신문》

〈"못생겨서 귀엽다?" 전 세계 '라부부' 열풍〉, 2025. 7. 28, 《FASHIONBIZ》

〈리셀가 34배 키링 '라부부' 명품 가방 안 부러운 몸값〉, 2025. 6. 23, 《헤럴드경제》

〈Adults Who Love Toys? The Toy Industry Loves Them, Too〉, June 17, 2022, Bloomberg.com

〈Nostalgia as Self-Care: Embracing the Kidult Culture〉, 17 April 2024(Vol. 27, No. 4), 《Cyberpsychology, Behavior, and Social Networking》

https://www.harpersbazaar.co.kr/article/1882802

https://www.careet.net/1713

https://www.instagram.com/explore/search/keyword/?q=퍼센트23퍼센트키링

https://www.economist.com/culture/2024/02/02/small-but-mighty-how-cuteness-has-taken-over-the-world

https://www.economist.com/culture/2024/10/31/hello-kitty-still-cute-at-50

https://dictionary.cambridge.org/dictionary/english/kidult

https://www.euromonitor.com/article/cute-economy-popmart-and-squishmallows-are-big-with-kidults?

https://en.wikipedia.org/wiki/Kidult

https://www.liebertpub.com/doi/full/10.1089/cyber.2024.29308.editorial

https://www.toyassociation.org/

https://miretia.tistory.com/732

10장 연애하지 않는 사회
: 모태 솔로와 무성애자, 그리고 마노스피어

〈요즘 연애, 개인 삶이 더 중요해진 이유〉, 2025. 2. 21, PMI

〈2025 대선 성별·연령별 출구조사 결과〉, 2025. 6. 3, 《연합뉴스》

〈청년의 연애, 결혼 그리고 성 인식 조사〉, 2022, 인구보건복지협회

〈대학만 가면 연애할 수 있다면서요… 우리대학교 학생 26.7퍼센트 '모태 솔로'〉, 2024. 5. 19,《연세춘추》

〈Generations: The Real Differences Between Gen Z, Millennials, Gen X, Boomers, and Silents-and What They Mean for America's Future〉, 2023. 4. 25, Jean M. Twenge

https://www.segye.com/newsView/20241125508787

https://chunchu.yonsei.ac.kr/news/articleView.html?idxno=31249

https://en.wikipedia.org/wiki/Manosphere#cite_note-1

https://www.afterbabel.com/p/the-mental-illness-crisis-millenials

https://pmirnc.com/bbs/board.php?bo_table=blog&wr_id=26&page=2

11장 실용주의자의 시대
: 트렌드가 된 실용주의, 당신은 Practical People인가?

〈"이 정도만 살게요"… 와인·세제·디저트까지 실용주의 '피펫 소비' 열풍〉, 2025. 7. 22,《Le Desk》

〈"제가 필요해서 직접 차렸죠" 방송인 줄리안이 연 가게〉, 2023. 6. 18,《경향신문》

〈다이소의 '무한 확장'… 실적은 '무한 성장'〉, 2025. 7. 24,《아이뉴스24》

〈다이소, 지난해 1000원으로 4조 벌었다… '유통 키플레이어' 급부상〉, 2025. 4. 23,《더밸류뉴스》

〈내란은 갔지만 트럼프는 건재… 여전히 펄펄 끓는 경제불확실성 지수〉, 2025. 6. 8,《한겨레신문》

〈이재명 대통령 첫 기자회견, 주요 의제에 이렇게 답했다〉, 2025. 7. 3,《BBC코리아》

〈'6억 대출제한' 효과 강했다, 1주 새 주담대 신청 반토막〉, 2025. 7. 7,《중앙일보》

〈발빠른 이재명식 부동산 대책 '효과'… 자산시장 구조 바뀐다〉, 2025. 7. 8,《에너지경제신문》

〈'실용주의' 강조한 이재명 대통령의 첫 시정연설〉, 2025. 6. 26,《경향신문》

〈이재명 대통령 "'부동산' 대체 투자 수단은 '주식'"〉, 2025. 7. 1,《한국경제신문》

〈국정기획위, 이재명 정부의 국정 청사진 제시… 123대 국정과제 담아〉, 2025. 8. 13, 정책브리핑

https://ko.tradingeconomics.com/south-korea/stock-market

https://www.korea.kr/news/policyNewsView.do?newsId=148947514

https://www.ibm.com/kr-ko/think/insights/how-does-ai-improve-efficiency

https://www.oecd.org/content/dam/oecd/en/publications/reports/2024/06/governing-with-artificial-intelligence_f0e316f5/26324bc2-en.pdf

https://www.kdi.re.kr/eng/research/reportView?pub_no=17243

https://www.pwc.com/us/en/tech-effect/ai-analytics/ai-predictions.html

https://cloud.google.com/transform/ai-impact-industries-2025?hl=en

https://www.instagram.com/nonoshopseoul/

https://www.ledesk.co.kr/view.php?uid=13493

https://www.kocis.go.kr/koreanet/view.do?seq=1048100

https://eiec.kdi.re.kr/bigdata/index.do

https://www.policyuncertainty.com/

https://fred.stlouisfed.org/series/GEPUCURRENT